U0839658

〔美〕詹姆斯·希尔曼　著
朱松　译　杨曦　校

James Hillman

THE SOUL'S CODE

In Search of Character and Calling

Grand Central Publishing Edition

（中文版权经作者授权，根据美国大中央出版社 1997 年平装本译出）

译者序

《灵魂的密码》由我来翻译，这会不会是这本书的代蒙？我不敢说。但我清楚，这是我的代蒙。

“代蒙”在本书正文中共出现了234次，是最高频的一个关键词。在原书中，作者所用的是daimon，这个单词的翻译让我颇费周折。翻遍了手头的所有词典，解释都为“恶魔、邪神”，可这在本书中显然说不通。通读全书之后，我清楚地知道了该词之所指，却仍无法找到一个合适的译法。最后找到台湾地区有译为“代蒙”二字，顿觉甚妙，料想这或许会成为又一个音意皆达的译法，于是决定借用这种译法。本书翻译过程中遇到的第一个为难之处终于得以解决。

第二个让我为难的是，本书有个相当俗气的名字——《灵魂的密码》。这立时让我想起那些摆在地铁口、天桥上叫卖的小书摊。其中常见到摆卖的大开本，书皮上大大地印着这样的或类似的几个大字，也许连出版社都没有；翻开来，里面歪七扭八地印刷着不知从哪些犄角旮旯搜罗来的毫不相干的一块又一块的文字。为了吸引眼球，他们想到了这样既大又全的书名；反而，当真正有一本书当得起的时候，却不知所措了。台湾地区的译本，私自加了一个副标题“橡实原理诠释人的命运”，这倒是精炼地概括了本书。但忠于原著，这是大陆一贯的做法，所以我没有自作主张地创造一个可能更有卖点的书名。希望这样的书名依然不会影响到读者的阅读意向。

让我为难的第三处，也是最为难之处，就是本书的观点了。作者詹姆斯·希尔曼（James Hillman）师从荣格，是当代荣格学派的掌门人。正巧，最近我在阅读藏传佛教书籍时，看到“出离心”一词，其藏文的发音为“ngé jung”，其中“jung”的意思是“走出”，而荣格的英文名正是Carl Jung。荣格从藏传佛教中获得过重要的心理学启示，荣格从弗洛伊德身边“走出”。所有的这一切让人读来觉得别有玄机、无法解释，一如读荣格的著作。詹姆斯·希尔曼继承了荣格的衣钵，更是在心灵、灵魂上进行了深入的探讨。读他的书，满眼都是美学、玄学、神话……，这对于一直接受科学训练的我来说，是种折磨。每多读一句，我的纠结就多一分。

我将信将疑地将翻译进行下去，是受好奇心的驱使，我以读东野圭吾的心情来翻译，期待着最后的悬疑揭晓。我发现，每多翻译一句，就越清晰地感觉到有某种力量在吸引我，虽然我仍不知道它究竟为何物，但是我清楚，那定是我想要的。翻译一天一天地进行着，我发现自己已在不知不觉中发生了变化，并还在继续。我变得乐观、松弛，充满了希望，不再莫须有地紧张和焦虑，真心觉得自己是独特的、唯一的了。译完最后一句，我和它四目相视，我得到了我想要的——那就是从心理学的藩篱中走出来。

遇到它之前，我以为自己是心理学这个海滩上的一粒沙；遇到它之后，我发现原来心理学才是我这个海滩上的一粒沙。翻译之初，得知这本书在纽约售书榜上长期占据第一的位置，我私下表示了不屑，暗忖其不过又是一本哗众取宠的浅薄之作。翻译结束时，我明白了个中的缘由。如果我作为父母，我也愿意去看这本书，让我们跳出心理学来看待我们自己，看待我们的孩子，从此我们脱离了百年来心理学给我们造成的悲观阴影。这本书让我们终于可以爽爽地开心大笑了。

毕竟，这是一本相当不同的书，我猜想很多人读起来都会有需要“倒时差”的感觉，所以我想有必要在此逐章给大家说说我的阅读体会。

在开篇第一章，作者毫不留情地批评了我们所熟知的心理学，剑锋直指它的削足适履、悲观、缺乏美感……。同时提出本书的核心观点“橡果论”，并对其进行了宏大的梳理，说明了橡果论对于儿童的重要意义，阐述了全书将大量使用非凡人物故事的缘由。本章是全书的精髓，务必细细读完，它的作用犹如一张全景地图，让读者能清晰地阅读、理解后面的章节；反之，如果跳过不读，后面的内容定会让人云山雾罩、不知所云。

第二章讲述了另一种成长方向和价值观——向下，进而把“向下成长”

引申来形象地描述灵魂降临的过程。文中将灵魂的向下成长进一步分为肉体、父母、地点、环境遭遇四种形式，这成为伏笔，在后面的章节中将分别展开。这章读来，对我冲击相当巨大，这和我们平时所说的“成长”背道而驰，颇费了些脑水才把自己的头脚上下调转了过来。

第三章讨论的是父母，这几乎可以算是心理学最为关注的话题，没有之一。不同之处在于，本书大唱反调，认为孩子并非父母遗传和教养的消极的、被动的产物；相反，孩子是在代蒙的引导下，选择了适合完成自己使命的父母。本章中印象尤为深刻的是关于“父亲缺席”的积极讨论，这无疑将会对当下针对“父爱缺失”现象的批评产生强烈的对抗和冲击。

第四章谈论的是方法论，提出代蒙是无法用现代科学的手段来量化的，而是需要用直觉去感知无形。在这章中，有一句话让我印象深刻：“考好了，会是一种确认；若没考好，可能就是代蒙在告诉我们，选错路了。”这是在讲述那些在学校里有学习障碍的孩子。我在想，有此遭遇的孩子要是读到这段，一定会说：“这本书，太对了！”问题孩子的父母和老师，一定要在这部分放慢阅读速度。

第五章讲了很多故事，都是关于“慧眼识英雄”的。作者是想要告诉我们，每个人的代蒙一直都在，但是它隐而不见，需要有觉察力的人帮我们看到。阅读这章，可以提醒我们作为慧眼的可能性，当我们用这样的眼光去看待世界，看待身边的人，看待我们的孩子和学生的时候，你真的会看到不同，而这对于对方来说，是弥足珍贵的。

第六章的标题是“先天与后天之外”，这明显是一个基于“遗传环境交互论”而展开的话题。作者认为，确实存在其他因素在影响人类的生活，而这既不能归于先天，也不能归于后天，这种东西叫作“独特性”。这一独特性想要显现，最好的方法就是恋爱一次。本章旨在谈论“爱情”，这是我见过的对爱情的最大胆的见解了，作者提出的“浪漫之爱”具有比爱本身还要深远的意义，那就是创造和增强自我和个性。

第七章推荐给已经接受了代蒙的观点、接受了橡果论的为人父母的读者。当我们开始相信我们的孩子确有属于他们自己的代蒙，并悉心跟随的时候，很有可能会焦虑于应该给他们的代蒙提供什么样的营养品。这一章将会告诉你答案。

第八章讲述了很多关于传记、绰号的故事，重点是其中关于伪装的部分，旨在告诉我们，代蒙天生有隐藏的本性，我们看到越多伪装的部分，我们就越清楚地看到自己的代蒙。

关于代蒙的说法，读来可能会把人带入宿命论的死胡同，认为我们的命运在冥冥之中都有代蒙在决定，所以无须我们做什么选择和决定。这种想法不是本书要传达的，在第九章“命运”中，作者对此做出了解释。

代蒙也有邪恶的一面，在第十章“坏种子”中，作者以希特勒为主要描述对象进行了讲述。

不存在平庸的灵魂，每一个人都在追寻各自独一无二的代蒙，而代蒙又塑造了每个与众不同的人。不论在阳光下还是在阴影里，每个人都有自己的性格。第十一章“平庸”将为你破除“平庸”的自扰。

尾声对本书的方法学做了详细的说明，对于解读全书大有裨益，建议读者不要漏过。

全书列举了大量的非凡人物，我都一一做了脚注。这个过程虽然繁杂，但是我却做得孜孜不倦。因为这让我有机会一个个去认识他们，了解他们，他们的经历，他们的代蒙都在影响着我。这算是翻译这本书的一个意外的收获吧。

翻译对我来说，不是一件容易的事情，况且是这么一本太不一样的书。在此，真诚感谢赵霞、殷乐、叶冬梅、聂晶、陈曦对我的帮助和支持；感谢李静婷把我的代蒙送到我手上。

朱　松

2012 年 10 月

献给四位代蒙

婴儿祖、库基、穆茨和博伊齐

CONTENTS 目录

1 第一章 概述：橡果论对心理学的救赎

37 第二章 向下成长

59 第三章 教养谬误

85 第四章 归于无形

107 第五章 存在就是被感知

121 第六章 先天与后天之外

145 第七章 廉价惊悚读物与纯粹幻想

161 第八章 伪装

179 第九章 命运

203 第十章 坏种子

235 第十一章 平庸

259 尾声 方法学说明

273 参考文献

285 主题词对照表

301 灵魂、性格和使命——詹姆斯·希尔曼访谈录

第一章
概述：橡果论对心理学的救赎

人生远非理论囊括得尽的。或早或晚，我们都会受到召唤而踏上自己的路。你也许记得，这召唤就好似孩提时一股莫名冲动的瞬间涌现，像一种魔力，一次人生轨迹上的特殊转弯，像有神谕在脑海中激荡：这才是我必须做的，这才是我要追求的。这才是我。

本书要说的正是这种召唤。

若没有这般生动和真实，这召唤也许会更像生命溪流中的轻柔推动，不知不觉中将你送至某个既定的停泊点靠岸。回首看时，你意识到有命运参与其中。

本书要说的正是这种对命运的觉知。

这种谕示和记忆如同遭受屈辱的恐怖回忆一样，将强烈影响人的一生；然而这些不可思议的时刻总是姗姗来迟。我们的理论偏爱创伤，我们的任务就是加以修通。虽然经受了早年的伤害和厄运的打击，但某些稳定的特质从一开始就被烙在我们鲜明的性格影像中了。

本书要说的正是这种性格的力量。

由于早年“创伤”观点左右着人格心理学理论及其发展，在我们对个人经历进行回忆和描述时，关注点已被这些理论的毒素所渗透。影响我们生活的，与其说是童年本身，不如说是我们学到的回溯童年的方法。本书坚信，童年创伤对我们的伤害，大不过我们用创伤的方式来回忆童年，后者认为在童年时期，我们遭受不必要的外来灾难，从而造就了我们错误的一生。

因此本书旨在揭示你本性中曾经存在、现在拥有的除伤害之外的东西，以此来对伤害做些修补；旨在纠正那些对创伤的无意义的曲解，好让你的小舟从激流险滩中解放，重新掌舵于命运之河。那正是遗失于芸芸众生之中而必须重持的：个人的使命感，即我为何而生。

生活的因由，广义上的生命意义，宗教信仰的哲理——本书均不敢妄加评判。但是本书的确想谈谈如下感觉：我，作为一个独特个体，存在必有原因；有些事是我在日常工作之外必须参与的，而它们赋予日常工作存在的意义；世界冥冥需要我在这里，我能够解释自己的先天意象，并写进我的生命。

先天意象也是本书的主题，这是每个人一生的主题——在本书中我们将走进很多人的人生经历。人生问题常在我们的西方主观主义中出没，正如它融合在自我表现的治疗中。每个在接受治疗的人，每个受治疗式内省影响、同时又被电视谈话节目的眼泪冲淡了的人，都在寻找与自身相符的人生经历：我是如何将我的生命片段拼成清晰的意象的？我是如何找到我的人生主线的？

要想揭示先天意象，我们必须摒弃我们通常使用且一直使用的心理学架构。它们揭示得不够全面。它们剪裁生命使其符合这样的架构：发展性地成长，一个阶段接一个阶段地，从婴儿期开始，经过不安的青少年期，到中年危机和衰老，直至死亡。沿着规划好的地图艰难前进；在你到达之前，旅行计划就已告诉你会到哪里；或者像是保险公司的精算师事先统计出来的平均数据。你的生命历程已经被将来完成时描述完毕。要是发生的事情不在预定的路线上，那就会被归入非常规的“旅程”，只好无定势地把事件进行增删，按照时间顺序分列填写在履历之中，一件接着一件。这样的人生是缺乏情节的流水账，其聚焦在愈发乏味的中心构形，“我”，在“经历”干涸的沙漠中徘徊。

我相信我们真正的人生被夺走了——那是写在橡果中的命运——我们寻求治疗，想把它找回来。然而先天意象是找不回来的，除非我们拥有这样的心理学理论，它把心理学最原始最真实的一面诠释在命运的召唤之中。否则你将只存在于社会学的随机统计数字之中，或好比无意中受到代蒙[①]的驱使，行为怪诞，且充斥着怨愤和无法遏制的欲望。压抑，在所有的治疗流派中都被认为是人格结构的关键，但真正压抑的并不是过去，而是橡果以及我们过去在处理与它的关系时犯下的错误。

---

① 译者注：“daimon”一词有恶魔、邪神、半神半人的精灵、守护神、神话中的守护天使等多种含义，在本书中统一翻译为代蒙。

我们构想生命的方式把它弄得死气沉沉。我们早已停止用任何形式的浪漫和虚构的天赋去想象它们。因此，本书也要捡起浪漫的主题，勇于用美学、玄学、神话等大视角来展望人生。为了跟上浪漫的脚步，本书也要勇于聆听"洞察"（vision）和"使命"（calling）等大词的启发，赋予它们具体化的含义。对于没有理解的，我们不会肆意贬低。即使是在后面的章节中，当我们认真看待遗传学的解释时，仍然有一些谜团只能交由玄学及神话来拆解。

首先我们需要点明的是，尽管遗传环境交互论是当今理解人的一生最主要的范式，但它遗漏了本质的东西——你感觉到的自己的特异性。如果承认我是遗传因素和社会因素之间微妙作用的产物，那么我就把自己简化为了一个确定的结果。若越是把我们现在的生活归因于生命孕育时染色体的分裂，归因于父母做了或没做什么，归因于早年经历对现在的持续影响，那么我们的一生就越像一个悲剧。那么我们翻开的，只能是由基因密码、家族遗传、创伤事件、父母潜意识和社会事件共同书写的人生情节。

除非将造成这种受害心理的理论框架破除，否则个体往往无法自己从中走出，本书则意在拨开这片阴云。我们在理论付诸实践之前，已经成为受害者。美国人现在的受害者自我意识，是硬币的反面，正面恰恰相反，是耀眼的形象：英雄式的靠自己努力的"斗士"，以不屈不挠的意志独立开创命运。受害者则是英雄黯淡的一面。说得再深一点，我们是学院派心理学、科学心理学，甚至是治疗心理学的受害者，因为它们的范式都没有充分地解释及融合使命感，而这份被忽视的使命感才是潜藏在每个生命中的核心谜题。

概言之，本书要讲的是使命、命运、性格和先天意象。它们共同组成了"橡果论"，认为每个人都是独特的存在；这种独特性将得到印证，且在此之前就已经存在。

"在印证之前"质疑了另一个重要因素：时间。时间测查着整个世界，得让它停一停了。必须把它扔到一边；否则前面的总是决定后面的，你总是受制于过去的原因，而对它你却一筹莫展。所以本书大多数的讨论都与时间无关，而会试着用相等的篇幅以倒叙和正叙两种方式来解读生命。

以回溯的方式看待生命，我们可以了解早期的执念是如何为现在行为模糊预演的。有时，早年的高峰体验是我们后来所无法超越的。回溯式解读意味着，成长不是人生的关键术语，定型（性格的成型）才是；成长也只有在揭示了先天意象的某一面时才有意义。当然，人的一生在一天天地精进，然后衰退；我们的确看到芸芸众生中不同的人们在发展，也看到他们在日渐凋零。你命运的先天意象仍然将今天、昨天和明天统统包罗在内。人既不是一个过程，也不是一种发展。若硬要说发展，那么你就是那主要意象的延伸。正如毕加索说的："我没有变；我就是我。"

这就是意象的本质，所有意象都这样。它浑沦地就在那里了。当你看着眼前的一张面孔、窗外的景色或是墙上的一幅画时，你看到的是整个格式塔①。所有的局部都同时呈现出来，彼此没有因果关系，也没有先后顺序。这一抹淡红是画家起笔还是收笔时画的，那条灰线是后加上去的还是早就构想进去的，抑或是最初在画布上勾勒轮廓时留下的，这些都不打紧：你看到的就是你觉知到的，整个过程只需一瞬间。面孔也一样：其面色和容貌形成了某人的表情，一种独特的意象，也是同时呈现的。所以，橡果中的意象也是如此。你生而具有性格：就像传说的那样，这是生命的守护神赐予的礼物。

本书是在古老观念上的一次新旅程。每个人受到感召而进入这个世界。该观点来自柏拉图最著名的作品《理想国》的最后部分"厄洛斯神话"。我将观点概括如下：

我们每个人在出生之前，灵魂就被赋予了独特的代蒙，并已选择了一种活在世上的意象或模式。代蒙伴随着灵魂，指引我们来到这里；但在路途中，我们全都忘记了，以为自己是赤条条来到这个世上。代蒙记得你的意象，还

① 译者注：格式塔（gestalt），也叫作完全形态，即对整体的认知。格式塔理论强调经验和行为的整体性，反对"刺激—反应"公式。

有你的模式内容，你的代蒙是你命运的坐骑。

最伟大的新柏拉图主义学者普罗提诺[1]解释说，我们量取灵魂选择肉身、父母、地点和环境，依神话所说，这些均是灵魂所需。这说明环境（包括我的肉身以及也许会因我而受到伤害的父母）是我灵魂自己的选择——我不明白是因为我已然忘记。

为了我们不会忘记，柏拉图讲了这个神话，他还在最后一段说道，保有这个神话，我们才能更好地保存自己、生生不息。换言之，这则神话具有救赎的心理功能，而且由此衍生的心理学能激励由此衍生的生命。

这则神话也激励实际的行动。其中最实际的是，用神话启示的观点来看待你的生命——使命、灵魂、代蒙、命运、必然性等观念，下文都将进行探讨。然后，神话暗示，我们必须在童年时非常小心地捕捉早期出现的、稍纵即逝的代蒙的举动，把握其意图而不要设置障碍。其他的实际含义简单概括如下：①承认召唤是人类存在的首要事实；②让生命与之一致；③建立这样的意识：你遭遇的意外事故，包括身心所受的疼痛磨难，都存在于你意象的模式之中，它们都是必然的，使其完整而充实。

使命可能会被延后、躲避、一而再地错过；也可能彻头彻尾地左右你。不管怎样，它最后都会显现出来，告诉你它的想法。代蒙不会离开。

数百年来，我们一直在寻找一个合适的词来描述“召唤”（call）。罗马人叫它守护神（genius[2]）；希腊人叫它代蒙；基督教徒叫它守护天使（guardian angel）。济慈[3]等浪漫主义者说，召唤来自心中；米开朗琪罗[4]直觉的眼睛能看到意象就在他正在雕塑的人心里。新柏拉图学者提出召唤是一种想象的实体，

① 译者注：普罗提诺（Plotinus，205—270），罗马帝国时代的希腊哲学家，其思想对中世纪神学与哲学有很大影响。

② 译者注：“genius”一词有天才、天资、天分、天赋等意思，在神话中又是赐予人类这些天赋的守护神。

③ 译者注：济慈（John Keats，1795—1821），杰出的英国诗人，浪漫派的主要成员，代表作《仿斯宾塞》等。

④ 译者注：米开朗琪罗（Michelangelo，1475—1564），意大利雕刻家、画家、建筑家及诗人，代表作品有雕像《大卫》。

称为载体（ochema），像车驾一样乘载着你。它是你专享的承担者和支持者。有人说它是幸运或财富；也有人说它是鬼怪或神灵、坏种子或邪神。在埃及，它可能是可以与你交流的精神力（ka）或者元神（ba）；而爱斯基摩人和其他举行萨满教仪式的族群会说，它是你的魂魄（spirit），你的自由之魂、动物之魂、气息之魂。

一个世纪前，维多利亚女王时代的宗教与文化学者 E. B. 泰勒[①]报告说，“原始人”（当时对非工业时代人的称呼）认为，我们所谓的“灵魂”是一种“稀薄而非实质的人形，其性质是气体、薄雾、影子……通常感知得到但是看不到，却具有有形的力量”。后来有一位专长研究美洲印第安人的人类学记者阿克·哈尔特克兰兹（Åke Hultkrantz）说，灵魂“源自意象”，是“意象的形式表达”。柏拉图在厄洛斯神话中用了一个类似的词——范式（paradeigma），指代囊括了你整个命运的基本形态。这意象虽一直陪伴你，笼罩你的一生，承载你的命运和财富，但它并不是道德导师，也会被意识所迷惑。

罗马人说的“守护神”不是个道德家。他“能预知一个人的未来，并掌控其命运”，然而“该神对人没有道德的制裁；他只是个人运气和财富的代言人。人们可以请求他赐予力量以满足邪恶或自私的愿望，而不会受到唾骂”。在罗马、西非和海地，你也能求你的代蒙（无论怎么称呼）去伤害敌人、触他们的霉头、操纵引诱他们。代蒙“邪恶”的一面我们也将在后面的章节（“坏种子”）中探讨。

这种个性化的灵魂意象的概念有着悠久而复杂的历史；它在文化中的表现形式多种多样并广为流传，其名字也很多。只有我们的现代心理学和精神病学将其从教科书中删去。现代社会中对心理的研究和治疗有意忽视了这个因素，而在其他文化中它被看作性格的精髓以及个人命运的宝库。心理学的核心对象，心理或灵魂，没有写进这些书中，大概要归因于其研究和关注点吧。

---

① 译者注：E. B. 泰勒（E. B. Tylor，1832—1917），英国人类学家，文化史和民族学进化学派创始人之一。

我会使用很多术语来指代橡果——意象、性格、命运、守护神、使命、代蒙、心灵、宿命，彼此可替换，选择哪个词取决于上下文。这种松散的风格遵循其他的模式，通常是古文化，其对于人生的不可思议的力量有着比我们现代心理学更好的见解，现代心理学倾向于缩窄对复杂现象的理解，形成单一意义的定义。我们不需要害怕这些大的名词，它们并不空洞。它们几乎要被弃用了，需要我们来复兴。

这众多的词汇和名称没有告诉我们“它”是什么，但是它们的确证实了那就是它。它们也指出了它的神秘。我们无法获知我们确切所指，因为其本质仍然模糊不清，它主要通过一些暗示、直觉、传言，以及扰乱你生活的我们一直称之为征兆的突如其来的冲动和异象来自我揭示。

想想这样一件事。《爱好者之夜》（*Amateur Night*）在哈勒姆剧院上演。一个16岁的瘦小而羞涩的女孩战战兢兢地走上舞台。报幕人对观众宣布：“下一个参赛者是一位叫埃拉·菲茨杰拉德[①]的年轻女士……菲茨杰拉德小姐将为我们表演舞蹈……宝贝，出什么问题了？……更正一下，大伙。菲茨杰拉德小姐改主意了。她不跳舞了，她将表演唱歌……”

埃拉·菲茨杰拉德返场了三次，最后获得了头奖。但是，“她本是打算来跳舞的”。

那么她突然改变主意，这是碰巧吗？是唱歌的基因突然起作用了吗？或许当时有一声谕示，召唤埃拉·菲茨杰拉德走进她的独特命运？

尽管心理学不愿让个体的命运归位，但是却承认我们每个人有自己的性格，我们每个人都是独一无二的个体。然而，一旦要解释形成这种特异性的原因，以及受什么召唤才使我们趋于独特时，心理学就不知所措了。心理学的分析方法是将个体差异这一谜题分解成人格的因素和特质，分解为人格类型、情结和气质，试图在大脑基质和自私基因中探寻个人的秘密。一些更为

① 译者注：埃拉·菲茨杰拉德（Ella Fitzgerald，1917—1996），美国黑人爵士乐歌手，自20世纪30年代开始享誉爵士乐界，有“歌后”（First Lady of Song）之称。

严格的心理学学派将这个问题踢出了实验室，将超自然的“使命”打发到心理玄学中去，或者到诸如魔法、宗教和精神病等偏远分支中去。最大胆且最无效的是，心理学将个体独特性的解释建立在一个充满随机性的概率统计的假设之上。

本书不打算将以“我”为核心的自我意识交由心理学实验室来研究，也不同意说我的不同寻常的、宝贵的人生是概率统计的结果。但是请注意，这些拒绝并不意味着我会因此把我们的脑袋埋藏在宗教的围栏之中。对个体命运的召唤并不是介于不可信的科学和不科学的信仰之间的东西。个性仍然是心理学的一个重要课题——心理学有“psyche”这个前缀，有“灵魂”这个前提，所以无须依靠宗教的繁文缛节来支撑其信仰，实践其对现象的认真观察而无须遵循制度化的科学方法。宗教与科学作为两种信条集尽西方思想之宠爱，在经年累月的对立与争论之后，橡果论果断降临于它们之间。

橡果论主张：你和我，以及所有的个体，生来都具有特定的意象。我将提供证据以证明这一观点。用亚里士多德时期的古哲学语言来说——个性的形成有其重要原因。用柏拉图和普罗提诺的话来说，我们每个人都内化了我们自己的观点。这种形式、观点、意象不允许出现过多的偏离。该理论将先天意象归为天使或代蒙的意图，仿佛这是意识的闪现一样；而且，该理论还认为先天意象在被赋予时就是为每个人量身定制的，因为它降临在我们身上必然有它的理由。

代蒙处处为你着想，这也许是这个理论尤为难以接受的部分。心的动向是有其缘故的；潜意识有它自己的意向；命运操纵事物的运行方式——这些都不难理解，我们甚至本来就是这么认为的。

但是为什么却难以想象诸如我是被关心的，我的一举一动都被某种未知的存在密切关注着，我也许是受保护的，甚至是我也许并不以我的意志和行为而活着等观念呢？为什么我宁愿信赖保险，而不愿意相信存在着一种看不见的担保？因为人是很容易丧命的。瞬间的疏忽，可能使强大的自我做的精心计划徒劳无功。有种未知的力量每天防止我从楼梯上跌落，在路边摔倒，走进死胡同。你为什么可以在公路上飞驰，听着磁带，胡思乱想，却安然无恙呢？这照看着我的生活，照看着我沾满病毒、毒素和细菌的食物的“免疫系统”又是什么？连我的眉毛上也爬满了螨虫，就像犀牛背上的小鸟。我们把这保护我们的力量称作直觉、自卫本能、第六感、下意识觉知（每一种都是无形而又确实存在的）。很久以前，这样对我们百般呵护的是保护神，而我们也深知对他轻忽不得。

虽然受到这无形的关照，我们还是宁愿相信自己是赤条条地来到世上，彻头彻尾的脆弱和孤独。你更愿意接受的是英雄式自我成就的故事，而不相信受到天佑的引导和爱护，不相信自己带着某种东西而来并被其所需要，不相信在有些时候遇到不幸时会得到帮助。我是否可以将其称为一种不常被提起而又被大家所熟知的常识，没有专家的引证，没有基督的见证，也不用例举康复的奇迹。为什么心理学不能容纳以前说的天佑——肉眼看不见的庇护？

孩子们为天意心理学提供了最好的证据。这里我指的不仅仅是上天的奇迹，不仅仅是孩子从高崖上坠落而毫发无损、掩埋在地震废墟中还能生还的惊人故事，我说的是诸如性格标识的显现这种平凡的奇迹。不分时间不分地点，突然地，一个孩子就向世界宣告了她是谁，他的使命是什么。

这些宿命的脉动常常被不合理的认知和腐旧的环境所扼杀，以至于使命出现在大量的征兆中，比如困难、自毁、易出事故、高危孩子——所有词语都是成人发明的，用来为他们的错解而辩护。橡果论为理解孩子的问题提供了全新的思路，不强调原因，强调召唤；不强调过去的影响，强调直觉的启示。

关于孩子及其心理，我们应该摒弃惯性思维（以及隐藏在惯性思维中的敌意）。请大家设想一下，孩子们的种种经历与降临在他们身上的世上独一无二的独特使命有着怎样的联系。他们要同时应对两重生命，一重是他们与生俱来的，另一重是他们出生的环境和周围的人赋予的。宿命（destiny）的全部意象都被塞进一颗小橡果之中，这颗苍天橡木的种子将在孩子稚嫩的肩膀上生根发芽。命运的召唤响亮而持久，就像来自四周的要求与叱责声一样。孩子的脾气和倔强、羞涩和避退，无不闪现着召唤的身影，它似乎在指引着孩子与世界为敌，实际上是在为孩子寻求来自世界的保护。这个孩子降生的世界，这个与孩子一同降生的世界。

本书为孩子说话，提供了理解他们生活的理论基础，其依据来自神话、哲学、其他文化和想象。本书试图理解孩子们的功能失调，而不是给他们的障碍贴上文字标签或送他们去治疗。

如果没有理论从一开始就支持孩子，如果没有神话把每个孩子和出生之前连接在一起，那么孩子来到世上只是一个产物——或是偶然的，或是计划的，而与其本真无关。如果说孩子来到世上并非出于自己的原因，也不是带着自己的目标，不是受自己的天赋所引导，那么他们出生时造成的干扰也与其本真无关。

橡果论提供了儿童的心理学，证实了儿童内在的独特性和命运。这意味着，首先，功能失调的临床数据在某种意义上归于独特性和命运。心理病理像孩子本身一样真实，并非继发的，而是偶然的。不论是孩子与生俱来的，还是后天赋予的，临床数据都能部分反映出他的天赋。其次，这意味每个孩子都有其天赋，天赋可以是各种专长的组合，每个孩子的独特天赋都以独特的形式表现出来，通常会导致适应不良和痛苦。所以这本书是关于儿童的，以区分的视角看待每一个孩子，进入他们的想象，在他们的病理学中探索他们的代蒙在做何指引，他们的命运有何诉求。

使　命

讲两个孩子的故事：第一个是著名的英国哲学家 R. G. 科林伍德[①]，第二

---

① 译者注：R. G. 科林伍德（R. G. Collingwood，1889—1943），英国哲学家、历史学家和美学家，主要著作有《宗教与哲学》、《艺术原理》。

个是著名的西班牙斗牛士马诺莱特[①]。第一个说的是代蒙如何突然闯入一个年轻的生命；第二个向我们展示了代蒙有时候会用伪装，以委婉的隐藏形式出现。

> 我父亲有很多书，八岁的一天，好奇心推动我取下了一本黑色的小书，书脊上印着《康德伦理学理论》，……我开始读的时候，我的小身板儿挤在书柜和桌子之间，一连串的情绪向我袭来。最开始是强烈的兴奋。我感觉到书中讨论的是最重要且极度迫切的事情：最最值得我去弄明白的事情。然后，一阵愤慨之后，我发现自己还是不能理解这些事情。羞于启齿的是，书里面的单词我都认得，文法也合理，但我就是领悟不了它们传达的意义。第三，也是最后，所有最奇怪的情绪都来了。我感觉到书的内容，虽然不懂，但和我有某种关系；和我个人有关，更可能和未来的我有关……我对其并没有欲望；最自然的说法就是，我并不“想”在老时能掌握康德伦理学；但是我感觉到好像我的命运面纱被揭开了。
>
> 这些情绪渐渐袭来，然后是一种责任感，我不能解释其本质，只能说“我必须思考”。我要想的是我不知道的；当时，顺从了这个指示，我体验到平静、安宁。

这位深究形而上学、美学、宗教和历史主要著作的哲学家在八岁的时候就已经受到召唤而开始进行“哲学思考”了。他的父亲提供了书籍和机会，但是代蒙为他选择了这样一位父亲，而“好奇心”伸向了那本书。

马诺莱特小时候无论如何都看不出有成为斗牛士的苗头。这个对斗牛的理念破旧立新的男人小时候却胆小怕事。

① 译者注：马诺莱特（Manolete，1917—1947），即西班牙斗牛士曼纽尔·罗德里格斯·桑切斯。

小曼纽尔小时候娇弱多病，两岁时几乎死于肺炎，只对画画和阅读感兴趣。他总是宅在家里，紧紧黏在妈妈的围裙边，他的姐妹和其他小孩常常因此取笑他。在他的家乡，大家都认为他是一个“瘦小、忧郁的男孩，放学后在街上闲逛、发呆。他很少和男孩子一起玩踢球和斗牛游戏”。但一切都改变了，“当他 11 岁时，没有什么比公牛更让他感兴趣的了”。

彻底的转变！马诺莱特第一次斗牛的时候，不过刚过穿短裤的学童年纪，他站在那里一动不动——腹股沟着着实实地被伤到了。但他根本没当回事，谢绝别人送他回家找他母亲的好意，而是和一起前来的同伴回了家。

他的英雄气质显然已经聚拢而来。英雄的神话从他的橡果里发出了召唤。

这召唤是否早就若隐若现伴随着他？小男孩马诺莱特的确是既害怕又黏着妈妈。（她的“围裙”是个隐喻？或者他已经把她的围裙、裙子作为斗牛士披风？）他的确是不上街参与斗牛游戏，而在厨房中寻求庇护。这个九岁的男孩怎么能经受得住他命运的考验呢？在他的橡果里面可是上千磅的长着刀锋般锋利牛角的公牛像黑色闪电般冲向他，其中一头叫作艾斯勒罗（Islero）的，挑破他的腹股沟和腹部，在他 30 岁的时候带给他死亡和西班牙史上最宏大的葬礼。

科林伍德和马诺莱特告诉了我们一个基本事实：孩子的能力不足则不能满足代蒙的需求。但孩子们有一种与生俱来的自我超越的动力，即使他们起步很低或暂时落后。自我超越的一种形式是一开始就冲在前头，最著名的案例包括莫扎特和其他“婴儿神童”，他们都受到了良好的指引。另一种形式则是退缩在代蒙的安全港湾积蓄力量，就像马诺莱特在妈妈的厨房那样。

向科林伍德袭来的这阵“愤慨”和他的能力不足有关；他看不懂康德，于是把读懂康德当作他的“事情，和我个人有关的事情”。他一方面是受教育少，读不懂书的意思；另一方面，他不是个八岁的孩子，从来都不是。

另有两个相似的例子也说明了孩子的能力和天才的需要之间存在差距。第一个是遗传学先驱芭芭拉·麦克林托克[1]，第二个是著名小提琴家耶胡迪·梅纽因[2]。

麦克林托克的研究获得了诺贝尔奖，她的工作需要在实验室独立思考和亲自动手，这给了她最深沉的乐趣。她说："五岁时我想要一套工具。我父亲没有给我成人的工具；他给我的工具正合我的手的尺寸……那不是我想要的工具。我想要真正的工具，不是给小孩的工具。"

梅纽因想要的也是他的手抓不住的。耶胡迪四岁之前经常和父母一起坐在科伦剧院的走廊里听首席小提琴手路易斯·帕辛格尔（Louis Persinger）担当的独奏。"在一次演奏时，我向爸妈要一把小提琴做四岁的生日礼物，并请路易斯·帕辛格尔教我演奏。"他的愿望貌似得到了满足，爸爸的一位世交送给他一把金属弦的玩具小提琴。"我一下就抽泣起来，把它扔到地上，再也不想碰它。"

因为天才不受限于年龄、个头、教育或训练，所以这些孩子都比他们的个头大，眼睛都比肚子大。这是自我中心的、寻求过度关注的、会被指责为孩子气的自以为无所不能的幻想，比如要求自己不能掌握的东西。什么是无所不能之源，如果不是伴随着灵魂一同入世的远大眼界，又是什么呢？浪漫主义者理解孩子的这种宏伟雄心，但他们为何要说成"随我们而来的荣耀之云"呢？

芭芭拉的手不能举起重锤，耶胡迪的胳膊也不够长，手指也不够灵活到可以弹奏标准的小提琴，但是他眼界宽广，足以看清心中的乐章。他必须实践他的追求，因为"我本能地知道，演奏就是生命"。

让我们想想，小耶胡迪的代蒙拒绝被当作孩子对待，尽管事实上他就

① 译者注：芭芭拉·麦克林托克（Barbara McClintock，1902—1992），美国女科学家，遗传学先驱者，终身从事玉米细胞遗传学方面的研究，因"移动的控制基因学说"于1983年获得诺贝尔生物学奖，是获得诺贝尔奖的第三位、遗传学研究领域第一位女科学家。

② 译者注：耶胡迪·梅纽因（Yehudi Menuhin，1916—1999），美国著名小提琴家，九岁就演出《西班牙交响曲》，被誉为"神童"。

是一个四岁的男孩。代蒙大发脾气，要求真正的东西，因为弹奏小提琴不是玩玩具。代蒙不想被当作小孩子；它不是小孩，也不是内在的小孩——事实上，它也许根本无法忍受这种融合，无法忍受被囚禁在懵懂孩童的体内，无法忍受将自己成熟的构想托付于一个不成熟的身体。反抗、不忍受，正如耶胡迪·梅纽因表现的那样，是橡果行为的首要特征。

当我们回顾法国作家科莱特[1]的童年时，我们发现她也着迷于日后要从事的职业所使用的工具。和梅纽因的命运不同，他来势猛如虎，而她更像是只窗沿的法国猫，观望等待，不是迫不及待地着手写作，而是从观察父亲开始。更像是马诺莱特，她变得退缩——这是自我保护吗？

正如科莱特自己所说，她抵触写作，防止写作开始得太早，好像她的代蒙不想让她在接收到天赋（gift）之前开始写作，而是去不断阅读、生活和学习，去感受、观察、体验。很快，她将体会到写作及其带来的痛苦折磨，但是首先她得将接收到的感官刺激融合并吸收，如此才能把它们融入创作。这些历练丰富的不仅仅是她记忆中的故事，也使她的写作素材无不跃然纸上。因此，虽然她不肯动笔，却始终放不下对使命所需工具的渴望：

> 一叠滴墨未沾的纸；一把乌木尺；一支、两支、四支、六支铅笔，被小刀削得尖尖的，颜色各不相同；细笔尖和中等粗细笔尖的钢笔，超粗笔尖的钢笔，比画眉鸟羽毛还细的绘图笔；红的、绿的和紫罗兰色的封蜡；手工吸墨台，一瓶胶水，自然也少不了几块透明、琥珀色的众所周知的“口胶”，一小片阿尔及利亚骑兵斗篷裁成的扇形擦笔布；一大一小两个墨水瓶侧面相对，都是铜制的，一只漆碗装满了金粉用以弄干湿页；另一个碗里装着各种颜色的密封垫圈（我常常把白的吃了）；桌上从左到右堆着大量的纸，压印着乳黄色透明花纹、横条纹以及水印图案。

---

① 译者注：科莱特（Colette，1873—1954），法国作家、记者、演员、剧作家、戏剧评论家，代表作《茜多》。

梅纽因确切地知道他想要什么：拉小提琴；科莱特确切地知道她不想要什么：写作。虽然在她六岁的时候就能流畅阅读，但是她“拒绝学习写作”。

> 不，我不写作，我不想写作。既然一个人能够阅读，能够在书中的奇幻世界来回穿梭，为什么要写呢？……我年轻时从未，从未想过要写作。不，我没有悄悄在夜里爬起床在鞋盒子上涂写诗句！不，我从没有向西风或月光激情吟诵灵感的话语。不，12 岁到 15 岁间，我的作文成绩从来就不好。因为我感觉到，一天比一天更强烈地感觉到，我就是为了不写作而生的……我这类人只有我一个，被送到世上以不写作为目标的唯一的生命。

我要扼要重述一下我们至今所知的，关于命运是怎么影响童年的。对于科林伍德，是意想不到的感召启示；对于马诺莱特和科莱特，是导致退缩的抑制。我们也能看到，麦克林托克、梅纽因和科莱特都对工具有强迫性的渴望，有工具才有实现使命的可能。我们还看到了孩子和代蒙的不同。主要的是，我们知道了，召唤借好奇之名而来，具体形式因人而异。没有统一的模式，每个人的模式都是唯一的。

然而，任何一个具有敏锐的弗洛伊德式嗅觉的读者都会发现一个共同的因素：他们的父亲——科林伍德的、麦克林托克的、梅纽因的、科莱特的！仿佛孩子的召唤都是由父亲促进的。这种“教养谬误”（parental fallacy）是难以避免的，我们将在后面用专门的章节展开讨论。我们都想当然地认为，从第一张全家福开始，父母对孩子的影响将跟随我们一生，所以他们的影响力多来自于我们认为他们具有影响力。我们为什么坚信教养谬误？它是怎样继续教养我们，安抚我们的？是不是我们害怕承认代蒙进入我们的生活，害怕它已经召唤过我们，或者还在召唤，所以我们藏到厨房里了？我们宁愿逃避并以父母来解释，也不愿面对命运的要求。

如果说科莱特能推迟自己的命运，或者在强烈的反抗后接受它；那么戈尔迪·梅厄[1]（在1973年的战争中领导以色列）在密尔沃基公立学校四年级时则是直接受到了命运的推动。她组织了一个抗议团体来反对课本硬性购买，那对于贫困的孩子来说太贵了，他们会因此失去接受平等教育的机会。这个11岁的孩子（仅仅11岁！）租用了一个礼堂来集会，筹募资金，聚集她的姐妹团队，安排她妹妹用意第绪语[2]朗诵社会主义者的诗歌，并亲自在集会上发言。她这不是工党总理了吗？

戈尔迪·梅厄的妈妈曾经强烈要求她先写好稿子再发言，“但是对我而言，想说什么就说什么更有感觉，‘那些话就在我的脑袋里’”。

未来的掠影并不总是能在当下清楚地显现。戈尔迪·梅厄，一个富有决心和领导力的女人，则恰好道出了自己的预言。她的代蒙为她指明道路，并让她走在上面。在差不多的年龄，埃莉诺·罗斯福[3]，另一个富有决心和领导力的女人，止进入自己未来的世界，不是通过行动而是退缩到幻想中去。

埃莉诺·罗斯福自称是“不快乐的孩子”，她的早年是“灰色的”。对于其所忍受的痛苦经历，这是多么平和而委婉的用词啊。“我是在对精神错乱的恐惧中长大的。”从未喜欢过她的母亲、弟弟和花花公子父亲，这些人都在她九岁之前就离她而去。“她是一个可笑的孩子，很守旧，我们总是叫她‘老太婆’。”从她五岁开始，也许更早，她天生的拘谨变得更为明显；她变得更加闷闷不乐、倔强固执、充满敌意、爱发脾气、生活不能自理（她在七岁时还不会阅读，不会烹饪和缝纫，其他在她这个年龄段的女孩都会）。她说谎、偷窃，不善社交、情绪失控。她受一位家庭老师的教育和压制，她“忌恨她多年”。

① 译者注：戈尔迪·梅厄（梅厄夫人，Golda Meir，1898—1978），以色列建国元老，第4任总理。
② 译者注：也叫依地语，犹太人使用的国际语。
③ 译者注：埃莉诺·罗斯福（Eleanor Roosevelt，1884—1962），美国第32任总统富兰克林·德拉诺·罗斯福的妻子，杰出的社会活动家、政治家、外交家和作家。

一直以来，“我编织着每天的故事，这是我生活中最真实的事情。”在她的故事中，埃莉诺想象，自己和父亲生活在一起，是他大家庭的女主人，是他旅行时的伴侣。这个故事一直持续到他死后数年。

如果放在今天，埃莉诺的个案是需要治疗的。今天，即使家里不愿意，也几乎都肯定会对孩子进行系统的生物精神药物治疗，这所有的生物学力量会让孩子证实自己是“坏孩子”的感觉。（坏一定就在我的细胞里，就像是原罪或疾病。不然，我为什么要吃这些药片来让自己变好点，就像发热或疼痛时候要吃药一样？）

埃莉诺精心编织的白日梦对实现她的代蒙的想象和使命并没有做出实质性的贡献。相反，它们被弱化，逃进虚幻中，近乎幻觉。服用药物会降低她意象的强度和频率，精神药物有助于心理疾病，因此，药物的确能减少疾病这一论断实际上是个循环论证。

若有别的咨询师接触到埃莉诺的案例，也会怀疑她早年的每日幻想和她后来负责撰写的关于社会现实的名为“我的日子”的报纸专栏之间有联系。咨询师会因她关心民主、关注民生而弱化她的天赋的意义；会将她乐观广阔的视野简单解释为对由童年灰色时光造成的孤独自闭的幻想的“补偿”。

又是父亲。又一个机会溜进弗洛伊德式的解释：埃莉诺的恋父情结（爱父亲并想要取代母亲）造成了她的灰色抑郁，造成了她用满怀希望的无所不能的幻想来从中逃离。既然幻想还有其他内容，比如神奇飞行、秘密约定、浪漫幽会、动物营救、皇家婚礼，那么对于小埃莉诺·罗斯福的想象，橡果论提出了完全不同的理解。

她那些关心父亲和主持家务的白日梦内容是有深远意义的，是为她日后极富责任感的生活所做的准备。幻想就是她的使命需要的作品，幻想引导下发生的一切都比她每天真实经历的更为真实。想象作为老师，指点她如何去担当未来的大任，照顾好一个复杂的家庭，关照伤残的丈夫，如何做纽约州的州长夫人，如何做美国第一夫人，如何处理联合国的事务。她照顾“父亲”

的幻想是一场预演，在这场预演中，她将自己的使命和深沉的热情投入到他人的福利中去。

补偿理论

补偿理论——埃莉诺·罗斯福通过幻想自己位尊权重来补偿自己的无望感——在心理传记的写作中占有重要的地位。简单来说，该理论认为，后期的优势根植于早期的劣势。矮小、多病以及沮丧的孩子受补偿原则的驱动，成长为富有活力和力量的杰出领袖。

弗朗西斯科·佛朗哥[①]总司令，西班牙 1939 年到 1973 年的独裁者（于 1975 年逝世），他的生活经历正好适合补偿理论的架构。还是孩子的时候，他“极其害羞”，“体格孱弱”，“身材矮小”。“15 岁时，个头很小，一副娃娃脸的他进入了托莱多步兵学院，有一个教官递给他一把短筒火枪，而不是常规的重型来复枪。”他昂首立正，说道：“小队里最强壮的男人能做的任何事情，我都能做。”这次侮辱留在了佛朗哥心里，因为他是个男人，尊严是最核心的。除了补偿早年脆弱的证据，他还和外向的弟弟竞争（“同胞争宠”），弟弟快乐、成功、健谈。所以佛朗哥用胜利、压抑和铁腕统治克服了早年的自卑感。

我们能一个接一个地列举出成功和勇敢的名人，他们在童年时有着相反的表现。埃尔温·隆美尔[②]——“沙漠之狐”，一个英雄的战士，因两次世界大战中的勇猛表现获得最高英勇勋章，陆军元帅、作战经验丰富、老谋深算，是比利时、法国、罗马尼亚、意大利和北非战役中德军的精神领袖——还是小孩的时候在家里被叫作“白熊”，因为他面色苍白、常常心不在焉，而且不善言辞。小学时落在同学的后面，大家认为他懒惰、经常走神、粗心大意。

---

① 译者注：弗朗西斯科·佛朗哥（Francisco Franco，1892—1975），西班牙政治家、军事家，西班牙内战期间推翻民主共和国的民族主义军队领袖，法西斯主义独裁者，西班牙长枪党党魁。

② 译者注：埃尔温·隆美尔（Erwin Rommel，1891—1944），第二次世界大战中德国最负盛名的将领，希特勒最为宠爱的将领，绰号“沙漠之狐”。

罗伯特·皮尔里[1]，他在北极荒原步行探险，直到他“发现”了北极，他是一个寡妇的独子。他总呆在母亲的身边，在家里的院子里面，“为了躲避那些叫他‘皮包骨头’和取笑他胆小的男孩”。

菲尔加摩尔·斯蒂芬森[2]，另一位英雄的极地探险者，被同学叫作“娇气包”，他常常独自在水沟里玩他的玩具船，一玩就是几个小时。

莫罕达斯·卡拉姆昌德·甘地[3]是个矮小、瘦弱、多病、丑陋、胆小的孩子，尤其害怕蛇、鬼和黑暗。

这些人物大体证明的补偿理论最初由艾尔弗雷德·阿德勒（Alfred Adler）提出，他是弗洛伊德、荣格、阿德勒伟大的治疗三巨头中排在第三位的、最不知名的、活得最短的。他对天赋人格的研究将补偿泛化为人类本性的基本规律。他在本世纪初[4]在艺术学校收集证据，声称70%的艺术类学生有视觉异常，而且著名的作曲家莫扎特、贝多芬和布鲁克纳的听觉都有退化的迹象。

按照阿德勒的理论，年轻时遇到的疾病挑战、先天缺陷、贫穷或者其他不利的环境因素为个体取得更高的成就提供动力。每个人——通常过程不是那么显而易见或卓尔不凡——都用强大来补偿羸弱，把无能转化为强势和控制。人们总按照强大好于虚弱、优势好于劣势的观点进行思考，人们总是思忖着孰强孰弱、孰优孰劣、并努力让自己处于优势。

西班牙独裁者的轶事更简单地解释了什么是阿德勒所谓的补偿。更为隐晦、危险的观点，来自弗洛伊德的升华理论。弗洛伊德理论认为，早期的弱

① 译者注：罗伯特·皮尔里（Robert Peary，1856—1920），美国海军中校、探险家，1909年率领考察队到达北极点，标志着北极最后的制高点被人类征服。

② 译者注：菲尔加摩尔·斯蒂芬森（Vilhjalmur Stefansson，1879—1962），加拿大北极探险家、人类学家。

③ 译者注：莫罕达斯·卡拉姆昌德·甘地（古吉拉特语，Mohandas Karamchand Gandhi，1869—1948），尊称圣雄甘地（Mahatma Gandhi），印度民族解放运动的领导人和印度国家大会党领袖，现代印度的国父，印度最伟大的政治领袖，也是现代民族资产阶级政治学说——甘地主义的创始人。他的精神思想带领国家迈向独立，脱离英国的殖民统治。他的“非暴力”（ahimsa）的哲学思想，影响了全世界的民族主义者和争取能以和平变革的国际运动。

④ 译者注：指的是20世纪，全书同。

小并不是简单地转化为强大，而是融于文艺作品中——尽管如此，在其底部仍是早期童年错误的糟粕，那些作为真实的创作种子能在作品中被发现。

这种恶性倾向的解释模式能轻易地得到运用：杰克逊·波洛克[①]，他“发明”了抽象派表现主义行动绘画的滴色画法。他把白色画布铺在地上，在画布上来回走，颜色从画笔上滴落，形成交错的弧线、波浪线、圆弧以及斑点，“行”成了富有节律的巨大图案。据说他曾谈起作画时的感受：“我作画的时候，我都不知道自己在干什么。”

但是聪明的心理学家当然能根据波洛克画布上的轨迹还原他童年的自卑信号。小杰克逊是怀俄明农场上五兄弟中最小的一个，他被哥哥们叫作“‘宝贝’直到他十多岁，对此他深恶痛绝”。

> 和大多数的农场工人一样，只要可能的话，波洛克家的男孩都避免去屋外的厕所，而是乐于在最近的、干燥的、布满灰尘的地面上或是白雪上尿尿，画各种图案，尽管它们一会儿就会消退。小杰克逊经常看到他的哥哥们尿尿……比赛看谁尿得最远。他太小，没法和他们比赛，于是退缩到厕所里面去——这一习惯持续他的一生，甚至到他长大后能够尿出和哥哥们一样长的黄色弧线之后。

即便画家本人都不知道自己在做什么，但每一个聪明的分析性心理传记作家却了如指掌！他们会说，后一个弧线是灰尘中的尿痕的升华，尿痕已经留在了艺术家羞愧的无意识中了。分析性心理传记作家否认艺术家自己的解释（他也许知道，也许不知道，也许根本无从知晓什么才是自己的创作之源）。另外，解释者忽略了他的解释所依赖的词的含义：“无意识”。如果你已经知道无意识装着什么，以及它正在做什么——通过行为绘画来升华阴茎竞争和

① 译者注：杰克逊·波洛克（Jackson Pollock，1912—1956），美国画家，抽象表现主义运动的主要力量，以巨幅的“滴色”画（如《第一号》，1948 年）而获殊荣。

同胞争宠，那么创作之源就根本不是无意识，而且波洛克正在实施一项计划，验证一种理论，来解释心理传记。

这种贬低感召的理论是可笑的，故而值得我去授之以笑柄。通过淡化那些非凡之人及其非凡事迹的特殊性和真实性，补偿理论抹杀了灵魂的意义。个体的优势并非来自其非凡的谈吐，而是潜藏在更深的地方需要自己去挖掘。因为，正如出现在每个非凡的生命中的那样，有一种眼界，一种完美的理念在召唤。至于召唤的究竟是什么，就算不是完全未知，通常也是模糊不清的。

如果所有的优势只是对劣势的过度补偿，所有的天赋只是用更华丽的假象来修复伤口或掩饰缺陷，而这些又可以被分析性智慧所揭示，那么佛朗哥将只是一个矮男人，仍然执迷于和哥哥们竞争；而波洛克也只是个“宝贝”。他们只是理论本身；其他每个人也都如此，“只是”而已。没有天赋，没有代蒙。我们每个人在这个星球上都是孤独的，没有天使，听命于遗传因子，受制于家庭和环境所造成的过错，这些都只有“强大自我”的意志力才能克服。

在了解了补偿理论并将其摒弃之后，让我们回顾一下橡果论对甘地、斯蒂芬森、皮尔里、隆美尔童年特征的观点，就像对马诺莱特的早年害羞进行回顾解读一样。甘地害怕看不见的东西和黑暗，因为掌控他命运的代蒙知道被警棍殴打的滋味，知道被长期囚禁在黑暗的小牢房中的滋味，知道死亡随时都可能降临的滋味。暗杀早已写进了甘地的人生剧本。皮尔里和斯蒂芬森是否在用他们古怪的、孩子气的方式预演日后在严寒极地遭遇的荒凉和孤独？隆美尔（他曾对儿子说过：“我是陆军上尉的时候，我就已经知道如何统领大军了”）——也许那个苍白、迟钝、懒惰、常常走神的“白熊”男孩，似乎预感到在厄尔阿拉曼（埃及北部村庄，濒地中海，“二战”战场）之役以及经历两次世界大战的炮火洗礼之后将饱受战争后遗症之苦，预感到在诺曼底轰炸时头骨的破裂，包括纳粹秘密警察怀疑他涉嫌刺杀希特勒而逼迫他服毒自杀。

佛朗哥自命不凡的作态也能重新解读，它不是阿德勒所谓的补偿，而是代蒙的一次尊严的展示。“我不是一个娃娃脸的小男生。我是全西班牙的最高领袖，我的使命必须获得尊重。”无论使命是什么——因为不只有元首需要尊重（杀人犯也需要，在后面的“坏种子”一章中将讨论），代蒙都代表尊严。代蒙不容否定，孩子也会捍卫其代蒙的尊严。这就是为什么甚至是柔弱的孩子也会在“敏感”的年纪拒绝屈服于不公和虚假，并对责骂性的误解反应强烈。关于童年受虐的观点需要扩展，不仅限于性的解释——这是异常危险的，主要不是因为它关于性，而是因为它滥用了作为人格核心的尊严，神话的橡果。

动机理论

虽然我批评使命的补偿理论，但是动机理论却能在我的轶事证据中找到支持。根据哈佛大学精神病学教授艾伯特·罗滕伯格（Albert Rothenberg）对创造性的研究，那些显赫的可作为使命案例的名人都有一个最主要的共通的特征。他排除了智力、气质、人格类型、内向性、遗传、早年环境、灵感、沉迷、心理障碍：这些特征在有的人身上存在，在有的人身上不存在，有的发挥了作用，甚至有的作用显著，但是只有动机“在所有案例中都存在，无一例外”。

心理学中的“动机”不正是橡果要成为橡树的驱动力么？更确切地说，动机反映的不正是橡果的橡树性么？橡树结出了橡果，而橡果又孕育了橡树。

动机以奇特的方式呈现，就像埃莉诺·罗斯福的白日梦那样隐晦；也可以很猛烈，就像伊莱亚斯·卡内蒂（保加利亚籍思想家和作家，1981年获得诺贝尔文学奖）[①]五岁时发生的故事那样。

> 我父亲每天都读《新自由新闻》[②]。他慢慢打开报纸时，是个美妙

---

① 译者注：伊莱亚斯·卡内蒂（Elias Canetti，1905—1994），保加利亚出生的犹太小说家、评论家、剧作家，代表作《迷惘》。

② 译者注：《新自由新闻》（*Neue Freie Presse*），一份维也纳语报纸，创办于1864年，1938年停刊。

的时刻……我试图寻找报纸里有什么让他如此着迷，最初我以为是气味……我爬上椅子贪婪地闻报纸的油墨味……后来他一边指着，一边解释说那重要的东西是文字，很多小字。不久我就自学认字，他说，这激起了我对文字不可遏止的渴望……

我的表姐正在学习如何阅读和写作。她庄重地在我面前打开了笔记本，里面有蓝墨水写成的字母表，它们对我的吸引超过了我之前见过的任何东西。但是当我想摸摸它们的时候……她说这样不行……在我撒娇地请求之后，她终于允许我用手指去指那些字母，但是不能碰到……

我每天都为想要看她的笔记本去求她，而每次她都以拒绝作为回应……

有一天，家里的每个人都记得，我像往常一样站在门口，等着她。“让我看看里面写的。”……我想抓住她，我追着她到处跑，我请求、哀求她给我笔记本……我想要的不仅是笔记本，还包括里面写的东西，它们对我来说是一回事。她伸直胳膊将笔记本高高举在头顶……靠在墙上。我够不着，我太小了……突然，我离开她，走了很长的路绕到屋子后面的厨房院子里，拿起了一把亚美尼亚斧子要杀她……

我高高举着斧子……从庭院中的长路上冲回去，嘴里凶残地叫喊，不断重复：“我现在就要杀了劳里卡！我现在就要杀了劳里卡！”

不同凡响的人能非常清楚地展示自己的使命。也许那正是他们着迷于使命的原因。也可能是，他们之所以不同凡响，是因为他们的使命降临得非常清晰，而他们对它又如此忠实。他们是使命及其力量的典型样例，也是对使命发出的信号保持信念的典型样例。

他们似乎没有其他的选择。卡内蒂不能没有字母和单词，否则怎么能成为一个作家呢？佛朗哥不得不像军校里的其他学员一样身体强健。芭芭拉和耶胡迪·梅纽因想要真正的工具，他们必须亲手去感受。那些不凡的人就是更好的证据，因为他们到达的高度是普通人可望而不可即的。我们似乎缺乏动机而容易分心，然而我们的命运被相同的大众引擎所驱动。不凡的人并非异类，只不过他们引擎运转起来更加清晰流畅。

因此，我们较少关注这些人和他们的“人格”，而更多地关注命运本身的不凡因素——它自己是如何到来并昭示的，它想要什么，及其副作用。我们把人生经历看作命运的证明。

很清楚，我们不是在崇拜富有和名望，也不是在研究创造性和天赋，更不是研究为什么莫扎特和梵高能成就非凡。每个人都有自己的天赋。没有人是天赋或能成为天赋，因为天赋或代蒙或守护天使是一个无形的护航者，并非天赋入驻的那个人。

如何看待童年

很早以前，人和代蒙经常被视为是一体的，孩了本身被自己的天生资质所吞没，不见踪影。这种混淆是情有可原的，因为孩子是如此身单力薄，而代蒙又来势汹汹。然后，孩子被区分开来，或是杰出的、特殊的、神童，或是功能失调的麻烦制造者、潜在的暴力罪犯，需要检查、诊断或被淘汰。

病态和不平常之间的联系也符合罗曼蒂克传统，喜欢把天才和疯狂联系起来，因此各种愚蠢的行为也就有了合理的解释：你看起来越疯狂，你越可能是天才。但我们的观点更有说服力，更具启发性。它给予我们的普通生活及一些奇特的不正常的时刻一种先天意象性的见解，将片段拼在一起并使之有意义。在这里讲述的那些奇人早年生活的奇闻，不只是为了阐释他们的童年，还有助于梳理你的以及那些我们关心和担心的孩子的童年。每个小故事都显示，外显的征兆怪癖中蕴含着命运感召的直觉。我们是否可以开始在心中以这样的视角来看待孩子了呢？这会让我们在对孩子的性格和习惯进行诊断之前三思。

《向儿童开战》是彼得·布雷金（Peter Breggin）和金格·布雷金（Ginger

Breggin）给他们新书的命名，他们警示美国有许多问题孩子正面临一种由治疗他们问题的方法引起的麻烦。以往常见的罪行，现今又披着援助计划、药物预防和种族隔离的伪装重现了。所有的都再度出现——优生学、白人种族主义、消毒、强制搬迁、驱逐穷人、惩罚和饥饿。在殖民地时期，苦力会得到药物以缓解痛苦并增强他们的顺从，而给予药物的恰好是制造痛苦的人。

孩子们变成了祭献农业神摩洛①的牺牲品，就像古时的地中海那样。他们也成为科学家对异常、对超常以及对首次以新方式出现的想象研究的范式转变的恐惧的替罪羊。这样的事情在我们的“心理健康中心”中已经上演，比如服用药物不会像使用避孕套那样让人不好意思，药物也许会使本书中提及的每一个不凡人物在童年就已经麻木。

治疗的严重缺陷不是从业者想要的，他们原本是善意的。这些不好的结果是由理论的弊端和不完善造成的。只要标准化的发展心理学的统计数字仍然被作为衡量生命的标准，而后者又是如此丰富而复杂，那么一些非常规的行为就会被视为是离经叛道。诊断和统计一起，判定一个人是否有心理疾病；而诊断和统计一起正好组成一个名字——《诊断和统计手册》（DSM）——美国精神病学会制订的全球公认的指导手册，供专业人员、保健人员和保险人员使用。然而这本又厚又重又无足轻重的书，整个都在描述代蒙影响人们命运的各种途径，以及它们在我们的文明中通常表现得如何沮丧和奇怪。

本书想要把病理学和独特性联系起来，用“特殊”来代替“不正常”，让独特性成为判别我们正常生活的不同视角。比起个案病史，心理学家应该读读人类史；不仅要看生物学，还要看个人经历；不仅要将西方视角的认识论用到外国人、部落、科技不发达文化中去，还应该将他们的人类学（他们关于人类本性的故事）用于我们。我想要颠覆我们对心理学的看法，同时颠覆我们教授及应用心理学的方式，雄心勃勃地试图将其从某些原罪中救赎。

① 译者注：农业神摩洛（Saturn Moloch），是一位上古近东神明的名号，与火祭儿童有关。

卓越和不凡

从穿插在本章乃至全书中的故事可见，本书主要关注的是我们的早年经历，主要方法是轶事讲述，热衷的是非凡人物。

对此需要稍作解释。通过放大和增强非凡人物的意象，可以给普通人以启示。研究非凡人物以寻求启示的做法由来已久，早期有瓦罗[①]、普鲁塔克[②]、史维都尼亚斯[③]所著的经典传记，中期有基督教的《慈父行谊录》以及瓦扎里[④]对文艺复兴时期艺术家生活的传记，后期跨过大西洋到美国的有爱默生[⑤]所著《代表人物》。一直与此传统伴行的是从《圣经》中亚伯拉罕、路得、以斯帖、大卫等典型的故事中以及从圣徒的生活中提取的道德教训——他们都是气质个性鲜明的范例。此外，那些非凡人物的故事始终在戏剧里上演，从俄狄浦斯、安提戈涅、菲德拉、哈姆雷特、李尔王、浮士德，到威利·洛曼，皆是我们在生活中自省的范本。

虽然本书将诺贝尔奖获得者、政治家和流行明星、杀人犯、谈话节目主持人相提并论，但这并不表示名人都是有创造力的。遵从召唤的非凡力量踏上它所指定的道路，荣耀将接踵而至。因此本书列举名人事例的用意：通过展示他们的命运，我们得到更多的证明，知道自己同样也受到命运的召唤。

我们通常都将这些人物放在既定的文化中讨论：通过展示他们的潜能来激励普通人的生命。名人发挥激励、引导、警醒的作用；他们正屹立于想象的长廊中——光辉的形象，奇迹与悲伤的化身，他们用自己的经历帮我们承载即将面对的命运。他们给予了我们对生活的想象空间，这正是我们想要寻

---

① 译者注：瓦罗（Varro，公元前 116—前 27），罗马时代的政治家，著名学者，也被称为雷亚提努斯（Rratinus），曾任大法官（执政官）。

② 译者注：普鲁塔克（Plutarch，46—120），用希腊文写作的罗马传记文学家、散文家，柏拉图学派的知识分子。著作极其丰硕，传世之作为《希腊罗马名人传》（*Parallel Lives*）和《掌故清谈录》（*Moralia*）。尤以前者更为脍炙人口，对后世影响极大。莎士比亚的三出戏剧，很多情节源自名人传的内容。英国传记家鲍威尔将普鲁塔克尊为“传记之王”。

③ 译者注：史维都尼亚斯（Suetonius，69/75—130），古罗马历史学家。

④ 译者注：瓦扎里（Giorgio Vasari，1511—1574），意大利建筑学家、画家、传记家。

⑤ 译者注：拉尔夫·沃尔多·爱默生（Ralph Waldo Emerson，1803—1882），美国思想家、诗人，被称为“美国的孔子”、“美国文明之父”。

找的，所以我们购买名人传记，阅读名人的私密、运气、过错以及八卦消息。我们不是把他们拉低到我们的水平，而是提高我们的水平，通过熟悉他们来减少我们世界的不可能。要是没有这些代蒙的示范，我们无法将他们从平凡中区分出来，除非进行心理疾病的诊断。

这些高度想象的人物化身，对灵魂加以引导的同时又给它留下了无法磨灭的印象，不仅包括英雄和英雄崇拜，也有悲剧人物、红粉佳人、滑稽丑角、干瘪老妪、英俊男角。非凡人物身上戏剧化的夸张的性格特质符合浪漫主义传统。一旦浪漫主义宏大的传统以及疯子、恋人和诗人的演员阵容，被平均主义缩小了尺寸，被学院派的冷嘲热讽解构了，被精神分析诊断学贴上了浮夸的标签，那么文化的空缺就会被趁虚而入的流行明星、伪装的权贵、蝙蝠侠所占据，文明就只剩下浮华的名人作为文化的典范了。

因此，本书要把心理学拉回到两百年前，回到浪漫主义热忱即将冲破理性时代的时期。我希望心理学的基础是人们的想象力，而不是对他们的统计和诊断。我想用诗意的思维来解读个案，如此才能看到他们的真相：他们是虚构与想象的现代形式，而非一个个的科学报告。

个案所证实的，更多的是心理学的问题，而非个案的问题。临床案例告诉我们心理学惯用的方法，我们每个人都受其思维风格的影响，即逆向获取结论，以常态研究超常态，把“超”摘了出来。

有一段话来自埃德加·温德[①]，他算得上文艺复兴式想象的最伟大的学者：

> 适用范围狭窄的方法一开始就决定了其错误的结果……普通可以理解为杰出的削减，但是杰出却不能理解为普通的叠加放大。从逻辑上和因果关系上来讲，杰出都是关键的，因为其意味着……更为综合而全面的范畴。

---

① 译者注：埃德加·温德（Edgar Wind，1900—1971），德国籍英国裔跨学科艺术历史学家，主要关注文艺复兴时期。

如果超常是一个更综合、全面的范畴，那么我们可以通过研究一个超常人物，而不是积累、研究大样本量的个案，来更多地理解更深层次的人性。单一件轶事足以点亮整个视野，马诺莱特畏缩在厨房里躲避他宿命中的公牛，卡内蒂为了文字举起了斧头，那么我们可以不把孩子的问题看作是发展中的问题，而是具有启示意义的象征。

总的来说，本书的每一则传记都在例证全书的要旨：我们需要从新鲜的角度来看待我们生命中的重要性。我要抨击解读人生的惯常方式，这种方式坚持认为时间和过去决定了你的今天。

自从希罗多德和修昔底德开创了历史学[①]，以及《圣经》记述了人类的世代繁衍，西方的一切都以时间来排序。对于时间，希伯来人和希腊人意见一致，认为时间的确重要。事物的发展依赖时间，进化需要时间，自然科学不可或缺的测量方法也以时间为基础。“新品”、“升级版”等诱惑你消费欲望的概念，也都是时间的发明。西方的思维难以停下自己的时钟。西方思维把最内核的生命想成是一座生物性的时钟，其中心是嘀嗒作响的发条。我们手腕上的电子仪器正是西方时间性思维的具体象征，“watch”（手表、看）一词和“awake”（醒着的）、“aware”（有意识的）属于同源词。我们的确相信万物都在时间内运行，时间之河盛载着全世界、所有的物种以及每个人的生命。所以我们看什么都脱离不了时间，我们甚至似乎都看到了时间本身。

爱情可以改变我们看待事物的方式。同样的东西在爱情的滤镜下会变得完全不同。和恋爱一样，观念的转变也具有救赎意义，不是指宗教意义上的把灵魂引回天堂，而是更为实用的意义。在赎回中心，你可以将你曾误以为一文不名的东西找回来。那些平日令人不快的征兆也可以重新评估，其价值也可重新认识了。

征兆在我们的文化中意味着“坏”东西。这个单词本身指的是偶发事件

---

① 译者注：希罗多德（Herodotus，约公元前484—前425）把旅行中的所见所闻以及第一波斯帝国的历史记录下来，著有《历史》一书。修昔底德（Thucydides，约公元前460/455—前400/395），古希腊历史学家，著有《伯罗奔尼撒战争史》。

的集合（sym），没有好坏之分，彼此组合形成意象，不需要用道德来判断其价值，也不需要用医学来界定范畴。作为偶发事件，征兆首先不应归于疾病，而是命运。

如果征兆——即使已经造成了困扰——不被看成是孩子的过错或缺陷，那么我们就能把想象力解放出来，不再纠结于如何解决这些征兆。我们能结束对医学谚语“以毒攻毒”的曲解：用错误的方法对待孩子，以去除错误的征兆。既然征兆不“坏”，我们就不必用坏的方法来去除它。

经验丰富而又迷信的治疗师经常疑惑，征兆消失后去了哪里呢？它真的消失了吗？会不会以别的形式再回来？就算它已经消失了，那么它之前究竟想表达什么呢？这些疑惑让人想到，除了反社会、功能失调和残疾缺陷之外，征兆中还有点“别的什么”。

这些疑惑告诉我们要关注征兆中的隐含意图，这样我们看待征兆的时候，就不会那么焦虑，不太会把它看作是问题，而更多地当作是种现象（phenomenon，该词原意为显现、发光、点亮、发亮、出现以便被看到的事物）。征兆想要被看到，不只是被探究。

重建看待事物的视角，正是本书所追求的。我希望我们以不同的角度来看看自己的童年、现在的自己以及需要我们关心的孩子，不再是祸害，而是幸运，即使不是幸运，至少也是使命的征兆。

美

心理学的所有罪状中，最致命的是对美的忽视。毕竟，生命中存在着相当美好的方面。然而，在阅读心理学书籍后，你就不会这么想了。再说一次，心理学把自己应该研究的弄丢了。社会心理学、实验心理学、治疗心理学，都腾不出地儿来用审美的眼光欣赏生命。心理学的任务是调查和解释，如果在它们的研究素材中突然冒出来美学现象（不光是诸如波洛克、科莱特、马诺莱特这类与美学直接相关的），也只能依靠毫无美感可言的心理学来处理。

命运的每一个转折都可供解析，但也蕴含着美。来看看这些意象：梅纽因跺着脚离开金属弦玩具琴；柔弱的斯蒂芬森在水沟里玩着小船；招风耳、瘦骨嶙峋的甘地和各种恐惧做伴。生命与意象一样，不需要家庭动力学或基因排列方面的解释。甚至在生命的故事开始之前，生命就已经以意象来呈现自己了。它们最早的要求是被看到。即使每个意象的确都蕴含了有待详细分析的意义，但如果我们不欣赏这意象，而是一下子跳到意义之中，那么我们将失去最高明的分析都无法弥补的乐趣。我们关注生命，却把其中的乐趣剔除出去，切断了生命之美和生命意义的联系。

对于心理学的“致命”罪行，我要说说麻木之罪。每当阅读心理学专业书籍时，心理学的一切都让我们感到沉沉死气扑面而来：单调沉闷的论调，大堆的教科书，那些郑重宣布其实陈腐不堪的新“发现”，那些供人自助的镇静止痛药，那种装饰、风格、约谈，那种让人镇静的咨询室，那一潭潭储藏灵魂的死水，那是白人中产阶级文化最后的避难所，陈腐、僵硬，生不出一丝希望。

忽视美就是忽视神性，心理学只好偷偷回到性骚扰的领域，回到实验室“研究”性和性别，回到咨询室进行有引诱之嫌的会面。一直以来，没有美感的心理学是其严苛的自我认知的受害者，它所有的热情都倾注于推进研究成果的发表及提高心理学的地位。缺乏美感，乐趣和幽默感就无从谈起了。广义的动机迷失在宏伟和膨胀的心理学分类之中，而对理念的探索只好裁裁剪剪，来适应心理学的实验设计。若期望通过参加治疗师的“培训课程”来减轻他人的痛苦，任何形式的浪漫都不会出现。但若帮助他人是你的使命，最好能跟着特蕾莎修女学学，而不是寄希望于缺乏灵魂、美感和快乐的心理学。何况，心理学还没有一本自助手册来应对自己的伤痛。

本书全文都没有使用现代心理学的语言，这是本书想要走出这死气沉沉的房间的一个明证。例外之处是，有的地方为了避免和心理病态产生混淆而做的引文说明。全文你找不到下面这样的受过现代心理学污染的说法：表现

（performance）、增长（growth）、创造性（creativity）、阈值（thresholds）、连续（continuum）、应答水平（response levels）、同化（integration）、认同（identity）、发展（development）、确认（validation）、边界（boundaries）、应对策略（coping measures）、操作性条件作用（operant conditioning）、方差（variance）、主观性（subjectivity）、调节（adjustment）、检验结果（verifiable results）、测量结果（test results）、出现（emergence）、希望（hope）。你也几乎找不到诊断标签和首字母缩写的简称。这是一本不带“问题”一词的心理学书籍，几乎不提“自我”和“潜意识”，绝不提“经历”！我也尽力防止“自体”（self）这个最具危害性的词溜进来。这个词是个大嘴巴，它能无限地、不着痕迹地大量吞下所有更特别的人格化的词，例如“守护神”、“守护天使”、“代蒙”和“命运”。最后，我自夸一下：这是一本富有热情的心理学书籍，而其热情不会转移、沉溺到性别战争中去。当文明下陷到自身的沉渣中，至于你是男是女，抑或别的什么，一点都不打紧了，我们都将溶到一起，因为还有远比性别重要得多的东西急需心理学付出热情。

因此，本书想要把美放进心理学中来。虽然这一补救措施是我真心希望完成的，但成功需要前提，即每个人都以自己的人生意象为背景做出各自的努力——将我们的生命看作是和美联系的意象。

寻找橡果，会影响我们看待彼此和自己的方式，从视野中发现美，并且爱上眼中的世界。这样我们就能容纳古怪的人格，能听从使命的召唤。如果我们可以做到，去热爱这声召唤吧，承受其对我们的严苛的爱，与其结合至死不渝——这观点贯穿全书。

如果我们把自己当作接受使命的例子，把自己的命运看作对代蒙的证明，像读小说一样用感性想象的眼光来看待自己的生命，我们或许不会再为寻根究源而担忧、兴奋和烦躁。就像追自己尾巴的狗一样，我们被“为什么”弄糊涂了，而且还带着邪恶的双胞胎“怎么办”——应该怎么变？对幸福的追求，变成了为错误问题寻求答案。我们很少留意，心理学的各个分支都把焦虑宣扬到一种狂热的程度了——焦虑存在于父母当中、孩子当中、治疗师当中、研究者当中，甚至存在于这个领域本身当中，似乎心理学把它的研究对象扩展到了更多的“问题领域”。似乎一切都需要研究、调查、分析：衰老、工商管理、运动、睡眠，还有研究方法本身。无休止地探寻并不是唯一的求知方式，自我检省也不是自我意识的唯一途径。对意象的欣赏，你的人生从早年就充满了意象，深入意象可以缓和你在探寻中的不安，暂歇兴奋与焦躁。托马斯·阿奎纳[①]在《神学大全》中明确提出：美能制动。美，本身就是心理不适的良药。

人心中对美的渴望，应该得到以人心为研究对象的心理学的肯定。心理学必须找到回归于美之路，哪怕仅为保持活力。奇怪的是，即便在研究艺术背景下的创造性人格时，心理学如果提到了美，也只是把对美的追求当作一个变量。心理学的传记略去了美的推动力（难道橡果不想成为美丽的橡树吗？），这样的方式无法满足读者，他们在传记中寻找的是生命的提示。只有故事本身传递了这种美感，才能满足它所描写的生命。

以彼之道，还施彼身。一套理论若要阐释生命所追求之美，就必须以美为基础。浪漫主义时代的人深知其要，他们雄心万丈地追逐宏伟灿烂，因为他们知道这些遥不可及之物都是憧憬生命原貌时不可或缺的。

最后的浪漫主义者，康涅狄格诗人华莱士·史蒂文斯[②]，点明了这些崇高而飘渺的思想：

……云在我们前面

① 译者注：托马斯·阿奎纳（Thomas Aquinas，约 1225—1274），中世纪经院哲学的哲学家和神学家，他把理性引进神学，用“自然法则”来论证“君权神圣”说。死后被封为天使博士（天使圣师）或全能博士。他是自然神学最早的提倡者之一，也是托马斯哲学学派的创立者，成为天主教长期以来研究哲学的重要根据。他所撰写的最知名作品是《神学大全》（*Summa Theologica*）。天主教教会认为他是历史上最伟大的神学家，将其评为 33 位教会圣师之一。

② 译者注：华莱士·史蒂文斯（Wallace Stevens，1879—1955），美国现代诗人。

有个浊暗的中心，先于我们的呼吸。

已有个神话，在这个神话开始之前，

庄严，清晰，完整。

我们引自柏拉图的那则故事——灵魂选定各自命运后，一生受代蒙监守——便是这样的一则神话：庄严、清晰、完整；被你叫作生命史的那个神话还没开始，这则神话就已经在那儿了。

至此，我们会把之前谨慎地归为橡果论的内容做一个大致的梳理。橡果论的主要观点是：每个生命都由特定的意象形成，这意象是这个生命的精髓，召唤生命走向宿命。作为命运的力量，意象扮演了个人的代蒙，它记得你的使命，终生陪伴、引导你。

代蒙有很多方式来实现其“提示者”的作用。代蒙会激励、防卫、开创，而且择善固执。它抗拒折中的合情合理，往往迫使受监守人去标新立异，尤其在它被忽视和反抗之时。它能抚慰你、包容你，却不许你一无所知。它会为你带来疾病。它不配合时间的脚步，在生命的行程中发现各种各样的裂缝、缺口、纠葛——并对它们青睐有加。它近乎于神话，因为它本就来自神话，用神话的模式思考。

代蒙能够预知——但不具体（比如隆美尔和波洛克会自杀，罗斯福夫人会成为第一夫人，卡内蒂会获得诺贝尔奖），因为它不能掌控世事来配合意象，来实现使命。所以，代蒙的预知能力不是十全十美的，它的影响力局限在那个要体现它的生命之内。它不会消失，凡俗讲的那套道理也杀不死它，所以它是不朽的。

代蒙直接关系到独特、宏大的感觉，关系到心中的不安、急躁、不满和渴望。代蒙需要美的分享，它想得到人们，尤其是它的监护人的发现、见证、承认。它难得停泊，勤于飞跃。它卸不掉上天降给自己的使命，它既因被放逐而孤独，又与天地一体。隐喻的意象是它天生的语言，这奠定了心灵的诗意基础，使得众生与万物皆可借喻意来交流。

本书将会详细描述橡果论，并在其他章节对代蒙的其他影响进行探索。

第二章

向下成长

很久以来，扶阶而上被喻为精神的提升。古希伯来、希腊、基督教都特别看重高处，我们西方道德的精神罗盘倾向把好的往高处送，把坏的往低处放。到了 19 世纪末，“成长”以不可阻挡之势陷入了升天幻想。达尔文的人类起源学说，在我们心里也变成了人类在向上提升。每个人都想往社会上层努力，就如同楼房一样，楼层越高价格越高。煤、铁、铜、石油等矿藏的工业开采，只是简单地将这些原料从地下弄上来，这样就能提升其经济价值和所有者的财富状况。如今，向上的成长观点已是陈词滥调了。所谓成年，就是长大；从体形上来看，也就是向上成长。其实这只是描述成长的方式中的一种，是英雄式的描述。无论是西红柿还是参天大树，在向阳生长的同时，它们的根部也在往地下延伸。而在用生物活动来比拟生命时，我们看到的多是向上的部分。

上升模式有没有遗漏某些关键点呢？有，那就是人的出生。通常我们是以头在前来到这个世上的，就像跳水员要潜入人类之池。此外，婴儿头顶有一块柔软之处，按传统的躯体象征来解释，婴儿的灵魂仍可经此接受其本源的影响。随着囟门和裂沟缓缓密合，长成坚硬密合的颅骨，标志着与无形往世的分离，真正进入今生。“降生”要花些工夫。我们向下成长，需要用漫长的人生去脚踏实地。

小孩子向下成长，学会务实，这要经历极大的苦难。他们死死抓住能够得到的东西，他们恐惧，他们努力去适应环境，他们对这世上围绕在其周围的琐事感到困惑，这些每天都在告诉我们，向下成长有多难。日本人认为，母亲或照料者必须与受照顾的婴儿形影不离。因为婴儿来自遥远的地方，所以必须紧紧带在身边，带进人群。

黄道星座之类的象征系统在西方和亚洲占星术中都是以头部为开端。最精细，最微妙的，乃最后一象，在西方是鱼[①]，在东方是猪[②]。而这一象的象征

① 译者注：西方的星座排序依次为：白羊、金牛、双子、巨蟹、狮子、处女、天秤、天蝎、射手、摩羯、水瓶、双鱼。

② 译者注：中国十二生肖排序依次为：鼠、牛、虎、兔、龙、蛇、马、羊、猴、鸡、狗、猪。

部位是脚，似乎脚是最后才到的。如果注意到苏格拉底慢慢死去的例子，我们会发现脚又是最先离开的。他受迫服下的毒芹首先让他的下肢麻木，然后僵冷，仿佛他是被拖着脚离开人世的。把脚深植于大地之上——这是终极的成就，远比头部的发展要晚得多。难怪在斯里兰卡，人们对佛陀的脚印虔诚而敬畏。这表示了佛在这个世界的真实存在，他确实曾向下成长。

事实上，在佛陀的生命早期，当他离开保护他的皇家园林，走入街市，他已开始了向下成长的过程。在街市中，病、死、穷、老把他的灵魂往下拽，促他深思——如何活在世间。

苏格拉底和佛陀的这些耳熟能详的故事，以及占星术的意象，都告诉了我们另一种成长方向和另一种价值观——向下。因为大多数情况下，“向下”都用以代表沮丧。在促使灵魂去适应职业生涯的上升阶段时，即使没有明显的下滑征兆，只需一点儿猜疑和事后诸葛都能使灵魂扯自己的后腿。有时，前途光明的大学生突然发现自己的“个人电脑”死机了，他们从快车道跌落下来，他们想要“减速”，酒精、毒品以及沮丧如复仇女神般袭来。在向下成长的正确性得到文化认同之前，文化中的每个人都在盲目挣扎，想弄清被灵魂深植于生命中的黑暗和绝望的意义。

树是人们最喜欢用来象征生命的生物意象，但我现在要把树倒过来放。我的成长模式根生于天空，并想象朝着人世逐渐向下延伸。这是犹太人卡巴拉教义的树，也是基督教神秘的传统。

《佐哈尔》，犹太教卡巴拉密教的主要书籍，清楚地阐释了下降的艰难；灵魂不愿降到人世，饱受其乱。

那时，上帝意欲创造世界，他决定塑造好所有的灵魂，在适当的时候分配给人类作为子嗣，每一个灵魂都依命中要暂居的躯体轮廓来塑形……去吧，降到这个地方，降入这个躯体。

灵魂常答道：宇宙之主啊，我愿意留在此间，不想离去，在别处我

将受到奴役，会受沾污。

于是，上帝这样回答：自打你被创造之日起，你的定数就是要去到那个世界。

灵魂既知不能违背，便不情愿地下降到这个世间来。

13 世纪的西班牙，开始了对卡巴拉之树的详细阐述。向下伸展的树枝象征灵魂的生活状况，越往下越清晰明了。根据查尔斯·庞塞（Charles Ponce）新近对卡巴拉的心理学解析，灵魂降得越低，就越难以理解其原意。如他所言，上部的区域和象征没有世间那样不可思议；“下肢始终是个谜”。我们能清晰地看出这幅上下颠倒意象的伦理含意：人们卷入俗世，证明了精神的降临。美德即向下，诸如谦卑、仁爱、教诲，而非“自大”。

卡巴拉之树重述了我们文化中两个最悠久的创世神话——《圣经》和柏拉图。《圣经》说，上帝用了六天创造了整个宇宙。你应该能记得，第一天，上帝忙着创造宏大抽象和重要之物，如分割暗与光，确定基本方向；只是在创世的尾声，在第五、第六天，创造了大量的动物和人类。创世过程乃自上而下，从超验的到现实固有的。

柏拉图的下降之说，是《理想国》最后一章中的厄洛斯神话，我简述如下：

灵魂都在神话世界闲游，均经由前生来至此处，每个灵魂都有各自的使命。这份命数又叫作命运碎片（莫伊拉），往往代表特定灵魂的角色。例如，神话说，性情激烈、勇猛强大的斗士埃阿斯[①]选择了狮子的命数，而行走如飞的年轻女猎手阿塔兰忒[②]选择了运动员的命数，还有灵魂选择了能工巧匠的命数。奥德修斯[③]的灵魂记得艰难困苦的漫长生命，“厌倦了壮志豪情，用很长时间来追寻无所作为的平常人的生活，千辛万苦后找到它就躺在某处，

① 译者注：埃阿斯（Ajax），《荷马史诗》中令人生畏的战士，勇猛仅次于阿喀琉斯。

② 译者注：阿塔兰忒（Atalanta），希腊神话中的女英雄，以骁勇和善跑著称。

③ 译者注：奥德修斯（Odysseus，拉丁名为 Ulysses），希腊神话中的人物，罗马神话传说中称为尤利塞斯或尤里克塞斯。詹姆斯·乔伊斯的小说《尤利西斯》的题目来源于他。

无人理睬”。

“在所有的灵魂根据自己的命数选定人生之后，它们便由拉切西斯定夺[①]（Lachesis，在拉丁文中“lachos”意指某人的特定命数）。她随即为每个灵魂委派已选定的天赋（或代蒙），去引导各自的生命，协助实现其人生抉择。”然后拉切西斯带领灵魂去见命运三女神中的第二位——克罗托[②]（Klotho，在拉丁文中“klotho”意指纺纱）。“她的手转动纺锤，已选定的命数就获得了许可。”（经过特别的缠绕？）“然后，天赋（或代蒙）再领着灵魂来见阿特洛波斯[③]（Atropos，拉丁文“atropos”意指不可逆转，不可改变），织成了不可逆转的命运之网。

“然后灵魂头也不回地从必然宝座下走开。”有时翻译成必然的“裙兜”。

“lot”（命数，希腊文 kleros）一词从字形上如何理解，原文中没有精确的解释。而“kleros”一词则由三种密切联结的意思组成：①一片土地，就像是运动沙地（sand lot）、停车场（car lot）、空地（empty lot），又引申为②万物秩序中属于你自己的“空间”，以及③作为合法继承人应该继承的遗产。

我理解的是，神话中的这些命数都是意象。既然命数各不相同，且都包含一个完整的命运形式，那么灵魂必须在一瞬间就直觉地感知到包含生命全貌的意象。灵魂必须选择吸引自己的意象：“这一个是我想要的，是我理应继承的。”每个灵魂都选择自己想要活出来的意象。

在柏拉图的文字中称这种意象为“paradeigma”，多翻译为“pattern”（模式、图案）。因此“lot”就是意象，也就是你应继承之物，是灵魂在整体秩序中的一片，是生命在世间的一席之地，这一切压缩成一幅意象，灵魂在生命没开始之前就已做出了选择。说得更确切些，这个意象老是一再被某个灵魂选中，因为时间并不包含在神话的方程式里。（研究异教的罗马哲学家塞

① 译者注：拉切西斯（Lachesis），希腊神话“命运三女神”之一，负责决定生命之线的长短。
② 译者注：克罗托（Klotho），希腊神话“命运三女神”之一，负责纺织生命之线。
③ 译者注：阿特洛波斯（Atropos），希腊神话“命运三女神”之一，负责切断生命之线。

勒斯特[①]曾说："神话，从未发生过，却一直存在。"）古代的心理学通常认为灵魂在心的四周，或是在心的内部，所以心掌握着命运的意象，向人发出召唤。

拆开意象，需穷尽一生。意象虽一下子就能被全部感知到，但想理解，却只能慢慢来。所以，灵魂所掌握的命运的意象若呈现于时间维度，就只能是"未来"。难道"未来"是命运的别名？难道我们对"未来"的关注，其实是对命运的幻想？

然而，在进入人世之前，灵魂要经过忘川[②]平原，所以当他们到达的时候，以前那些选择命数、走下必然宝座的过程已忘得干干净净。人就在这样的空白状态下降生。我们把一切都忘记了，虽然那逃不掉的命数图案留下来了，虽然伴随我们的代蒙记得。

普罗提诺是柏拉图思想最伟大的追随者，他用寥寥数行这样总结了神话："降生于世，进入特定的躯体，特定的父母，在特定的地方，这些我们叫作外环境……形成统一，结为一体。"每一个灵魂都由一个代蒙带到特定的身体、地方、父母和环境，这都是"必然"。对于这些我们都一无所知，因为它们在忘川平原被抹去了。

犹太教还有一个传说，为了证明灵魂生前的选择被遗忘，天使在人们上唇之上按了一下。人们鼻下那道小槽正是天使用食指按压之处，以封住嘴唇。灵魂和代蒙在人出生前的作为，只留下人中的那一点记忆了。人在思索或追忆时，手指会摸上唇人中，原因就在此。

千百年来，这样的意象总引人遐思猜测。女神为什么叫作"必然"？上帝为什么在造人之前花了一整天去造海怪和一些令人毛骨悚然的东西？人最后才被创造，所以人是最好的？抑或人是最微不足道的，是上帝最后才想到的？

这种宇宙观的神话把我们放在世界中，让世界与我们相连。今天的宇宙

① 译者注：塞勒斯特（Sallust，公元前 86—前 34），古罗马历史学家、政治家。

② 译者注：忘川（Lethe），是希腊神话中不和女神厄里斯（Eris）的女儿和遗忘的化身，又是冥府的河流或平原的名字。

论——大爆炸、黑洞、反物质，以及曲线状、不断扩张的未知的太空——让我们恐惧，无法感知，无法理解。凡事都是随机发生的，没什么是真正必然的。科学宇宙论从不谈灵魂，不谈灵魂存在的原因，不谈灵魂从何而来、会去向何处，不谈灵魂可能有什么任务，所以科学无从感动灵魂。我们觉得，一些无形的事物把生命及生命以外的东西编织在一起，科学的宇宙论却用遥远的银河系或波（waves），把它解释成不折不扣的无形。这些东西不可知、不可见，因为它们是以时间为单位的。人类的生命在科学神话的辽阔阵势中只是十亿分之一秒，人生哪有意义可言？

物质宇宙中的这些无形事物是不可知、不可见的，只可计算，因为它们都在多少光年以外，因为它们在定义上就是不确定的。值得注意的是，有些古代哲学认为，不确定乃是邪恶之源。自然科学针对生命终极起因与存在意义的解释，也许不是一条康庄大道。起步就走错的宇宙论，不但会提出蹩脚的判断，也会使我们对存在感的爱变得残缺不全。创世神话认为事件总是以随机的方式出现在无垠空间，这种观点将西方文化中的灵魂禁锢于平流层中使其无法呼吸。因此也怨不得我们会指望其他神话，如柏拉图的厄尔、创世纪、卡巴拉之树。关于事情如何变化，每一个神话都给出了类似的神学解释：我们在神话中降生，神话向下展开，倾注于每个人的灵魂。这也难怪柏拉图曾就他的“寓言”做出如下表述：“若我们接受它的说服，我们亦可能得到它的保护。”

明星一：朱迪·嘉兰[①]

降入人世或许是痛苦的，高代价的，尤其是家人要付出代价。使命的代价往往需要橡果扎根之处的环境来“埋单”——这环境就包括自己的躯体、家庭以及生活中使命的直接参与者，比如丈夫、妻子、儿女、朋友、合作伙伴、

① 译者注：朱迪·嘉兰（Judy Garland，1922—1969），美国轻歌舞剧演员、电影歌曲演唱家、电影演员，1999 年被美国电影学会选为百年来最伟大的女演员第 8 名。

恩师。使命的需求常常会无情地为原本好端端的生活带来巨大的混乱。

当然，不只是卓越人物才会受到召唤。不论是干哪行的，不都会因为承担太多任务太重而感受到压力吗？我们所有人都在想，我们还可以做得更多。比如给感恩节大餐再添一道蔬菜，想再多练半小时的钢琴或多健身半小时。所谓沉迷于追求完美，其实是天使召唤的代名词。这警告之声只表达了代蒙意图的一部分。召唤的另一部分是理想。这一切都被归咎为现代的压力、钱财的需求、超我的戒律、迫在眉睫的最后期限，一切都降低了孜孜不倦、毫不松懈的守护神的原型本质。虽然每个人都有感受到使命催迫的时候，不过在名人的夸张生活中，这种要求表现得最为明显，得到了最好的记录。

财富和名气无法互偿；明星似乎总是有家不能回，总是需要被关注，却常常有一种疏离感，父母的诟病、爱情的背叛、疾病、残酷的日程安排，受困于此类不言而喻的悲剧。一切只怪守护神，只怪降大任于斯人的艰难。使命与生活不相称，导致明星用毒品来麻痹自己和丧失感觉、自杀，甚至英年早逝。在一个充斥着各种繁文缛节的世界里，我怎样才能接受召唤，活得不同凡响呢？

为了证明向下成长的困难，我将对演艺界两位最知名、最具表演才华的明星的故事进行比较。我们先从朱迪·嘉兰说起。她原名叫弗朗西斯·古姆，1922 年 6 月 10 日生于美国明尼苏达州大瀑布城的一个演艺家庭，几乎刚能站稳，家人就带她登台亮相了。两岁半的时候，嘉兰的使命就宣告了。她以“古姆宝贝”的艺名与两位姐姐同台演出。然后，她独唱了歌曲《铃儿响叮当》，博得观众雷鸣般的掌声，让她一再返台，而她则回以歌声和摇铃声，一次比一次响亮。父亲不得不把她拉下台。人与歌一拍即合，一下就赢得了歌迷的芳心。

那时候古姆宝贝已经看过一场“蓝色姐妹”的表演，那是个由三个 5 到 12 岁的女孩组成的团体。“当最小的蓝色姐妹开始独唱时，全家人都知道弗朗西斯这下是着迷了。不出所料，她坐在那儿纹丝不动。当节目全都结束后，她转向爸爸——那一幕我永远不会忘记，她问：‘我也可以吗，爸爸？’”姐姐维吉尼亚说，“她那两岁的小脑袋，已经一清二楚自己想要什么了。”

嘉兰相信自己的使命是“继承而来的。从来没人教过我在台上应该怎么做……我只是‘顺其自然’”。回忆自己最初表演《铃儿响叮当》时的情景，她把自己的台上表现比作“吞了1900颗兴奋剂”。未来那个在好莱坞露天剧场和卡内基音乐厅中心的嘉兰已经隐现在两岁大的古姆宝贝的生命中了。

她自己所说的“继承”，不是字面上理解的生理遗传（我们会在第六章谈到），而是指“本来”固有的，像是她的代蒙和使命。一千个操控孩子的父亲，也培养不出一个莫扎特来。同样，再强势的母亲也制造不出一个朱迪·嘉兰来。来自大瀑布城的两岁大的弗朗西斯·古姆之所以有惊人的吸引力，我认为该归功于朱迪·嘉兰那颗在台上醒来的橡果，这橡果准确地选择了那样的以演艺为生的父母、姐姐和环境来开始在世间的生命。

但是，那生命让弗朗西斯·古姆付出了代价。向下成长要经历痛苦的过程，那过程同样存在于“明星”的发展轨迹中。演艺界一个又一个闪亮的名字都对她不吝溢美之词，有的是和她同台共舞、合唱过，有的是合作过电影，还有的是演艺评论家。1961年她在卡内基音乐厅举行了长达两个半小时的个人演唱会，就座的观众有影星理查德·伯顿①、伦纳德·伯恩斯坦②、卡罗尔·钱宁③、贾森·罗巴兹④、朱莉·安德鲁斯⑤、斯宾塞·屈塞⑥、迈克·尼科尔斯⑦，以及各界名流。她的唱片可能比猫王埃尔维斯·普莱斯利还畅销，其中有一组价格不菲的双碟专辑，位居“排行榜前40名长达惊人的73周之久”。

① 译者注：理查德·伯顿（Richard Burton，1925—1984），英国演员、电影制作人，曾七获奥斯卡提名，并且曾出演《埃及艳后》等。

② 译者注：伦纳德·伯恩斯坦（Leonard Bernstein，1918—1990），美国指挥家、作曲家，代表作《赞歌148》、三部交响曲。

③ 译者注：卡罗尔·钱宁（Carol Channing，1921—　），美国演员，代表作《蜜莉姑娘》。

④ 译者注：贾森·罗巴兹（Jason Robards，1922—2000），美国演员，代表作《总统班底》、《朱莉娅》。

⑤ 译者注：朱莉·安德鲁斯（Julie Andrews，1935—　），英国演员、歌手和作家，代表作《窈窕淑女》、《音乐之声》。

⑥ 译者注：斯宾塞·屈塞（Spencer Tracy，1900—1967），美国演员，代表作《怒海余生》。

⑦ 译者注：迈克·尼科尔斯（Mike Nichols，1931—　），美国导演，代表作《毕业生》。

对她的盛赞不绝于耳。“空前也许绝后的最伟大的表演艺术家，”弗雷德·阿斯坦[①]说；平·克劳斯贝[②]说她是“我所知道的最有天分的女人”；吉恩·凯利[③]说她是“我见过的美国最好最全面的表演者”。伊利亚·卡赞列出的最伟大的表演者中，有卡鲁索[④]、卡拉斯[⑤]、雷缪[⑥]、葛丽泰·嘉宝[⑦]，以及“生涯末期的朱迪·嘉兰”。嘉兰自己说：“我这一生，做什么都追求极致。”

但是她的遭遇也是险象重生：多次被送到医院抢救，洗过胃，遭过勒索，喉咙被碎玻璃划伤过，怯过场，当众和人叫骂过，滥用药物，酗酒，性生活混乱，酬劳被扣，被扫地出门，陷入绝望，神情麻痹，充满恐惧。她的向下过程即是衰老、肉体化、纠结和死亡。

三四十年代，那是经济大萧条、新政、战事不断的时期，是社会困苦与民主理想主义盛行的时期，而那时朱迪·嘉兰过的是好莱坞式的生活。她也参与其中，但是否有向下成长呢？她对美国战争机器的贡献是，注入美国最看重的、最有效的抗抑郁药，否则美国的仗打不下去，生产会停顿，日子没法好好过。这剂药就是：天真无邪的神话，以及否认的心理机制。所以，她不必跳出自己的角色，不必舍弃选定的命数，只需在军事基地歌唱表演，为战时公债募款。战士床头钉着的、军舰舱壁挂着的、阵亡官兵的钱夹里装着的，都是她“邻家女孩”的相片，这样，她仍在往上走而不是向下成长。虽然她的形象呈现的是小镇女高中生模样的弗朗西斯·古姆，但是朱迪·嘉兰没有开启通往现实世界的成功之路。她忙于剪辑唱片、拍摄《相逢圣路易》[⑧]等影片、谈判交涉，忙得不可开交。

---

① 译者注：弗雷德·阿斯坦（Fred Astaire，1899—1987），美国演员、舞蹈家，代表作《三个小单词》。

② 译者注：平·克劳斯贝（Bing Crosby，1901—1977），美国演员、歌手，代表作《与我同行》。

③ 译者注：吉恩·凯利（Gene Kelly，1912—1996），美国演员、导演、编剧，代表作《雨中曲》。

④ 译者注：恩里科·卡鲁索（Enrico Caruso，1873—1921），著名的意大利男高音歌唱家。

⑤ 译者注：玛丽亚·卡拉斯（Maria Callas，1923—1977），著名美籍希腊女高音歌唱家。

⑥ 译者注：雷缪（Raimu，1883—1946），著名法国演员。

⑦ 译者注：葛丽泰·嘉宝（Greta Garbo，1905—1990），电影演员，生于瑞典，逝于美国，代表作《茶花女》。

⑧ 译者注：朱迪·嘉兰1944年主演的电影，英文名为 *Meet Me in St. Louis*，也译为《火树银花》或《青春乐》。

有两部特殊影片的拍摄给了她机会，让她向下成长，向她一展其中的艰难，分别是《时钟上》（*The Clock*，1945）和《纽伦堡的审判》（*Judgment at Nuremberg*，1961）。在《时钟上》中她饰演了一名普通的妓女，和一名战士相识并结婚。在《纽伦堡的审判》中，她扮演了一个悲惨而令人心酸的小角色，一个对犹太人施以援手的邋遢的家庭主妇。这两部影片给了嘉兰一条向下的路，让她走出魔幻童星与一夜成名的光环，走出多萝西[①]和小内莉·凯利[②]的角色。这样的机会少之又少，而当机会来临时她却拒之门外。她的橡果属于《飞跃彩虹》[③]。即使在她表演生涯的末期，即便身体已臃肿而虚弱，语无伦次，神色惊慌，只要她一唱出《绿野仙踪》的主题曲，观众们立刻就会如痴如醉，她和大家一起往上飘起来。

评论家克利夫顿·法迪曼能看出嘉兰心中的本质意象，天生“追求极致”，这是与年龄、性别、形体无关的永不消亡的天赋：

> 我们为什么一而再，再而三地把她唤回台上？好像她不是在举办一场精彩演出，而是在拯救灵魂。
>
> 当我们听着她的歌声……当我们看着她衣衫褴褛、四处流浪的扮相……我们忘了——这是个严峻的考验——她是谁，我们又是谁。和所有的正牌小丑一样（朱迪·嘉兰的丑戏造诣和歌艺一样出色），她看上去非男非女，非幼非老，既不俏丽也不平庸。她拥有的不是魅力，只是魔力。她纯净地表达了几种简单、普通的感觉，漂浮在剧院的幽暗空中，无影无形，像是从某个特定的人格中脱离而出。

人们通常把嘉兰生活的悲惨遭遇归罪于“好莱坞”、经纪人与制片方的

① 译者注：多萝西（Dorothy），朱迪·嘉兰在电影《绿野仙踪》扮演的角色，是一位善良的小女孩。

② 译者注：朱迪·嘉兰在电影《内莉和凯利》中扮演的角色。

③ 译者注：*Over the Rainbow*，朱迪·嘉兰主演的电影《绿野仙踪》的主题曲。

压力，以及不实的宣传报道。只有这样方能解释，为何如此天资的一颗巨星，“无所不有”的一个人，会“堕落至此”？

我倒认为这一次次的“堕落”是她在努力下降，是有欠考虑的向下成长方式。似乎是那个她从未到达过的世界一直想要把她拖进去，使用的是最常用的工具：性与金钱、商人与情人、经纪人与合约、婚姻与失败。她不断地向下走，甚至因谋杀案出庭受审。她最终于6月21日到22日[①]在午夜的厕所中“谢幕”，这一天正是太阳历一年之中的顶点，白昼最长、黑夜最短。

大多数人都达不到嘉兰的“功成名就”，他们一生都在梦想成为明星，或只是与明星握一下手。而嘉兰的愿望却截然相反，这多少让人吃惊。她想走入平凡的世界，找个男人经营一段稳定的婚姻，生儿育女（她生了三个孩子，却在40多岁的时候满怀渴望地说：“我现在还想要个孩子，估计已经太晚了”），结交朋友而不只是粉丝。推动她不停往前的不是这些普通的生活，而是与之相反的无情催促的使命。

家庭与工作、亲情和事业，是当代人常见的两难话题，这两个维度在朱迪·嘉兰身上呈现为一个完美的“十”字，阻止她的使命落入凡世。她的生活沿着十字架上下伸展，一端是地狱的折磨，一端是天堂的奇迹，就是无法在水平维度的日常生活中落脚。这颗巨星从诞生开始就引人注目。好莱坞放大了她的使命，要求她的生命完全遵从另一空间的橡果，好莱坞扮演了橡果的代理人。人们以为她自会料理自己的生活。其实弗朗西斯·古姆压根不知道如何料理家务、经营婚姻、抚养孩子、煲汤做饭，不会亲手做任何事情。她甚至找不到合适的衣服来穿。与她合作《一个明星的诞生（星海浮沉录）》的男主角詹姆斯·梅森在她的葬礼上这样说：“她付出了那么多……她需要回报，她需要的忠诚与爱，远非我们任何人能给予。”因为她的诉求非比寻常：非凡之人对平凡生活的诉求。

---

① 译者注：朱迪·嘉兰死于1969年。

对于橡果给出的困境，嘉兰有自己的看法：“也许是因为我发出了某种声音，一种悦耳的声音，似乎是属于全世界的声音。但它也属于我，因为它来自我心。”

我们回到一个总体原则：心中的意象需要努力去依附各种各样的安定环境，不论是朋友的忠诚、合约的安定感、健康的保障，还是井然有序的日程、环境的真实感。因为“这声音似乎属于全世界”，而且以无形的天赋降临，所以就没有足够的土地供它扎根。巨星们为什么会“堕落至此”，一个个变成为钱而整了形的酒鬼、性爱狂人、宗教妄想狂？这些不正是他们想不顾一切地降临凡尘的表现吗？弗洛伊德说过，每种征兆都意味着妥协。征兆有其正确的目标，我们却用错误的方法去实现。高山慕深潭；他们通过这样或那样的方法想往下走，甚至包括自杀、自毁性合约、破产，以及卷入感情纠纷，而不会选择软着陆。朱迪·嘉兰的女儿丽莎·明尼里在母亲的葬礼上说：“中庸之道从来不是她的选择。”

孤独与放逐

朱迪·嘉兰的故事讲的是众人喝彩中的孤寂。我们如何解释陪伴每个生命的孤独？孤独既非好莱坞大厦中的巨星所特有，也不是养老院老人的专利。童年也有孤独。孩子心中的孤独感，会因对黑暗的恐惧、父母的严惩、同学的排斥而加重。但其起因似乎是每个代蒙的独特性，这原型的孤独是儿童的语言无法表达的，我们成人也不见得能讲清楚。

沮丧之时，我们会坠入孤独的深渊。在分娩、离异、长期相依的伙伴亡故的震撼过后，会有一波波强烈的孤独感。灵魂会抽身回来，独自忧伤。甚至在盛大的生日宴会上，欢庆胜利时，也会感到孤独的刺痛。难道这只是后遗效应吗——是攀得过高之后的补偿性下跌吗？似乎没有什么能阻挡这种下落。所有的我们向外向下铺展开来联系世界的网络——家人、朋友、邻居、恋人、日常琐事、累年工作的成果——似乎都不值一顾。我们奇怪地发现自

己不是自己了，一切都那么遥远，被放逐，无所依靠，孤独的精神占据了一切。

为了防卫这样的时刻，我们准备了哲学来解释孤独，我们准备了药物来否认孤独。哲学说，现代都市生活的背井离乡和匆忙的状态，以及缺乏串联的工作，造成了冷漠与紊乱的社会环境。我们被工业化经济体系隔离开来。我们将成为一串串数字而已。我们活在消费主义的指导下，而不是（和睦融洽的）社区中。孤独是欺骗的前兆。我们是错误生活方式的受害者。我们不应该感到孤独。改变既有制度——改为生活在一个有合作有沟通的地方；以团队的形式工作。或者去建立关系："联系，只能是建立联系。"社会化，加入病友小组，使自己融入其中。拿起电话，或者，找医生给你开点百忧解①。

道德神学的观点比社会学的哲思和补救措施更为深刻。其认为孤独是堕落之罪。人类因为原罪而被逐出伊甸园，离开了上帝。当我们感到孤独，迷失于山谷之中时，我们成为迷途的绵羊，偏离了救赎之路，忘记了感恩与信念，因而陷入绝望。我们再听不到牧羊人的呼唤，也不再理会牧羊犬，它固执坚决地紧紧咬着我们罪恶的良知。我们之所以孤独，是为了要听见那被尘嚣淹没的细微声音。更坏的理解是：孤独是我们易腐的肉身犯下原罪后招致非难的证据。所以朱迪·嘉兰无家可归、穷困潦倒、破败孤独也是必然。这些都是原罪之果。

东方的道德神学则认为，今生的孤独是前世的孽因种下的恶果，或是为来世而做的准备。无论是东方的还是西方的道德神学家，都精妙地把孤独这种感觉转化为一种罪恶，使其更加不快。人们只得苦笑隐忍，或是忏悔。

存在主义是解释孤独的另一种途径，接受孤独之苦正是这一理论认为的人类存在的基础。例如，马丁·海德格尔和阿尔贝·加缪②都把人置于"被抛弃"的境地。我们只是被抛弃至此而存在（此在）③。"抛"的德文为"Wurf"，

---

① 译者注：百忧解，一种口服抗抑郁药。

② 译者注：阿尔贝·加缪（Albert Camus，1913—1960），法国小说家、哲学家、戏剧家、评论家，存在主义文学领军人物，荒诞哲学的代表。

③ 译者注：此在，德文为"Dasein"，由马丁·海德格尔提出，他通过此在的生存分析揭示出：此案在的时间性是"源始的、自在自为的'出离自己'本身"。

包含两重含义：一为扔骰子，另一为被母狗母猪抛弃的小狗小猪。生活是每个人都要面对的课题；但是没人告诉你生命到底是什么，这样你只能感受到与存在有关的焦虑与恐惧。既然凡事都没有共通的准则，那么每个个体都是孤独的，一切都得靠自己。既没有上帝，也没有戈多[①]在等待。你要在最深沉的无意义感中走完你的一生。英勇人物能把孤独化为个人的力量，而朱迪·嘉兰没找到路子。她依赖性太强、太柔弱、太胆怯，所以无法将“孤独”和“团结”结合在一起。这个说法来自加缪一本名字贴切的故事集《放逐与王国》中的箴言。嘉兰的绝望证实了存在主义的虚无论。这正是存在主义的解读。

这些对孤独的思考——社会学的、治疗性的、道德的、存在主义的——提出了两个我不能接受的假设：第一，都认为孤独感等同于字面上的孤单，最终都能通过某种人为的行为补救，比如对原罪的忏悔、建立治疗关系、用英雄式的方法营建自己的人生；第二，都认为孤独感根本上是令人不快的。

但如果从一开始就有一种原型的寂寞感伴随我们，那么生活注定也要感觉孤独。孤独感的来去，与我们的做法无关。这并不是字面上理解的孤单，与朋友相聚时、和爱侣相拥时、手持麦克风面对欢呼的人群时，孤独的痛苦一样会迎面扑来。如果把孤独的感觉看作原型的，就成为必要的了；孤独也不再是罪恶、恐惧、错误的预兆了。我们承认孤独感有其特别的自主性，不再把孤独和字面上的孤单混淆了。既然孤独有其原型，其主要也就不是不快的了。

我们若是近距离去看——更确切地说是近距离去感受——孤独，会发现其中含有几种元素：怀旧、悲哀、寂静、对此时此地之外的“其他东西”的憧憬。为了展现这些元素和意象，我们首先必须关注它们，而不是仅对其进

---

① 译者注：戈多，出自爱尔兰剧作家塞缪尔·贝克特的剧作《等待戈多》。戈多究竟是谁呢？有人说，戈多（Godort）就是上帝（God），《等待戈多》（*En Attendant Godot*）这个法文剧名，看来是暗指西蒙娜·韦尔的《等待上帝》（*Attent de Dieu*）一书；有人说，戈多象征“死亡”；有人说，剧中人波卓就是戈多；有人说，戈多是巴尔扎克剧作《自命不凡的人》里一个在剧中从不出现的人物“戈杜”（Godeau）；有人甚至说，戈多就是一位著名的摩托车运动员……于是有人问作者，贝克特两手一摊，苦笑一声：“我要是知道，早在戏里说出来了。”

行肤浅的治疗。如果我们处于绝望而去寻找方向，绝望会变得更重。

怀旧、悲哀、寂静、憧憬弥散在朱迪·嘉兰的歌曲中，歌声和唱法中，一颦一笑中，表情和眼神中。难怪她的演出能直达人心，为他人所不及。怀旧、悲哀、寂静、憧憬，在许多语境和文化中，也是宗教和浪漫诗歌最深层的素材。它们让橡果想起自己从何而来。就好像斯皮尔伯格的影片《E. T.》中的外星人，其橡果看起来是怀旧、悲哀、寂静的，它总是遥想着“回家”。孤独呈现的是被放逐的情感；灵魂未能完全向下长定，它想回去。回哪里去呢？我们不知道，因为神话和宇宙论都说，那地方已不在记忆之中。想象的渴望与悲哀定是遭到了放逐，而灵魂能表达的只有寂寞。它只记得有股乡愁，以及遥远的想象。还有一种不同于个人需求的东西。

因此，当我们回头再看朱迪·嘉兰时，我们开始理解连她自己当时也难以说清的理由了。观众想听那些歌词：“在某处，飞跃彩虹”；想听歌曲最后的渴望的问句：“为什么我不能？”我们也开始明白了，为什么嘉兰得到粉丝和同行的赞赏，尽管弗朗西斯·古姆让人难堪地情绪崩溃、乱发脾气、酗酒且喜怒无常、嗑药，颠三倒四。她让每个听众意识到内心最私密的渴望：被放逐者心中的意象被唤醒了，继而渴望着某种超脱尘世的东西。

我们也能再从她生命最后的阶段读出符合被放逐者的处境，就像那些浪迹天涯者、流浪汉、朝圣者、散居的犹太人、苏菲教派的乞讨诗人、喝醉酒的禅宗和尚。代蒙的家不在这世上；它总是以不同的形式存在；躯体的脆弱正是灵魂降生人世的先决条件；我们每个人离世之时，不都有所亏欠吗？抛开社会学和心理分析学，我们便可看出朱迪·嘉兰只是少数始终未能完全向下成长的个体之一，因为她的橡果不仅仅是在剧院聚光灯下载歌载舞，扮演神奇的小魔女，以粉白脸的丑角摸样扮演无关凡俗的故事，还代表着被驱逐者及其渴望。

明星二：约瑟芬·贝克

下面讲述另一个同样神奇的女人，她的卡巴拉之树的长势完全不同。她于 1906 年出生于圣路易斯市的社会弊病医院，也是在六月。这么卑微地降临人世，使得她先要升上星空，才能开始非凡的下行之旅。弗朗西斯·古姆拥有“朱迪·嘉兰”的禀赋，而与弗丽达·J．麦当娜（或者汤比，小时候人们这么叫她）相对的是“约瑟芬·贝克”。

这也是一位魅力四射、极尽奢华的女子。1925 年 10 月，在巴黎的香榭丽舍剧院串红，除了几片羽毛，她几乎一丝不挂。她热舞的身躯“让全巴黎都为之振奋”。那一年她 19 岁。

她 13 岁就结婚了。首任丈夫是位钢铁工人，收入不错，但约瑟芬“把他拿回家的每一分钱都花在穿着上了”。巴黎一举成名后，她的钱也多了，“行头”也多了：她有了几条旅行时随身带的狗，一只立在肩上的猴子，一辆鸵鸟拉的车。她爱车，虽然不会驾驶。她的车中，有一辆是罕见且昂贵的布加迪。1928 年 1 月，她和经纪人从巴黎前往维也纳，随行的除了随从、情人、亲戚之外，还有“秘书、司机、女佣、打字员各一名，两条狗、196 双鞋、各式服装与皮草、64 公斤扑面粉、三万张分发给粉丝的宣传照”。

她的灵魂所降生的这个身体，早年的遭遇却完全不同。她吃不饱，床上尽是臭虫；做童工的时候，和狗一起睡在地板上，吃同样的食物，一起被跳蚤咬。雇佣她的那个女人打她，嫌衣服太贵而让她光着身子。还是个孩子的时候，她又被典押到另一家干活，还和一个白发老头睡在一起。她能挣扎着活下来，已经是种成就了。圣路易斯卫生部的档案显示，3/5 的儿童活不过三岁。

即便那时她仍在跳舞，她在地下室设了一个小舞台和一些包厢。她对别的小孩很凶，这样他们才会安静坐下来看她表演。只要有机会，她就会到当地的俱乐部和舞厅看表演，等表演者下场后，她就和他们待在一起。

有一次，她把一条蛇带进了一个葬礼，当时棺盖还没有盖上。蛇溜走了，吓坏了吊唁者；棺材被弄翻了，尸体滚落出来，愤怒的人们把蛇打死了。汤比——或者已经是动物保护者的约瑟芬——尖叫道：“你们杀死了我的朋友！”小孩能感受动物的灵魂，这种事并不少见。但我们也能记得，蛇是天赋精神最古老最普遍的传递者，是守护者的象征，是“天赋”本身。难道她已经和橡果交上了朋友？

最后，再说一个约瑟芬的更离奇的故事：

> 她曾在斯德哥尔摩为国王表演。“但要是你问我他长什么样，我说不出来。我跳舞的时候就是跳舞，谁也不看，哪怕是国王。”……
>
> 王储古斯塔夫·阿道夫当时年方28岁，他也在场。……王储邀请约瑟芬到王宫，带她走过一道密门，进入一个房间，中间的四柱床上铺着珍贵的毛皮。她赤裸裸地躺在上面。王储让仆从捧进来满满一银盘的珠宝，然后将钻石、翡翠、红宝石一颗一颗地铺在约瑟芬的身体上。……这件事如今已成为瑞典的民间传说了。

约瑟芬·贝克的巨星生活和朱迪·嘉兰有很多相似之处：赢得公众的高度赞赏又被公众所冷落；令人如痴如醉的表演；需要“被爱”；和男人们纠缠不清，包括情人、伴侣、利用她的人（曾有一年轻男子当着她的面举枪自杀，死在她脚边）；花钱如流水；演出活动把自己的生活习惯和健康状况搅得一团糟；只往上飘而没有立足点；完全没受过正规教育；对外形的强迫性自卑（嘉兰担心自己的体重和身材，而贝克则在意头发）；以及性爱。

性关系对约瑟芬·贝克的表演是必要的：她在舞台的两侧做爱；上台前站着做；和每一个舞伴做，包括男同性恋；和花了钱的大人物做；和知名人士做；在她想要的地方，在她想要的时间，和任何她想要的人做。一次，她躺在豪华包房的地板上引诱一位冷漠的舞伴：“看看我的身体，全世界的人都为之着迷，你为何如此不解风情？”

作家乔治·西默农[①]，塑造了梅格雷警长这一文学形象，也是贝克众多情人中的一个，而贝克也是他的著作《十三个谜》中的一个。他描绘了贝克身体的秘密：要点是 croup。“在法语中，croup 的意思是马的后腿、臀部。西默农告诉读者，约瑟芬的 croup 是世界上最性感的……为什么？‘老天作证，很显然，那 croup 有幽默感啊’。”

嘉兰的传记作家也描述了同样的无法遏制的性亢奋。这两个女人主要的共同之处在于她们的迷惑力，能呈现出超脱人类灵魂的表象，召唤每一个观众的灵魂。好像她俩能炫耀代蒙，让人能看到、听到。嘉兰的代蒙是“飞越彩虹”，贝克的则是“狂野之舞”。

共同处就这些。约瑟芬·贝克向下成长了。这样说，不是说她的表演“淫秽下流”、不是说她的出身“卑下贫困”，不是说她的演艺事业“走下坡”，也不是带着种族偏见说她是黑人就理当往下走。约瑟芬·贝克不是被打压下来的，也不是跌落下来的，而是向下成长。

她一步步走入了政治与社会领域。最初是在 1939 年爆发的战争中；她当时 33 岁。她想为第二祖国——法国——倾尽全力。她冒着生命危险为法国做地下工作，把情报藏在乐谱中，在法国、葡萄牙、西班牙之间传递。因为是黑人，她不得进入剧院，而且时刻处于被驱逐出境或处死的危险中。在摩洛哥，家族统治制度下的亲戚关系让她地位尊贵，她在围捕中努力营救犹太人；有段时间，她在外套上佩戴黄色的“大卫之星”[②]，这与她粉红华服大相径庭。在巴黎解放后的那个寒冬，她搜募了上百磅的肉类、一袋袋的蔬菜，还有煤炭，去帮助穷人。她因贡献卓著而获得光荣勋章与十字勋章，并受到戴高乐亲自祝贺。

向下走的下一步是返回美国，在那里她开始投身于圣路易斯的大环境。

① 译者注：乔治·西默农（Georges Simenon，1903—1989），著名法语侦探小说家，以写梅格雷警长探案而闻名于世。

② 译者注：“大卫之星”是犹太人的标记，纳粹曾以黄色的大卫之星为犹太人佩戴标志。

她是民权运动的早期参与者；坚持雇黑人做舞台工作；参加了 1963 年的“华盛顿大游行”[①]；到新泽西监狱探视收监的黑人。她为种族融合所做的努力，受到了马丁·路德·金[②]与罗夫·邦区[③]的赞许。她还访问过卡斯特罗统治下的古巴；她在美国联邦调查局的档案多达千页。

贝克向下成长的最后的一步是收养、资助 11 个不同国籍、不同肤色的孩子，她竭尽全力把他们聚在一起，确保他们有吃有住有学上。她四处巡演、筹募资金，以保住在乡村的房产，那是孩子的家，她把最后的钱都用在那里了。格蕾丝·凯利[④]救过她一次，影星碧姬·芭铎[⑤]救过她一次，但最后她还是失去了房产的赎回权，在一个雨天被赶了出来。1975 年 4 月 12 日，她死于巴黎的萨勒贝特里埃疗养院，而几天之前，一文不名、无家可归、年事已高的她，在疯狂喝彩声中举办了最后一场演出。生命在此结束，重演了她在圣路易斯社会弊病医院的出生，萨勒贝特里埃疗养院就是为被赶出家门的妇女、娼妓、梅毒患者、贫民、罪犯而建的。

起与落，这是生命的原型模式，是最古老、最普遍的一种人生道理。但如何落下，以什么方式下降，仍是人们最感兴趣的部分。朱迪·嘉兰是英勇而沮丧地落入崩溃。她一心想要复出；她一次次地与高高在上的明星世界联系，但这种挣扎带给她的只是凄凉地死在伦敦一所公寓中。约瑟芬·贝克在生命的最后一周，在巴黎赢得了 30 分钟的热烈掌声，这掌声是为她体内的代蒙而响（“人们不舍离开剧场”），也是为她漫长而缓慢的向下成长，来到这有“社会弊病”（包括法西斯主义、种族歧视、遗弃儿童、不公正）的现实的一生而响。

---

① 译者注：华盛顿大游行，发生于 1963 年 8 月 28 日，是美国民权运动史上最伟大的日子。马丁·路德·金力劝民众，非暴力抵抗才是民权运动的最好武器，并发表了演讲《我有一个梦想》。次日，《纽约时报》头版刊登“20 万人和平华盛顿民权大游行”的报道，美国政府称将通过《民权法案》。

② 译者注：马丁·路德·金（Martin Luther King，1929—1968），著名美国民权运动领袖，1964 年诺贝尔和平奖获得者，39 岁时遇刺身亡。

③ 译者注：罗夫·邦区（Ralph Bunche，1904—1971），联合国创始人之一。

④ 译者注：格蕾丝·凯利（Grace Kelly，1929—1982），美国著名电影明星，奥斯卡影后，代表作《正午》、《乡下姑娘》，1956 年嫁给摩纳哥王子，成为王妃和王后，1982 年死于车祸。

⑤ 译者注：碧姬·芭铎（Brigitte Bardot，1934— ），法国电影明星，代表作《穿比基尼的姑娘》。

我们在本章开端提到的柏拉图的向下成长的神话认为，灵魂以四种方式降临——肉体、父母、地点、环境。这四种方式可以提示我们去完成当初带来的意象。第一是肉体：向下成长意味着，随着衰老，地心引力把皮肤拉得向下松垂。（贝克 50 多岁时就说她已经 64 岁了；她穿着旧衣服，也不再掩饰自己的脱发。）第二，承认你是大家中的一员，是家庭树的一分子，要承认那树上也有扭曲、破败的枝条。第三，活在适合你灵魂的地方，在那里你有责任可担、有规范可循。最后，环境给了你什么，你就怎样回报环境，所用的方式就是：宣告你与世界的紧密联系。

第三章
教养谬误

当代西方文明最难以撼动的谬误莫过于：我们是父母的孩子，父母的行为是决定我们命运的重要因素。就像他们的染色体传给了我们一样，他们的缺点和态度也会传给我们。他们共同的无意识心理，比如被压抑的愤怒、未能实现的愿望、深夜人静时的梦想，从根本上塑造着我们的灵魂，我们永远不可能克服或摆脱这一宿命。个人的灵魂始终被认为是家族谱系的生物后代。我们的心理源自他们的心智，就像我们的肉身来自他们的躯体一样。

尽管由于法学、人口统计和生物化学等学科的渗透，关于父母和教养方式的界定已经开始模糊，但在道德改革家和心理治疗师看来，其定义却比以前更顽固。所谓的“家庭价值观”，通过“妈妈糟糕”和“爸爸缺失”这样的陈旧口号，已经慢慢变成“家庭系统治疗”。如今，“家庭系统治疗”已经成了支撑社会功能失调理论和心理健康实践的唯一重要的理论。

然后，有个小精灵始终悄声在说：“你是与众不同的；你与家中的任何人都不一样；你并不真正属于这里。”内心深处住着一个怀疑论者，它认为家庭是一个幻觉，一场白日梦。

即便生物模型也有令人迷惑不解的缺陷。避孕的原理比怀孕的过程更容易理解且更易实践。在那个巨大的、完整的、单一的圆形卵子中发生了什么，为什么在成千上万的精子中它只允许一个特定的小个头精子进入？抑或这与精子有关？他们中的某一个更狡猾、更有冲劲或更与卵子趣味相投吗？又或者这仅仅是碰“运气”？那么，运气又是什么？我们知道 DNA 和它们结合的后果，但是我们并不了解达尔文为之奋斗一生的谜，选择之谜。

橡果论提出了一个简单的解答。它认为：你的代蒙选择了卵子和精子，也选择了它们的携带者，即“父母”。他们的结合源自你的需要，而与本章开篇所说正相反。在我们当中尤其是那些名人的传记中，有那么多人的父母在几乎不可能的情况下结合，有那么多格格不入的错误婚姻和迅速生育子女又突然离异的情况，橡果论是否有助于理解这些情况的发生？一对夫妇走到一起，并不是为了他们个人的完整，而是为了产生一个独特的个体，被赋予一个特定的橡果，这个橡果就是你。

我们可以来看看托马斯·沃尔夫[1]的例子，他是斯莫基山脉一个喜欢长篇大论的浪漫小说家，生于1900年10月3日。他的传记作者安德鲁·特恩布尔（Andrew Turnbull）说，沃尔夫父母的结合是“传奇般的错误结合。两个人的气质超乎想象的不般配”。父亲“大方、享乐主义、健谈”，母亲“冷酷、吝啬、压抑”。

他们是怎么走到一起的呢？大约在托马斯·沃尔夫来到这个世界的16年前，他的母亲茱莉娅·韦斯托尔，当时是一个24岁的乡村女教师，碰巧来到已有过一次离异、一次丧妻的W. O. 沃尔夫的店中，沃尔夫以切割大理石制作墓碑为生。她是来推销书籍的（这是她的第二职业）。

> 扫了一眼她卖的书，他就在书上写下自己的名字。然后他问她是否读过小说。
>
> “哦，我几乎什么都看，”她说，“只是圣经读得不够多。”
>
> 沃尔夫说他有一些好看的爱情小说，那天下午……他借给她一本奥古斯塔·简·埃文斯的《圣·艾尔摩》。几天后，茱莉娅开始卖另一本书……沃尔夫硬把她留下来吃午餐，然后将她带到客厅，看南北战争的幻灯片……他拉起她的手，说当她经过他的商店时，他已经注视她有好一阵子了，然后他就向她求婚了。
>
> 茱莉娅……辩说他们几乎还不了解彼此。然而，沃尔夫非常坚决，最后她说她将随便打开这本她正在卖的书的一页，并遵从右边那页中间一段的指示。很久以后她回忆此事时说，“对我来说这实在有点愚蠢”，碰巧翻到一段关于婚礼的描述——“直到死亡将我们分开”。“噢，就是它！”沃尔夫尖叫起来，“我们就要这么办！我们将实现它！”婚礼在

---

① 译者注：托马斯·沃尔夫（Thomas Wolfe，1900—1938），美国作家，威廉·福克纳把他列为当代美国作家中的第一位，自己退居第二位，代表作《天使，望故乡》。

一月举行，也就是他轻率求婚短短三个月之后。

许多原因导致了这段唐突的不相配的结合：异性相吸；老少互补；彼此互利（她需要一个经济支撑；他需要一个家庭主妇）；施受虐冲动；重演上一辈的经历；单身的社会压力……这些足以让你信服吗？

为什么不至少考虑一下他们是“通过书”而相识呢？她为推销一本书而找上他；他也以书回报；打开一本书做了决定，然后有了托马斯·沃尔夫，他是他们因书结合的产物，后来他也成为写书的人。两岁时，“让他为客人们‘大声朗读’成了父母的客厅把戏”。茱莉娅认为是她在无形中培养了托马斯的文学才能，因为在怀孕期间，她常常“整个下午躺在床上看书”。

至于沃尔夫的六个兄弟姐妹，他们各有自己的橡果，为其他的癖好发展而选择了这对父母。这又一次表明，在不凡人物身上，橡果的显现特别清晰。

托马斯·沃尔夫被召唤到北卡罗来纳州的阿什维尔的这户人家，为了能使他做该做的事情，他们父母被召唤到彼此身边组成家庭。如果他在父母彼此相识之前不“认识”他们，他何以做到他已经做到的这些？天使的手指翻动书页，选择他们成为他的父母，他们才得以孕育他。

母亲

茱莉娅·沃尔夫相信她对儿子有决定性的影响。我从来不会驳斥母亲的个性，不管是什么个性，会在亲生儿子身上留下印记。母亲的影响是不容置疑的，这无需争论，无关证据。因此，在此讨论中可以绕开这一点。正如数学家 G. H. 哈代[①]所言，“一个严谨的人不会浪费时间陈述众所周知的观点”。我们先将母亲置诸身后，正如在本书所说的多个传记故事中那样，事实上她一直在我们身后，是默默立于舞台中央的巨型木像。

① 译者注：G. H. 哈代（G. H. Hardy，1877—1947），享有世界声誉的数学大师，英国分析学派的创始人之一。数学贡献涉及解析数论、调和分析、函数论等方面。培养和指导了包括印度数学奇才拉马努金和中国数学家华罗庚在内的众多数学大家。

说到这尊偶像的力量以及我们对她的崇拜，我想再讲一次一个总被讲起的故事：

有一对如今已30岁的同卵双胞胎，他们在出生时即被分开，在不同的国家被各自的领养父母抚养长大。两个人都很爱干净，几乎达到洁癖的程度。他们精心整理自己的衣物，非常守时，洗手通常要把皮肤搓得通红。当其中一个被问到他为何非得如此干净时，他的答案很简单。

"我妈妈。在我的成长过程中，她总是将房间整理得井井有条。她坚持每一件东西用完后都要回归原位，我们有几十座时钟，全都被设在了正午鸣响。你看，她坚持这么做。我是从她那儿学到的。不然我能怎么样？"

这个男人的同卵双胞胎兄弟，同样是个离不开肥皂和水的完美主义者，他这样解释自己的行为："原因很简单，我是在反对我的妈妈，她是个彻头彻尾的邋遢鬼。"

我们该如何安排这个故事的三个成分：完美主义的行为、因果作用理论以及母亲神话？支持先天遗传论的人可能会认为，这个故事是遗传控制论的完美例证；支持早期环境更为重要的人则可能认为，这两个人是以不同的方式对他们母亲做出反应，一个保持一致，另一个反其道而行，但母亲确实在塑造他们的强迫行为方面起着关键作用。

依我看来，这个故事证明神话可以替代理论，可以解释事实。因为我们不能忽视这对双胞胎除完美主义之外还有其他共同之处，他们关于完美主义的解释完全相同：他们都认为"母亲"是背后的原因。在西方的文化中，母亲神话被赋予崇高的尊严和理论力量，美国人对此深信不疑，美国堪称是一个热爱母亲的国度。

如果我们能如此轻易地接受母亲神话，那么为什么不能接受另一个神话，一个不同的神话，本书所提出的这一柏拉图式的神话？鉴于我们是如此轻信母亲神话，可见并不是对神话的抵制使我们对橡果论踌躇不前。我认为，我们抵制代蒙神话的原因是它看起来太直白。它并没有假扮成经验事实。它公然就像个神话。而且，它将我们的个性视为与生俱来的权利，不需要母亲的保护作为安全基地和原型支持，这对我们已有的观念是个挑战。

随着过去有着核心地位的一对一的母子关系的弱化，母亲神话渐渐失去了依托，尽管它死抓住原型的乳房不放，像悬吊在那里一样。但我们仍然相信母亲的影响，即便我们看到这些变化：日托中心，离散家庭，爸爸洗尿布，无家可归的孩子照顾年幼的弟妹，十几岁就做了两三个孩子的母亲，45 岁才有第一个孩子的妈妈。一切都正在改变：人口统计、经济学、父母身份的法律界定、怀孕、收养、毒品、诊断、指导书籍。

然而，母亲神话在每个人生命中的支配地位并没有改变。因为在每一个生育者和照料者身后，都坐着位伟大母亲，支撑着这套我称之为教养谬误的信念系统，使我们保持着与她的亲密关系。我们按照各自母亲的模样来塑造母亲神话的形象，所以她亦好亦坏。令人窒息的、温暖人心的、筋疲力尽的、贪婪的、不断给予的、强迫的、歇斯底里的、抑郁的、忠诚的、随和的，不管她的特征是什么，她也有一个代蒙，但她的命运与我们的命运是两回事。

但是传记爱写母亲。它喜欢讲述非凡或恶毒的母亲成了名人背后命运的主宰。科尔·波特[①]的名字取自他母亲凯特·科尔·波特，他同样也继承了“她终生的梦想——成为一名音乐家”。在她的一手安排下，波特八岁时就登台表演，十岁时就要乘火车到 30 英里之外去上音乐课。传记作者说，弗兰克·劳埃德·赖特[②]的母亲很清楚地知道她的儿子将成为一名建筑师，她在婴儿房里挂上建筑物的图片，以使儿子受到熏陶。为了让抑郁的母亲高兴，詹姆斯·巴

① 译者注：科尔·波特（Cole Porter，1891—1964），美国著名音乐家，十岁即完成了处女作 *Song of the Birds*。

② 译者注：弗兰克·劳埃德·赖特（Frank Lloyd Wright，1867—1959），美国著名建筑设计师，一生共作了 1100 个设计。

里[1]开始讲故事，结果他写出了《彼得·潘》（*Peter Pan*）这样的名作。

巴勃罗·卡萨尔斯[2]出生于西班牙加泰罗尼亚小村庄的一个贫穷家庭，家中共有11个孩子，为了不中断他的音乐学习，母亲带他到40英里之外的巴塞罗那；“由于母亲努力要看到儿子的天才得以发挥并受到认可，她承担起了沉重的开销，直到巴勃罗22岁时，这个家庭一直支离破碎、负债累累。”

在核武器专家、鹰派物理学家爱德华·特勒[3]出生前，有一天他的母亲正挺着大肚子在布达佩斯公园散步，同伴问她为什么放慢脚步打量起周围的风景，特勒的母亲答道：“这一刻我感觉到他会是个儿子，而且我确信他将来会非常有名，所以我在寻找为他建造纪念碑的最好地点。”通常的心理学观点认为，特勒是被他的母亲推向了盛名。但是为什么不说是伊洛娜·特勒直觉地说出了子宫中的代蒙呢？

灵性导师克里希那穆提[4]幼年丧母，但他“在她死后常常见到她，记得有一次我跟随母亲的身影走上楼……我看见衣衫和部分面孔的模糊外形。几乎我一走出屋外，这种情形就会发生”。

克里希那穆提看见母亲的形象，这清晰地证明了，记忆中的母亲、真实存在的母亲、母亲的精神、母亲的代蒙的相互交融。它们常常融入或加入到孩子的代蒙中，即便在孩子长大成名后依然如此。很少有母亲能看到孩子的种子，能鼓励它萌发，却不去干扰它自己的成长方向。

钢琴家范·克莱本[5]的音乐是母亲教授的。她清晰地区分了导师和母亲的角色：

---

① 译者注：詹姆斯·巴里（James Barrie，1860—1937），英国小说家、剧作家。

② 译者注：巴勃罗·卡萨尔斯（Pablo Casals，1876—1973），西班牙音乐家，以惊人的演奏和表现才能提高了大提琴作为独奏乐器的地位。

③ 译者注：爱德华·特勒（Edward Teller，1908—2003），“氢弹之父”。

④ 译者注：克里希那穆提（Jiddu Krishnamurti，1895—1986），印度一个婆罗门家庭的第八个孩子，是20世纪最卓越、最伟大的灵性导师，天生具足多样神通。被印度的佛教徒肯定为“中观”与“禅”的导师，而印度教徒则承认他是彻悟的觉者。

⑤ 译者注：范·克莱本（Van Cliburn，1934—　），美国钢琴家。4岁登台演出，13岁钢琴比赛获奖后受聘于休斯敦交响乐团担任钢琴独奏。

意识到范非同一般的天赋之后，工作时我们的关系变成了老师和学生，而不是母亲和孩子……

从一开始，我就警告年幼的范不要炫耀……提醒他记得他的才能是神的礼物，他应该心怀感激，不要接受对自己不适当的荣誉。

克莱本证实确实如此："从三岁起，她每天给我上钢琴课。没有一天例外。我们坐在钢琴边，她就会说，'现在忘掉我是你妈妈。我是你的钢琴老师，我们必须非常严肃'。"

母亲巨大的能量无可争辩，尤其当它能够认出并保护孩子的代蒙时，就像克莱本的例子中那样，能够指引孩子的代蒙。

但是，代蒙先于母亲存在，甚至可能预先决定母亲，至少橡果论这么认为。拿克莱本的例子来说，他在两岁时就已经是音乐家了；他仅仅通过聆听另一个房间里的课程，就已经学会了在面对带有"巧妙的休止符和切分音"的"复杂的小韵律"时需要"将左手交叉到右边去弹奏"。橡果论认为他的代蒙选择了正确的母亲，她知道如何教导一个神童。如果换成生在你我家中，或由你我的母亲来抚养，来自德克萨斯基尔戈的年轻的克莱本还会去到莫斯科，获得评委一致的嘉奖，赢得国际柴可夫斯基钢琴比赛吗？

但是，出人头地都是母亲的功劳吗？是否当母亲孕育孩子的时候，也创造了她们的孩子，像孕育身体一样，孕育了他们的灵魂？如果我们不将她的代蒙与孩子的区分开来，她的代蒙继续活在自己孩子的身上，那么母亲必定也被称为怪物制造者。希特勒、埃及的纳赛尔①都对他们的母亲有很深的依恋。加纳的克瓦米·恩克鲁玛②脱离村庄生活并受到西方教育，均是母亲劝说的结果。有魅力的领导者是否真的被母亲慧眼看透并予以帮助，领导者是否都需要相信母亲神话并通过崇拜自己的母亲践行这种信仰，这些都无从查明。

---

① 译者注：纳赛尔（Nasser，1918—1970），埃及第二任总统，曾是阿拉伯民族主义的倡导者。

② 译者注：克瓦米·恩克鲁玛（Kwame Nkrumah，1909—1972），加纳政治家，首任加纳总统，非洲独立运动领袖，泛非主义主要倡导者之一。

但奇怪的是，母亲神话喜欢大独裁者。

伍德罗·威尔逊（Woodrow Wilson）、哈里·杜鲁门（Harry Truman）、德怀特·D. 艾森豪威尔（Dwight D. Eisenhower）、林登·约翰逊（Lyndon Johnson）、理查德·M. 尼克松（Richard M. Nixon）[①]，他们都被母亲宠爱或偏爱母亲。说到尼克松，在他耻辱地离开白宫时，慌张颓丧地发表了最后一次演讲，其中还有一段是向母亲致敬的伤感言语。

我的母亲曾有一次遇到富兰克林[②]的母亲萨拉·德拉诺·罗斯福（Sara Delano Roosevelt）。她问我母亲有几个孩子，我母亲说“四个”，罗斯福太太接口道，“我只有一个，但他非常出色。”萨拉·德拉诺·罗斯福的成就也是出于她的教养有方，或许在很久以前她就注意到儿子的天分，有生之年，她一直遵照他的代蒙的指示，推动他的代蒙前行，走过艰难的每一步。

那些不理解孩子的使命以及误读孩子本性的母亲又如何呢？还有那些与母亲抗争、厌恶母亲的想法、习惯和价值观的名人又如何呢？这种差别似乎对教养谬误造不成打击。不管母亲给予积极的无条件的支持，还是自私地漠不关心地度过一生，母亲神话依旧站得住脚。传记作家能把矛盾的事实扭曲到同一个结局上来。由此可见，传记作家，也包括我们自己在内，在描述我们何以成为我们自己时，始终受到教养谬误的迷惑，就像那对双胞胎一致认为母亲是他们玩命洗手的原因一样。

乔治·卢卡奇[③]是匈牙利的马克思主义作家、有影响的批评家，他从一生下来就与母亲不和。在生命的最后一年（1971 年），他“说起母亲……仍言语刻薄”。他甚至连“礼节性的招呼”也始终拒绝表示。卢卡奇写道：“在家里，绝对疏远，尤其是母亲，几乎没有交流。”因为她是守旧的、浅薄的，兴趣主要就是社交生活，卢卡奇的传记将他同情受压迫者的马克思主义观点

---

① 译者注：均为美国总统。

② 译者注：富兰克林·德拉诺·罗斯福（1882—1945），四任美国总统，在 20 世纪的经济大萧条和“二战”中扮演了重要角色，被评为美国最伟大的三位总统之一，与华盛顿和林肯齐名。

③ 译者注：乔治·卢卡奇（George Lukács，1885—1971），匈牙利著名哲学家和文学批评家，著有《历史和阶级意识》，被誉为西方马克思主义的创始人和奠基人。

以及反中产阶级的叛逆性格都归因于他对母亲的敌意上。按照橡果论，他的母亲对于他的天赋是必要的：他需要在家中有一个敌人，她代表了他的代蒙先天就厌恶的价值观。“很小的时候我就被强烈的敌对情绪所支配。”

对守旧母亲的激进反抗也出现在作曲家伊戈尔·斯特拉文斯基[①]和摄影师黛安·阿勃斯[②]的传记中。

> 斯特拉文斯基的妈妈斥责她儿子，因为他不知道“还有人比他强，比如斯克里亚宾[③]”，直到《春之祭》25周年纪念演出时，也就是她逝世前一年，她才第一次听这部堪称20世纪开创性的作品。即便如此，她还告诉朋友们她并不认为自己会喜欢上这部作品，他不会写“她爱听的那种音乐”。

黛安·阿勃斯的妈妈格特鲁德（Gertrude）关心她的孩子们，“像任何好妈妈一样，她希望他们只做‘对的事’和‘正确的事’，且能够拥有一切有利条件”。阿勃斯是个天生的怪人，喜欢捕捉奇形怪状的景象，最终自杀；斯特拉文斯基度过了漫长的、格外多产的一生，创作了许多不是“（他母亲）爱听的那种音乐”。

斯特拉文斯基和阿勃斯远离了母亲狭窄的路径。但是我们不能说是那条狭窄的路迫使他们远离。既然我们不能假设怪孩子一定有个守旧的母亲，就不能说守旧的母亲会培养出怪孩子，也不能说没教养的母亲会培养出正常的孩子。据有关研究表明，各种各样的母亲会有各种各样的孩子。两代人不可能被一个简单的结（脐带）捆绑在一起。

---

① 译者注：伊戈尔·斯特拉文斯基（Igor Stravinsky，1882—1971），俄国作曲家，被誉为音乐界的毕加索。

② 译者注：黛安·阿勃斯（Diane Arbus，1923—1971），美国新纪实摄影最重要的旗手，对社会主流人物和边缘人的两面性在视觉上做了深入探索。

③ 译者注：亚历山大·尼古拉耶维奇·斯克里亚宾（Alexander Nikolaievich Scriabin，1872—1915），俄国著名作曲家，既是神秘主义者，也是无调性音乐的先驱。

即使母亲和孩子整天待在同一个家中，他们也可能在不同的祭坛做礼拜，供奉完全不同的神。不管身体上有多亲近，他们也可能有完全不同的命运。罗伊·科恩[1]是一个悄然窜上历史舞台的肮脏的、狡猾的权力推手。他接受的是保护型的、传统的教养。“我父母一直努力想给我一个‘正常’的童年。”他参加夏令营，住派克大街的公寓，上贺拉斯·曼恩学校，还进入哥伦比亚大学法学院。作为唯一的孩子，科恩与母亲一起生活、旅行，形影不离，直到母亲离世，那年科恩40岁。自始至终，她无微不至地照顾他；她是一个小心谨慎的热心妈妈，称呼儿子“这孩子”。她努力培养的“正常”孩子却变成了臭名昭著的混蛋。

汉娜·阿伦特[2]的妈妈非常小心谨慎，从汉娜出生直到十多岁，她一直观察和反思汉娜的行为并记录在日记中。她按照德国当时的习俗用襁褓裹住婴儿，以防止汉娜太早坐起，也不让她的腿随意伸展活动。她对女儿的养育面面俱到。两个同样敏感的母亲试图给她们的孩子最好的；但科恩最终变得残忍、自负、缺乏道德，而阿伦特变成了同时代的道德哲学权威，卡尔·雅斯贝尔斯[3]的朋友，马丁·海德格尔[4]的情人；她始终是个“阳光的孩子”，拥有“开启友谊的天赋”，固守着“友爱”的原则，那是根植于她内心深处最持久的思想。

此外，还有忽视型的母亲。芭芭拉·麦克林托克说：“我母亲过去常放一个枕头在地板上，给我一个玩具，然后就把我留在那儿。”后来，不堪重负的母亲将女儿送去与异乡的亲戚同住。埃德娜·圣·文森特·米莱[5]的母亲是一个护士，因与校长争吵，遂将女儿拽出八年级的教室。埃德娜在学校

① 译者注：罗伊·科恩（Roy Cohn，1927—1986），美国律师，因在美国的反共调查而著名。

② 译者注：汉娜·阿伦特（Hannah Arendt，1906—1975），原籍德国的政治理论家，以其关于极权主义的研究著称西方思想界，她关注“生长繁衍于大地之上的人类，而非个人”。

③ 译者注：卡尔·西奥多·雅斯贝尔斯（Karl Theodor Jaspers，1883—1969），德国存在主义哲学家、神学家、精神病学家。

④ 译者注：马丁·海德格尔（Martin Heideggeer，1889—1976），德国哲学家，20世纪存在主义哲学的创始人和主要代表之一。

⑤ 译者注：埃德娜·圣·文森特·米莱（Edna St. Vincent Millay，1892—1950），美国诗人兼剧作家，代表作为诗集《竖琴编织人》。

一直表现优异，喜欢交朋友，而后来她的所有白天和大部分的夜晚都是独自在家中度过的，只要她母亲需要外出工作。蒂娜·特纳[①]说："从一开始我就没从父母那里得到过爱……疏远、拒绝，我不懂这些词。我只知道我无法与我的母亲交流……而这些只是故事的开始。我的生命中没有任何人，没有根基，因此我不得不……去发现我的使命。"

尽管被母亲忽视，这些孩子并没有被他们的代蒙抛弃，后来证明那才是他们的根基。麦克林托克和米莱的使命所需要的正是独处，特纳必须受到冷落才会去寻找她的使命。很明显，这些橡果选择忽视型的母亲，以便为这些年轻女孩提供恰当的环境。

不论主人公是从母亲那里得到支持（卡萨尔斯、赖特、罗斯福），还是与母亲不合（卢卡奇、阿勃斯、斯特拉文斯基），抑或是被母亲忽视（麦克林托克、米莱、特纳），传记作家喜欢夸大母亲具有的神秘能量，将母亲原型的力量与个人的橡果力量混为一谈。

解构父母

教养谬误在很大程度上源自人们误以为因果关系是单维的、纵向的，误以为教导的传递一定是从大到小，从年老到年轻，从有经验的到无经验的。但是，如今社会变迁正在弱化传统的母亲形象，强调母亲重要性的理论也正在经受家庭中反纵向因果关系证据的挑战。

还有一个不算新鲜的故事。有人报告了发生在日本一个无人居住的岛上的恒河猴家庭的行为，研究者在那里的海滩上留下了一些新鲜的甜马铃薯。

> 伊莫吐掉甜马铃薯上沾着的沙子，一只手把马铃薯放到海里，用另一只手用力地搓洗。她吃掉洗干净的马铃薯，品尝着它的咸味。在离她

① 译者注：蒂娜·特纳（Tina Turner，1939—　），美国著名摇滚歌手，被誉为"摇滚皇后"。

不远处，尼姆比看到她的举动，也把马铃薯扔到海里。她没有把沙子完全洗净，但吃起来还是要比以前美味。这两个年轻玩伴的例子教育了其他猴子；很快，他们同龄的雄猴和雌猴就都学会了洗马铃薯。伊莫的妈妈也学会了，并很快教给伊莫的弟弟妹妹。伊莫的爸爸以领导力和强硬著称，他太顽固，不愿意尝试新技巧。

研究者大卫·罗（David Rowe）希望我们看到创新和观念传递会以各种方式产生：家庭内部横向传递（兄弟姐妹之间）；纵向的双向传递，孩子与母亲之间相互影响；家庭外部，年轻猴子向其他猴子学习。一些（年老的公猴）不愿意学，至少说不愿意学洗马铃薯。

但有一个关键问题尚未提出：伊莫怎么会想到这个主意？她怎么会开始洗第一个马铃薯？是什么促使了那个行为？答案当然是她的代蒙激发了整件事情。伊莫的天才继续通过这个故事教育你我。是的，动物也有天使。古老的文化史告诉我们，动物是最早的老师。我们最初的语言，我们的舞蹈，我们的仪式，我们吃什么不吃什么的知识，都是由观察动物的行为而来的。

对纵向因果关系的质疑，特别是对母亲是决定命运的主要因素的质疑，也来自另一个方向。黛安·艾尔[①]将母婴联结（她的书就用的这个名字）称作是“一部科幻小说”（她的书的副标题）。

事实上，联结既是科学发现，也是意识形态的某种延伸。说得更具体些，它是这种意识形态的一部分：母亲被视作孩子生活的首席建筑师，并因降临到孩子身上的任何问题而受到指责，不仅是孩子童年时代的问题，也包括其成年后的一切问题。

① 译者注：黛安·艾尔（Diane Eyer），当代能量治疗师。

艾尔在书中指出："我想促成这种可能，那就是完全抛弃'联结'一词……如此可迫使我们注意到孩子并不是任人摆布的。他们天生具有千差万别的个性和能力。"艾尔的"科幻小说"也就是我所说的"教养谬误"；她感觉孩子有"千差万别的个性"，正是我眼中的独特鲜明的橡果。我们的一生绝非父母塑造：

> 会给孩子带来深远影响的，是许多与他互动的人、他吃的食物、听的音乐、看的电视、在成人世界看到的希望……人们能够通过日常照料、游戏、音乐和艺术、正规学习等途径，在理性上、情感上彼此联结，即便相隔遥远也无妨。孩子的养育可以在许多不同层面进行。

艾尔的养育之网可以撒的更广，包括儿童自发的精神和宗教现象，罗伯特·科尔斯（Robert Coles）对此做过详细报道。还可以包括孩子生活其中的居室内饰、街道声响、教给他们的道理和价值，以及大自然所展现的无形之物。所有这些不仅给孩子提供了刺激和影响，而且也表达了世界的意义，每一个孩子必须对此有所回应。有些人以意想不到的方式回应，有些人拒绝作出回应，这在逻辑上不能被归因于他们与父母的关系动荡、缺乏安全感。不管对孩子还是成人来说，有几个问题最为重要：我带到这个世界的禀赋如何在世上找到一席之地？我要如何契合我必须遵守的意义？什么有助于向下成长？

教养谬误对向下成长毫无裨益。它使我们远离橡果，回到父母身边，尽管他们可能已经离世，我们仍然无法摆脱他们的影响。于是，我只是一个结果，由父母导致的结果。英雄个人主义的美国人仍然恪守以母亲为基础的发展心理学，它声称我们从根本上是教养的结果，并且从根本上来说是过去经历的受害者，并被留下了无法磨灭的污点。作为一个民族，我们可能曾努力从心理上抛掉过去，从过去的创伤中恢复。或许只有当我们忘掉母亲神话，恢复才能开始。因为我们不仅是家庭教育的受害者，更是家庭教育理论的受害者；

不仅是母亲掌控命运的影响力的受害者，更是给赋予她这种影响力的理论的受害者。

约翰·鲍尔比（John Bowlby）颇具影响力的著作《儿童关爱和爱的成长》陈述了这个理论。这本书传达了伟大母亲的原型声音，并发出罪恶死寂的可怕警告：如果不重视这个理论，就是对母亲权威的蔑视。

> 现在，证据已经不容我们质疑这一普遍性命题：幼儿长期被剥夺母爱可能对他的个性以及未来整个人生有重大而深远的影响。这一命题在形式上与出生前母亲患风疹或是婴儿期缺少维生素D的灾难完全相似。

是这样的理论而不是你的母亲决定了你的成年生活：这些理论声称我们每个人在出生的头几个小时或出生过程中即被决定，还声称一系列微小的原因和累积效应导致了你的今天，同样你也会这样影响自己的孩子。你会成为孩子所受伤害的直接原因，伤害不仅导致他们的挫折与失败，还导致犯罪和疯狂。这种理论使女性陷入教养谬误之中，将孩子置于对母亲的归罪之中。艾尔尖锐的批评证明了这一点，但她的解构并不是消极的破坏。像我一样，目的是解除谬误的影响和束缚，大卫·罗说：

> 这一谬误使我们相信，塑造人性的是14年的养育，而不是更厚重的文化历史和人类最初的进化之根源。广义而言，文化传统可以以很多种方式传递，而不仅仅是通过理想化的核心家庭。在第二次世界大战前参加纳粹的那些年轻人，他们的灵魂在儿童早期并未受到不良养育的扭曲和伤害；事实上，他们来自稳定的中产阶级家庭，享有家人情感上的支持。如果一个国家的青年能在几年间被巨大的文化变革所改变，为什么还要强调童年？

拔高父母尤其是母亲的影响，而忽视所有其他社会的、环境的、经济的现实，这意味着对原型神话的奉承可能会掩盖常识。艾尔指出，世界知名的母爱理论权威（鲍尔比和 T. 贝里·布雷泽尔顿）认为，柬埔寨和第二次世界大战后的欧洲幼童，之所以眼窝凹陷，面容悲戚，是由于他们失去了母亲以及母婴关系受到了种种干扰，完全没有留意到这些母亲和孩子所处环境中的巨大恐慌。难道如果这些孩子有“良好的联结关系”，有“足够好的母亲”，有安全的“依恋”，他们所遭受的大破坏、种族清洗和绝望，就不会有那么大的影响了吗？这又是母亲原型神话的谬误，以为母亲具有无比巨大的绝缘力，能把现实世界的一切负面影响阻挡在外。母亲虽有抚慰作用，也可能令执迷不悟的科学研究者窒息。

玛丽·沃特金斯（Mary Watkins）则有些与众不同，她指出，大多数心理学理论家，像 D. W. 温尼科特（D. W. Winnicott）、梅拉妮·克莱因（Melanie Klein）、勒内·斯皮茨（René Spitz）、约翰·鲍尔比、安娜·弗洛伊德（Anna Freud）等人，都非常强调母婴关系是一生的决定因素。他们提出自己的观点时，正是英国遭轰炸期间，或是在第二次世界大战前后。在危险当中退回母亲身边这很正常，但是心理分析作为一门“科学”也要躲在母亲的衣衫后吗？

艾尔注意到，孩子们“受到他们在成人世界看到的希望的深刻影响……”，这一点可能是理解儿童沮丧和失调的关键。他们在成人世界看到了什么希望？相比起在成人世界寻找更大的希望，更为简单的做法是，用希望把儿童和他们的未来连结起来。过去的人们和部落社会让他们的孩子感受到永恒不变以及延续无限的时间跨度。周期性的改变和游牧迁徙不会动摇其根基。神话可以使生命过得有价值，希望甚至不是一种古老的存在。随着信任持续地衰减，希望成为了历史，成为了我们的心理。

我们的主要神话是预示灾祸的，如《圣经》最后一章“圣约翰启示录”所言，今天，我们的孩子一边生活在灾难中，又一边亲手制造着灾难。儿童自杀率正在以惊人的速度增长。通过满意的人际关系，人们将彼此联系在一起，同时也硬生生地将孩子的启明星与这个崩塌的、即将耗尽的、濒临灭绝的、有着无法弥补的缺陷的社会结构拴在一起。对孩子而言，这是多么大的烦忧啊。神话告诉我们，这超出了人的能力。按照大灾难的权威版本，唯一的希望是神的救赎和第二次机会。面对世界末日大决战的宇宙科学幻想，心理学的科学幻想将孩子被迫害的原因集中到功能失调的教养方式上，在这个世界，所有父母都处于悬崖的边缘。

父亲缺席

“爸爸！你在家吗？有人在吗？”不在。爸爸出去吃午饭了。他应该去，我是这么认为的。他得走出家门，我的理解是，因为他对家庭的基本价值是保持与外界的联系。

我们在电视情景喜剧和广告中看到的爸爸，都是傻乎乎的男人。总是不能和大家打成一片，总是心不在焉。评论员谈到当今的父亲，都认为将他们塑造成愚蠢、守旧的形象是刻意为之，因为削弱其形象有助于搞垮父权制的威风，使两性关系更加平等，模糊父子之间的等级差异。因此，妻子被表现得更务实，更明事理，孩子也更灵活机智。即使是个好人，但作为父亲仍是愚蠢的。

这样做除了改变社会传统和软化父权，我认为还有别的用意。电视喜剧中有一个不无道理的微妙的小情节：父亲不懂如何煮咖啡，不会用漂白剂，不会买漱口水，不知道如何解决青春期子女的约会难题，也许他本来就不必懂，他的迟钝似乎在宣告这根本不是他的世界。父亲的世界在电视上没有得到表现，因为他的天地远离舞台，在别处而不可见。他必须将一只脚站到另一个空间，竖起一只耳朵聆听别处的信息。他决不能迷失自己的使命，不可忘记内心向往的职责和他代表的形象。

当然，这些不仅仅是男人的责任；但只有男人会被界定为“缺席”。因此，一些指责，如遗弃妻小、工作狂、疏忽大意、对孩子漠不关心、双重标准、炫耀父权等，都常被丢到绝大多数父亲的身上。而心理学的任务就是将这种缺席扩展到这些经常性的指责之外。

父亲缺席由来已久。昔日父亲可能是战场上的士兵、大海上的水手，或是牧牛人、旅行者、捕猎者、探矿者、报信者、囚犯、临时工、小贩、贩奴人、海盗、传教士、外出打工者。每周工作 72 小时。“为父之道”在不同国家、不同阶层、不同职业和不同的历史时期呈现出迥然不同的面貌。但只在当今这个时代，缺席才变得如此可耻，并被认为是违法的、甚至制造罪犯的行为。这是一个治疗、恢复和试图修复我们不理解的事物盛行的时代，缺席父亲作为社会弊病，成了治疗时代的一只怪物。

传统的父亲形象是白天工作、黄昏时回到家中与家人在一起，赚钱养家，关爱孩子，与其一起分享快乐时光，这是教养谬误的另一幻想。这一形象越来越缺乏统计基础。1993 年，仅有极少的美国家庭符合这一模式：丈夫—父亲工作赚钱，养活不爱出门的妻子和两个孩子。大多数人都与此不同。由此可见，关于父亲的统计数据不再支持传统形象，女人也不符合不爱出门的妻子—母亲形象。如果“家庭价值”是指父母与子女一起待在家中，那么这些价值完全不符合美国人的实际生活。

与其责备父亲缺席以及由此导致母亲、老师、学校、警察和纳税人负担过重的不公，我们不如问问当父亲“不在家”的时候他去哪了。当他缺席时，他置身何处？是什么力量把他拉到别处去了？

里尔克[①]有答案：

有时，男人于晚餐中站起身来
走出门外，继续前行，
因为有座教堂，伫立在东方。
孩子为他祷告，如同他已故亡。

① 译者注：赖纳・马利亚・里尔克（Rainer Maria Rilke，1875—1926），奥地利诗人。

另一个男人，他留在自己的屋里，
死在那儿，死在碗盘酒杯间，
这样他的孩子必得远游世界
找寻那座他已忘记的教堂。

里尔克解释了父亲缺席的原因。可是父亲不缺席时他的愤怒和怨恨又该如何解释呢？为什么父亲是一个如此爱骂人的、野蛮的家庭破坏者？这种狂暴来自哪里？

真的是因为全家人都不听他的话、花钱太多，所以他恨妻子、想打孩子吗？抑或是有别的原因，被神灵附体，不能自已？

我认为是教养谬误给父亲的精神强加上一个错误的形象，他的代蒙在竭力反对这些痕迹时变得疯狂。他陷入所谓的美国父道，这一道德戒律要求他成为那种喜欢迪士尼乐园、儿童的食品、小玩意儿和想法以及俏皮话的好男人。

本书将证明，如此平淡无奇的模型使父亲辜负了灵魂给自己选定的命运，要他背弃自童年起就藏于内心的意象。失去了天使的男人变得疯狂；他缺席、生气和窝在沙发里，这是灵魂在寻找失去的使命时的征兆。父亲一会儿狂暴一会儿冷漠，这与孩子的过敏症和行为失调以及妻子的抑郁和怨恨是同一件事的不同面。不是“家庭系统”出了问题，而是只求“更多”的贪婪的经济体制导致了大家共同的无意义感。

因此，身体、精神和心灵的缺席召唤他逃离美国幻觉的笼子，因为这笼子将折断天使的翅膀。毫无灵感，只有赤裸裸的、盲目的暴行。没有对理想的渴望，只有贪婪的幻想和轻浮的引诱。身体还在，灵魂缺席，他躺在沙发上，被自己的代蒙羞辱，因为灵魂中还有不会被压制的潜力。他感觉到自己内心的破坏性，感到自己已经到了忍耐的极限而想要攻击和不能遏制的渴望。解决办法就是：更努力地工作，赚更多的钱，喝更多酒，变胖，拥有更多东西，

更多资讯娱乐，以及几近疯狂地将成熟男人的生命奉献给孩子，以使他们沿着消费阶梯向上攀爬，追求他们的幸福。

一个“快乐”的孩子从来不是，且在任何地方都不是父母育儿的最终目的。勤奋的、有用的孩子、有可塑性的孩子、健康的孩子、顺从有礼貌的孩子、远离麻烦的孩子、虔诚的孩子、令人愉快的孩子，所有这些类型的孩子都是父母教养的目标。但是教养谬误已经将父母陷入用鞋子、课本和塞满行李的汽车旅行来为孩子提供快乐的陷阱。不快乐能产生快乐吗？快乐的本意是幸福或满意的代蒙，一个代蒙只有接受它的使命，才能将快乐传递给孩子的灵魂。是的，我想说，托马斯·摩尔（Thomas Moore）提出的“灵魂关爱”也许能够帮助孩子的灵魂勃发。

如果父母放下成就自己灵魂的责任，转而去成就孩子的灵魂，那么他们就是在逃避橡果定下的终生任务。孩子取代了父母的橡果。父母感到自己的孩子是特殊的，将关爱孩子作为自己的使命，设法实现孩子的橡果。于是，父母的代蒙会抱怨，因为它被辜负了，孩子也会抱怨，因为他成了父母完成自身使命的傀儡。如我所言，你的母亲可能是一个代蒙，但那不是你的代蒙；同样，你的孩子也不是你的代蒙。

多年与病人打交道以及处理男性退缩的问题使我意识到，当孩子替代了你的代蒙，你会怨那个孩子，甚至逐渐开始恨他，不管你有多善良，道德有多高尚。小说家和杰出的社会批评家迈克尔·文图拉（Michael Ventura）写到，美国人恨他们的孩子。他的观察看起来很荒谬。历史上有哪一种文化曾如此多的像孩子一样谈论、感受、思考，如此不情愿放弃所有孩子气的东西？当代的哪一种文化发起如此多的活动来拯救全球儿童，不惜一切代价为早产儿提供紧急帮助，为婴儿提供外科器官移植，并让胎儿参与早期预防？但所有这些都只是一件外衣，在其之下掩盖着可怕的忽视。

让我们来看一些证据。美国有5700万儿童（15岁以下），超过1400万生活在官方公布的贫困线以下。在低体重婴儿出生率排行榜上，美国排名低于伊朗和罗马尼亚。每六个孩子就有一个和继父或继母生活在一起，50 万儿童长期生活在住院治疗中心或寄宿在养父母家里。美国儿童和青少年死于自杀的人数多于死于癌症、艾滋病、出生缺陷、流感、心脏病和肺炎的人数总和。每天至少有 100 万“钥匙儿童”[①]回到有枪支的家中。

除了这些数据统计中包括的孩子，还有许多来自各经济阶层的正在接受各种治疗的孩子：注意力缺失症、多动症、肥胖、叛逆、贪食、抑郁、怀孕、成瘾……

普遍存在的经济不公、政治消极和马戏团妄想（没有面包）应该对孩子的困境负责。但我还要指责教养谬误助长了疏忽。父母对他们带到世上的个人使命缺少关注，背离了他们存在的理由。当孩子变成了你生存的理由，你就已经放弃了自己来到世上的冥冥使命。那么，你在这儿作为一个成年人、一个公民、一个父母的使命是什么？是制造一个愿意接受代蒙的世界。制造一种井然有序的文明，使孩子能够向下成长，使它的代蒙能拥有自己的生命。这是养育的职责。为了孩子的代蒙去履行这一职责，你必须先证明自己的代蒙。

做父亲的一旦放弃倾听自己独一无二的天赋发出的微弱召唤，把全部精力灌注在孩子的养育上，那么所有令他忆起召唤的事情都会令他心痛。孩子自然而然流露的理想主义、浪漫热情、正义感、头脑敏锐、对小东西的爱恋、对大问题的兴趣等，这些都会让忘记自己代蒙的父亲受不了。

每个人都天赋异禀，孩子就是活生生的证据。父亲不是从孩子身上学习，反而屈从孩子，将他安排在玩具世界，这就干扰了他向下成长进入文明。结果导致了一种儿童占主导地位而弱化父亲的文化，在这种文化中，功能失调的儿童竟有合法用枪的权利。在一个对孩子的无辜如此偏袒且对他们造成的麻烦视而不见的西方文化中，孩子们会像令他们着迷的吸血鬼般榨干父母的精气与心力。

---

① 译者注：因父母都忙于工作，于是放学后必须自己用钥匙开门，回到空荡荡的家的孩子。

祖 先

“我的世界原本是父母塑造的”——我认为这种信念是一种“误置的具体性”(misplaced concreteness)。这个术语来自英国哲学家怀海德[①]。具体性放错了地方，“抽象的”和“具体的”就无法保持分明。天地神话中的父母形象一旦与个人的父母亲混为一谈，神话中抽象的天与地、天父与地母（在埃及神话中称为天母地父）所具有的深远的影响力就被赋予到具体的父母身上。而母亲和父亲被神化之后，似乎就真有巨大无比的威力了。

宙斯和赫拉这对神话夫妇支撑天地的力量放错了地方，就成了弗洛伊德口中的谬误：“家庭浪漫史”。与父母纠缠不清既能成就我们，也能毁灭我们。相信这个谬误的人，以为自己的成败取决于父母，以为自己走不出他们的浪漫故事，永远被父母的影响力笼罩。如此宿命地认为自己被父母所塑造，意味着失去了更广大的“世界—父母”。事实上，这个世界总体上也像父母，因为世界也塑造、养育和教导我们。

既然今天的西方文明主张保护环境、避免生态灾难，那么与自然和解的第一步就是要跨过父母的门槛，进入世界大家庭。如果“养育”意味着监视、教导、鼓励、告诫，那么我们被周围的一切所养育。你是否真的认为，人类仅靠他们的大脑，发明了车轮、火、篮筐或工具？石头滚下山坡；闪电从天空射下，火焰涌出地壳；鸟儿编织，猿和大象触摸、敲打。掌控自然的科学乃是被自然所教。

我们越固守父母压倒一切的重要性，给予他们越多的巨大能量，就越少注意到世界每天给予我们的父爱和母爱。康奈尔大学的心理学家 J. J. 吉布森（J. J. Gibson）主张，这个世界给予我们安身和庇护、营养和雨露、冒险和嬉戏。世界由更多的动词而非名词构成。它不仅仅包括物体和事物，而且充满了有用、好玩、吸引人的机会。黄莺看见的不是树枝，而是栖息的时机；猫

① 译者注：阿弗烈·诺夫·怀海德（Alfred North Whitehead，1861—1947），英国数学家、哲学家和教育理论家，著有《数学原理》，创立了 20 世纪最庞大的形而上学体系，“过程哲学”的创始人。

看见的不是我们所说的空盒子，而是可以安全地躲在里面向外窥视；熊闻到的不是蜂房，而是享受美食的机会。这个世界充满了信息，它们随时可被获取，而且永不缺席。

孩子生来就特别能领会大自然给予的这种养育和教导。根据杰出的生态学家伊迪丝·科布（Edith Cobb）的观察，儿童的想象力完全取决于与环境的接触。想象力不是在家里自己长出来的，也不是听爸爸妈妈讲故事就会萌发的。儿童“天生”能和周遭世界自在相处；世界欢迎他们向下成长融入其中。这不是在附和让-雅克·卢梭[①]、弗里德里克·福禄贝尔[②]（幼儿园的创始人）、爱丽丝·米勒[③]的言论，因为我并不认为儿童天性善良，或天生即是完整的，我只是说他们的想象力和心智需要从环境中得到滋养，因为大自然也是他们的父母。因此，如果今天的儿童出现功能失调，这并不是因为他们需要更多的教养，反而可能是太过强调父母权威，导致他们远离真实的有形世界中的信任和快乐。

子女越相信自己的天性来自父母，就越不能坦然接受周遭事物的影响，也不能感受到周围世界对自己的人生有多重要。然而，即便是传记也莫不以主人公的出生地开头；人在周遭环境的气息当中，自我才开始萌芽。守护神进入生命的那一刻，它也进入了一种环境。我们从一开始就与环境有着千丝万缕的联系。

令人忧心的生态灾难已经发生，且在继续上演。是我们自己导致了灾难的发生，因为我们依附父母权威、与世界分离，我们以为是自己的亲密家庭而不是别的东西塑造了我们。教养谬误不仅对个人的自我意识来说是致命的，它也在毒害世界。

除非这一心理谬误被纠正，否则，倡导多元文化和环境保护的富有同情

---

① 译者注：让-雅克·卢梭（Jean-Jacques Rousseau，1712—1778），法国伟大的启蒙思想家、哲学家、教育家、文学家，著有《爱弥尔》等。

② 译者注：弗里德里克·福禄贝尔（Friedrich Froebel，1782—1852），德国教育家、心理学家。

③ 译者注：爱丽丝·米勒（Alice Miller，1923—2010），瑞士心理学家，著有《天才儿童的悲剧》等。

心的运动、实地考察、和平队（Peace Corps）、观察研究野鸟或鲸歌[①]就不可能从根本上将我们与世界重新连接。首要的是，我们必须重构心理，使信仰远离父母的房子，进入世界大家庭。

心理治疗偏偏背道而驰。它将发展性伤害归罪于家庭，使病人远离可能带给他安慰和教诲的其他一切事物。如果没有心理治疗师可拜访，灵魂会求助于哪些事物呢？它会带着自己的烦恼走向树林、河边，对着相伴的宠物倾诉，沿着城市街道漫无目的地游荡，久久地仰望夜空。或者只是凝视窗外，或是目不转睛地看着一壶水慢慢沸腾。人们只需呼吸、放松，就会感到有什么东西进到里面。心中的代蒙平静愉悦，它宁愿要忧郁也不要绝望。你能感觉得到它。

按照理论，养育如要充分发挥功能，“滋养的环境”是必不可少的。用D. W. 温尼科特（温和、淳朴、明智的治疗临床心理学家）的话来说，这种环境就是真实的环境。可是，真实的环境太受忽视，而变得令人恐惧。心理学把真实世界排除在主要理论架构之外，把外面的世界想象成客观的、冰冷的、无关紧要的，甚至是敌意的（心理治疗才是保护收容，咨询室是避难所）。因此，心理学的理论发明了坏妈妈、要人命的妈妈，把这些概念投射到外面的世界。我们仿佛回到笛卡尔在四个世纪之前设想的那个世界中，那是一个空白的延积体，一个没有灵魂、荒凉、机械，甚至邪恶的无限辽阔的物质世界。

当然，外面的世界也有代蒙需要平息。灾难潜伏，但那些躲在门后和灌木丛中的力量并不只是细菌、蜘蛛和陷阱，还有我们的祖先。可是因为我们已经把父神母神的威力都错置给了父母，因此我们也已经失去了祖先。父母吞没了他们。

我们的传记和个案史通常都是以父母的情况和我们的出生地开头。有时通过父母回溯到四位祖辈的血统，好的个案史能回溯至八位曾祖辈。但大多数止于母亲和父亲，有时甚至只有母亲，因为父亲总是缺席。

因此，关于祖先的观念被真实的父母过滤。父母不仅被神化为子女世界

---

① 译者注：鲸歌，也称鲸语或鲸咏，指的是人类通过仪器在鲸类交流时搜集到的声音。

的支配者，他们也篡夺了对孩子的保护义务并占据了孩子的注意力，而这些在传统意义上本应由看不见的祖先来完成。在西方的文化中，“祖先”仅意味着染色体的联结；我们只是由祖先那里继承了我们的躯体。生物遗传学取代了精神世界。

在其他社会，祖先可能是一棵树、一只熊、一条大马哈鱼，或某个逝者，梦中的某个神灵，某个令人毛骨悚然的有鬼魂出没的地方。这些都可能被称作“祖先”，在离家很远的地方为他们建造圣坛。祖先不一定具有人类的身体，当然也不只限于子嗣繁衍体系的正当的血脉意义上的祖先。只有当家庭的某个成员（这通常是它自身决定不了的），比如一位祖父或祖母、一位叔叔或阿姨，足够值得尊敬、足够有权力、有学识，他或她才有可能变成守护神意义上的祖先。成为祖先不一定要经历死亡，但必须了解死亡，也就是说，了解无形世界以及它在何处、如何与活着的人联系。

作为神灵，祖先关系着其他神灵、社会整体、共处的事物、周遭环境，以及每个人生命核心的固有意象。这个意向能使你保持活力，也使你能够看清自己。当你冒失地发火，或是变得放纵无能，又或是变得好斗小气时，你应该祈祷某位祖先来消除不良影响，使一切恢复正常。上述这些功能失调的情况没有一个应归罪于你的父母。问题必然出在别的地方，如有人施咒、犯了禁忌、没有履行该做的仪式、空气或饮水不健康、住处有不祥、和人结怨、得罪神灵、疏忽职守、误犯过错等。不管如何，你的灵魂状态绝不能归因于父母在你年幼时的行为！他们仅仅是你出现在这个社会必需的机缘，他们完成了必要的仪式，你的灵魂才得以进入人间。

没有祖先感，除了父母，我们还能让什么来直接影响和控制我们的生活呢？我们全盘接受“孝敬父母”的命令，这样体面而友善。但是我们不要忘了第五戒律及此前那些戒律的目的是消除所有异教的多神论的痕迹，因为对异教徒多神论者来说，祖先崇拜是必不可少的。那些教义清楚地告诉我们，这些“父母”不仅仅是人类的父亲和母亲。他们有巨大的能量，应被作为命运的守护神来尊重。“在吾神耶和华所赐之地，我的生命将得以长久”（《申命记》，5:16）。如祖先神灵一样，他们是长久生命的监护人，好运的奉送者，是这片土地的自然神灵。教养谬误以强制的方式得以建立，直到永远。原始的神灵世界已经沦落为过于拟人的具有人形的具体雕像。

历经好几个世纪，官方的宗教信仰终于排除了古老社会多姿多彩的神灵崇拜。这个过程我们称之为文明。盖亚[①]和乌拉诺斯[②]、盖布[③]和努特[④]、波尔[⑤]和贝丝特拉[⑥]都缩小为父亲和母亲，他们根本不在天堂，仅与我们一步之遥。子女的天地里只有父母，父母则被他们所象征的神灵加倍放大了。即便成年子女仍对父母主宰自己人生的力量坚信不疑，孝敬父母的礼仪也不过是逢年过节寄贺卡、打电话，在生病或急难时照顾一下而已。

“孝敬父母”，是的，的确如此；但不要将父母与兼具创造和破坏的双面神灵搞混，或与祖先搞混。“克服”这一“父母问题”是非常艰难的，因为这不仅是一个逻辑错误或“误置的具体性”，也不是治疗过程中通往自我决定的艰难一步。克服教养谬误更像是要改奉另一种宗教，走出世俗主义、人格主义、一神论、发展主义和因果信念。这需要倒退一步，进入与无形世界的古老联系之中；需要迈出信任的一步，跨越门槛，进入世界给予的无限丰富的影响之中。怀海德说：“宗教是世界的忠诚。”这一步则可能意味着要打破对西方社会、心理治疗师以及我们每个人长期坚持的珍贵信念的忠诚，也就是打破对父母拥有主宰力这一信念的忠诚。

① 译者注：盖亚（Gaia），希腊神话中的大地之神，是众神之母，所有神灵中德高望重的显赫之神。

② 译者注：乌拉诺斯（Ouranos），从盖亚的指端诞生，象征希望与未来，并代表了天空。也是盖亚的丈夫和十二提坦神、独眼巨人与百臂巨人的父亲。

③ 译者注：盖布（Geb），埃及神话中的大地之神与生育之神，与其他神话不同，古埃及的大地之神是男神。

④ 译者注：努特（Nut），埃及神话中的天空之神，是位女神。

⑤ 译者注：波尔（Bor），北欧神话中的男神，象征生育。

⑥ 译者注：贝丝特拉（Bestla），北欧神话中的女巨神，与波尔生下了奥丁、威利、菲。

第四章

归于无形

鉴于即便把橡果放在显微镜下也无法看清，那么我们就假定它是无形的真实。若想了解更多，我们先得弄清“无形”的本质。“无形”扰乱了美国人的常识和美国式心理学，他们认为主要的指导原则是：任何存在的东西，都是以量而存在，因而都可以测量。如果内心召唤你走向命运的意象确实存在，或许强烈而持久，那么它会有可测量的维度吗？即使科学已经放弃了对不同身体和系统的灵魂长达百年的探索，一种热情仍继续保持着心理科学的探索动力，即用有形的方法捕捉无形。当探索者们在他们的视野中没有发现灵魂时，科学的心理学也放弃了灵魂存在的观点。

还有其他渠道可通往灵魂，解释那些决定命运的“无形”。瑞典民间流传着一个关于森林的故事。北部砍伐松木和杉木的樵夫过去常常独自工作，一个人砍树、修枝。在短昼寒冷的日子里，他们也会饮点酒，或喝杯咖啡、吃块点心。有时，胡杜拉[①]会出现。她天生身材苗条、精致迷人，令人难以抗拒。樵夫会停下工作，扔下斧头，在她的引诱下进入森林深处。当樵夫靠近的时候，她转过背来，然后就消失无踪了。一旦胡杜拉转过她微笑的脸，什么就都没有了。她没有背，或者说她的背是无形的。至于樵夫，被引到了森林深处，找不到熟悉的标记，找不回原来的空旷地，结果迷失了方向，冻死在那里。

神话式思维

这一章我将从一个女妖的神话传说讲起。这个女妖指的是森林女神，也就是树的灵魂。那些单纯的人在工作时见识了她的消失，然后自己迷失了方向和前进的动力、丢了性命。这个故事有很多种解读，如男性和女性角色，原型阿尼玛[②]，因幻想向外投射而迷失灵魂，被施魔咒的森林象征母亲领域，古老的植物精灵向破坏森林的斧头杀手复仇等角度，这些都不足以将故事带

① 译者注：胡杜拉（Huldra），北欧民间传说中一位像精灵一样游荡的美丽姑娘，身披白纱，神秘而优美，然而天生朽树一样的背部和尾巴。

② 译者注：阿尼玛（anima），意指灵气、内在自我、男性人格中的女性基质；与阿尼姆斯（animus）相对，后者意指敌意、外在人格、女性人格中的男性基质。

回胡杜拉消失之背的故事里。

这些不同的解读背后是另一个故事。这个故事为所有与其相悖、自以为是的解读提供了无形的背景。神话存在于我们赋予的每一种解读之上，而它自身并不具备自我解释的能力。神话回归于无形。他们显现出了一张迷人的脸，而当我们仔细观看时，他们的背影却消失了。那里什么都没有。我们迷失在森林中。

神话是如何出现的，这个故事我们都会讲：是从梦里而来；是在人类企图解释宇宙及其自然现象的原始冲动中产生；是借用一种可畏惧的力量来建立部落准则的方式；是萨满教巫师的天眼得到的启示；或者只是老妇人讲述的简单故事，在火堆旁的酒后谈资，用来消磨时间或者哄小孩子入睡……无论神话的起源是什么，神话的背后隐藏的仍然是个高深莫测的谜。

伟大的哲学问题开启了有形与无形的关系。我们的宗教信仰区分了天堂和人间、此生和来世，我们的哲学思想割裂开了精神和物质，是这些力量造成了有形和无形之间的鸿沟。如何弥合这鸿沟？有什么办法可以把不可见的带到可见的这边，或是把可见的带到不可见的那边呢？

有三个传统的桥梁：数学、音乐和神话。神秘主义可能被视为第四个桥梁。然而，神秘主义结合了有形的和无形的；所有的东西都是透明地呈现在无形的大地上。因此，对于神秘主义来说，既没有鸿沟也没有疑问。在这些领域之间建立理智的链接反而让他们渐行渐远。这就是为什么神秘主义者建议深思难题，而不是试图解决它。

数学方程式、乐谱符号以及神话的人格化，跨越了两个世界的中间地带。它们提供一个诱人的前景，似乎呈现了不为人知的一面；提供了一种诱惑，导致我们认为数学、音乐和神话都是那个世界的妄想。我们倾向于认为，无形世界的真相是可以精确计算的，可放入一个统一场方程[①]中，这是一个和

① 译者注：从 19 世纪开始，爱因斯坦等物理学家想要发展出一种理论模型来解释自然界的基础力，这一理论被称为“统一场理论”，此处的“统一场方程”即出自此理论。

谐的乐章，由神话中的神明和权力组成，他们具备名号和形体，牵线操纵着有形世界。我们可以使用三种模式把无形的神秘世界转化为有形：高等数学、乐谱符号、神话形象。我们为转置于这些系统中的神秘所吸引，因此误把这些系统当作谜题本身；而实际上，它们只是指向谜题的指引。我们忘记了古训，误以为那指向月亮的手指就是被指的月亮。

我们相信胡杜拉那不可见的背影，必然和她的正面一样美。我们所看到的和没有看到的之间的关系是什么？难道是她的背影已经在她的面前展现，难道那美丽的笑容之所以诱惑无限，就是因为它是无形的最好代表？

美貌可以是一个桥梁，但我们不能那么肯定。胡杜拉的背影可能是恐怖的；毕竟，樵夫已经迷失了方向，冻死在那里。因此，尽管美已被新柏拉图派学者定义为无形以有形的形式而呈现并对凡俗之物的神化加工，但是美既无结构也不会永恒。穿越历史来找寻这一定义的足迹，并不会让我们比现在知道得更多。此外，人们还归纳出了美的其他三座桥梁：绝对的均衡、局部之间的和谐以及女神阿佛洛狄忒[1]的光辉。让人好奇的是对胡杜拉背影的探索竟导致对森林神话如此深入的探讨，而我们又不能通过搜索熟知的事实而得出什么结论。无形所呈现的，正是没有事实。

神话讲述的这些故事不能像历史那样进行记载；男神和女神，英雄和他们的敌人，他们的故事我们是通过泥塑和木刻的雕像得知的，但他们的真身有谁看到过吗？神话中的梦幻仙境实际都不存在——都是虚拟的，只是个传说。那些流传久远、不断更新、充满生命力的神话，其背后并没有真实可循。在神话力量的背后除了无形什么都没有。“神话是真实和诗意幻想的混合。逐渐模糊直至不确定，这正是神话的根本属性。”柏拉图派学者保罗·弗里特兰德（Paul Friedländer）说。也许胡杜拉消失在森林之中，正是神话的人格化表现，神话的基本事实就是抓住那单独的诗意画面。

---

① 译者注：阿佛洛狄忒（Aphrodite），古希腊神话人物，爱与美的女神，在罗马神话中称为维纳斯。

平常的生活同样有无形的背影，那些高能物理的抽象理论组成了我们随时都能看到和摸到的东西；我们所跪拜的宗教是看不到的；带给我们战争和死亡的是无形的思想；解释我们的婚姻、动机、疯癫与否的也是无形的诊断性概念。还有时间，近来有谁看到过它？我们都觉得上述这些不可见之物看不到是理所应当的，而在我们的观念中它们似乎比那些站不住脚的幻想和神话更根深蒂固。

我们生活在一大堆无形的规范之中：家庭价值观、自我发展、人际关系、个人幸福，以及被称之为控制、成功、成本效率及（最庞大而又无所不在）经济的更强的神话形象。如果是在古佛罗伦萨、古罗马或古雅典，这些看不见的主宰力量会有雕像和祭坛，至少会有手绘的图像，他们把幸运、希望、友谊、优雅、谦逊、信仰、名利、丑陋、疏忽等通过图像呈现。……但在这里，我们不需要把所有无形的东西逐一列出，重要的是学会辨认它们，这得从倾听自己的代蒙开始。代蒙又叫作禀赋、天分，有时叫作灵魂，或者命运，本书中叫作橡果。

也许，正是因为我们对这些不加思索便接受的无形事物的依附，才使它们变得那么坚固。如果我们像藤蔓那样缠绕住我们最喜爱的无形的事物，那么它们必将化为磐石，像个实体。哲学家亨利·伯格森[①]解释为什么我们喜欢粒子而不喜欢神话：“人类智慧在无生命的物体之间感到自在，尤其是在实体间，在那里我们的行动能找到支点，我们的工业在实体中取得工具……我们的概念依照实体模型而构建……我们的逻辑更是实体的逻辑。”根据伯格森的结论，这种智慧不适合真实的生活，不适合阐释生活。一直以来，这个不充分的想法都在疯狂反抗诸如神话之类的阐释，这个以事实为支撑、用证据来辅佐、以逻辑为架构的智慧，用强有力的论证批判着这些阐释的不合理。

威廉·华兹华斯[②]看穿实体的逻辑，发现其中无形的东西：

---

① 译者注：亨利·伯格森（Henri Bergson，1859—1941），法国哲学家，代表作《创造进化论》。

② 译者注：威廉·华兹华斯（William Wordsworth，1770—1850），英国诗人，其《抒情歌谣集序》被称为英国浪漫主义的宣言。

每个天然之造化，岩石、果实及花朵，

甚或那路上散铺的石子儿，

我均赋予精神的生命：我看到他们在感受

或把他们同某种感受相连：巨石

埋于某个跃动灵魂之中，一切

我所能见之物，吞吐着内在的意义。

“无形事物存在的可靠证据！”威廉·詹姆斯[1]在他题为“论人类的某种视而不见症”的杂文中补充说，他从拉尔夫·沃尔多·爱默生、W. H. 哈德森、罗伊斯[2]、罗伯特·路易斯·史蒂文森[3]、列夫·托尔斯泰[4]以及沃尔特·惠特曼[5]的作品中引用华兹华斯的篇章，来证明无形事物的存在。

詹姆斯用讽刺的口吻对这个“某种视而不见”亦褒亦贬。一方面，他谴责我们一贯的感知，看不到岩石、果实和花朵的无形内在；另一方面，正是这种平平的智力和愚钝的理解力使我们认同华兹华斯的说法，“我看到他们在感受”。

华兹华斯的诗篇呈现的不只是一种感觉，还是一个神话思维的表述。“我看到他们在感受”显示了智力本身的感性和柔和，可以接收和理解无形事物的真正讯息。就在这个感性的智力里，我也呼唤神话的感性，让你注意到镶嵌着我们生命的苏醒的灵魂。从广义上看华兹华斯及其神话感性，橡果并非像一个心脏起搏器一样镶嵌在我的体内，而是我被镶嵌在神话的真实之中；

① 译者注：威廉·詹姆斯（William James，1842—1910），美国本土第一位哲学家和心理学家，代表作《心理学原理》。

② 译者注：罗伊斯（Josiah Royce，1855—1916），美国新黑格尔主义最有代表性的人物，主要著作有《基督教问题》等。

③ 译者注：罗伯特·路易斯·史蒂文森（Robert Louis Stevenson，1850—1894），英国浪漫主义代表作家之一，代表作《金银岛》。

④ 译者注：列夫·托尔斯泰（Leo Tolstoy，1828—1910），俄国作家、思想家，代表作《战争与和平》、《复活》。

⑤ 译者注：沃尔特·惠特曼（Walt Whitman，1819—1892），美国著名诗人、人文主义者，创造了诗歌的自由体，代表诗集《草叶集》。

橡果只是属于我个人的、非常微小的部分。浪漫主义所谓的“苏醒的灵魂”今天被命名为心灵现实。尽管我们坚持认为它是无形的，但它无处不在。

直　觉

直觉是感知无形事物的传统方式，因而感知生命橡果也要靠直觉。直觉也包括我说过的对神话的感受能力，即在听神话时，感受神话的真实性，并立即有所领悟。

心理学将直觉解释为“直接的、不经中介的认知”，“对大量复杂数据的直接或天生就有的了解”。直觉既无须思虑，也不同于感觉状态；是清晰、迅速、全盘的领会，“其重要特征是该过程的即时性”。直觉“产生时，既没有认识加工过程，也不存在内省思考”。

看人，我们多半靠的是直觉。把人看成一个整体，包括语调、装扮、体型、表情、皮肤、声音、姿态、手势、籍贯、家世、社会阶级等种种线索。所有这些同时呈现出来，以完整格式塔的形式，形成了直觉。过去的医生在诊断内科疾病时靠的是直觉；摄影师、占星师、人事经理、棒球星探、招生老师，甚至中央情报局的分析家，也都会用到直觉，找回原始的信息，在一大堆乏味数据中看到别人看不到的重大意义。直觉感知的是意象、模型、整个格式塔。

直觉是自己出现的，而非人力所为。直觉出现时，可以是个突发的念头、笃定的判断或悟到的意义。直觉随事件而来，仿佛是事件带来了直觉，或是直觉就附在事件之中。就好像，你刚说了点什么，我就“懂了”。你给我看了一首难懂的短诗，我一看就“明白了”。我们去艺术博物馆参观一个轰动的作品回顾展，我没看宣传手册，也没听语音介绍，站在墙上的一幅画前，我突然“啊哈”一声，便领悟了。

我凭直觉就能领会的话语、难懂的诗、博物馆墙上的画，每一个都有其表达形式，或者干脆就是看得见的。对事物的迅速理解让我体会到什么是心理学所说的“顿悟”（对突发洞见的领悟），脑海中呈现的画面散发出一种力量，让我呼吸起伏。神话思维将这种使我们获得洞见的力量归因于这些事物本身的力量。这股事物本身的力量建立起了无形的（甚至是有形的）真实。

另一个重要问题就是直觉的作用机制。直觉不像情绪那样，慢慢地扩张，渐渐地盈满；也不像思维那样，一板一眼地进展；也不是把构成眼前完整客体的可感知的细节进行仔细地盘查，从而获得深刻理解。我说过，直觉是清晰、迅速和完整的。像是一个启示，瞬间出现并被迅速感知。直觉与时间无关——就像神话一样，当我们提出与时间有关的疑问时，诸如“神话发生在何时？”“神话来自哪里？”“神话在继续吗？”“有没有新的神话？”“神话难道不是历史事件的结果吗？”神话便立刻分崩离析了。由时间数据建立起来的历史疆界从来都与神话感受性无缘。

因为直觉来得清晰、迅速、完整，所以令人深信不疑。直觉也可能是完全错误的，也可能错失重要信息，其迅速和完整程度和它正确时一样彻底。荣格将直觉列为意识的四种功能之一（另三种是思维、感觉、知觉），并且强调了直觉对其他功能的需求。单凭直觉，赌马时选对和选错都一样笃定，或行事偏执，全然不顾逻辑、感觉和事实。而荣格对直觉的带有讽刺意味的现实主义陈述却不符合直觉主义哲学家的唯心主义性情。斯宾诺莎[①]、弗里德里希·谢林[②]、贝奈戴托·克罗齐[③]、亨利·伯格森、埃德蒙德·胡塞尔[④]、怀海德等人用各种方法抬高了直觉的地位，认为直觉是不言自明的准神圣的天赋，亦是觉知真相的哲学方法。

直觉也被用来解释创造性和天赋，这相当于用解释不清的方法来解释无法解释的现象。但是对直觉的盲从却使我们忽略了其阴暗的一面，如反社会者会听从直觉而伺机胡为，心理变态罪犯单凭清晰、迅速、完整的直觉，随

---

① 译者注：斯宾诺莎（Baruch Spinoza，1632—1677），荷兰哲学家，西方近代哲学史重要的欧陆理性主义者，主要著作有《几何伦理学》等。

② 译者注：弗里德里希·谢林（Friedrich Schelling，1775—1854），德国哲学家，德国唯心主义发展中期的主要人物，处在费希特和黑格尔之间。

③ 译者注：贝奈戴托·克罗齐（Benedetto Croce，1856—1952），意大利著名文艺批评家、历史学家、哲学家，主要著作有《历史学的理论和实际》等。

④ 译者注：埃德蒙德·胡塞尔（Edmund Husserl，1859—1938），德国著名哲学家，现象学之父。

意做出违背逻辑、事实、感情的暴力行为。

直觉会提示一个方向，但并不确保我们会做出正确的行为或准确的感知。这体现在我们一些即时的、不言自明的行为中，比如爱上不该爱的人，做出错误的决定或草率地辞职，完全是因为担心而自认患病。直觉虽然明确，却未必准确。凭借对神话的感受能力，我们能接收到事物内在的可靠消息，但是，必须核查事实，回顾惯例，谨慎思考，用感觉评估，才可能证实其“真实性”。多少世纪以来，罗马天主教会一直用这些方法来检验直觉的圣谕，核查奇迹。

对于直觉，有三点需要补充说明。其一，需要有个恰当的名称来描述这种神话视角的感知（“我看到他们在感受”），这种感知能透过有形道出无形的内涵。需要让神话感受能力像数学和音乐一样具有心理学意义上的合理性，这样本书借助于神话进行论述，才具有说服力。理解神话，或被神话触动，都需要直觉。神话与生命的关联性往往来得灵光乍现或不证自明，而无法用逻辑或事实证据来解释。最好的证据就是名人轶事，通过范例的讲述照亮那蕴含在清晰直觉闪现中的朦胧想法。

其二，要补充说明的是数学、音乐、神话这三种“桥梁”的共通作用方式，这同样存在于美学与美的领域。正是直觉给予它们瞬时性和确定性。康德[①]的美学理论有赖于直觉，莫扎特在音乐创作时亦然。专家们研究文学灵感和数学创造力的时候，都马上肯定直觉就在其中。例如，数学家亨利·庞加莱[②]多次提到：“大多的灵感，都是先以突如其来的启示呈现的。”

其三，还是要再说说传记的叙述，在很多生命橡果的例子中，直觉和教育有着紧密的关系。爱默生曾说：“原初的智慧来自直觉，后期的传授称为教学。”爱默生把二者对立起来，把直觉看作“非教学”（not-tuition）。洞见和学习、心中的想象和学校的教学，未必就是对立的。尽管如此，爱默生还

---

① 译者注：康德（Immanuel Kant，1724—1804），德国哲学家、天文学家，星云说的创立者之一，德国古典哲学的创始人，唯心主义者和不可知论者，德国古典美学的奠定者。

② 译者注：亨利·庞加莱（Henri Poincaré，1854—1912），法国数学家、天体理学家、数学物理学家、科学哲学家。

准确地直觉出，在那些选择直觉和教学的名人之间存在非常大的差别。他们放弃学业、痛恨学习、不愿学习、学不下去，他们被开除，被老师抛弃：这是直觉在向教学宣战。

学校时光与梦魇

《名人的摇篮》一书轻松而详尽地报道了400位近代名人的童年，书中讲到他们之中有3/5“在校时有严重的问题”：他们“普遍存在对学校的排斥，而且和学校的性质几乎无关，无论学校是公立的还是私立的，无论是否是教会学校，无论办学理念源自何处”。这些名人的学业问题也与家人的态度、经济条件、父母教育水平都无关。憎恨学校、成绩落后、被学校开除，什么样的都有，不分好坏。

托马斯·曼[①]，主要因20岁刚出头时所作的一本小说[②]而获得诺贝尔文学奖，他把学校描述为“停滞的、令人不满的”。著名的印度学者和诗人拉宾德拉纳特·泰戈尔（Rabindranath Tagore，和托马斯·曼一样，出身在有文化的富裕家庭）13岁辍学，因为他觉得在那里受够了。“幸好在变麻木之前，我把自己解救出来了。”“谈到上学，甘地说那是他一生中最难过的日子……说自己不是读书的料，也很少喜欢老师……要是压根儿没去上过学也许才更好呢。”挪威小说家西格丽德·温塞特（Sigrid Undset）这样描述：“我对上学深恶痛绝。我在课堂上想尽办法让自己神游，以此来避免管束。”诺贝尔奖获得者物理学家理查德·费曼[③]称自己童年的学校是“知识的沙漠”。演员兼导演肯尼斯·布拉纳夫[④]害怕上学，约莫11岁时，他曾试图故意从楼上摔

① 译者注：托马斯·曼（Thomas Mann，1875—1955），德国作家，著有《魔山》、《马里奥与魔术师》和《布登勃洛克一家》等。

② 译者注：此处所指的是他1897年创作的第一部长篇小说《布登勃洛克一家》。

③ 译者注：理查德·费曼（Richard Feynman，1918—1988），美国著名物理学家，1965年诺贝尔物理学奖得主，提出了费曼图、费曼规则和重正化的计算方法，是研究量子电动力学和粒子物理学不可缺少的工具。

④ 译者注：肯尼斯·布拉纳夫（Kenneth Branagh，1960— ），英国演员兼导演，代表作《哈姆雷特》、《哈利·波特与密室》等。

下来，摔断了腿以逃避上学。后来他躲在自己屋里埋头读书。德国制片人赖纳·维尔纳·法斯宾德[①]根本“不能和正常的儿童相处”，最后被送进鲁道夫·斯坦纳[②]学校。杰克逊·波洛克被洛杉矶高中勒令退学，因为他“嘲笑学校的规定，对学校的着装要求不管不顾”。约翰·列侬[③]被幼儿园“请”了出去。

我所知道的痛苦童年故事之中，最可怜的当属英国诗人罗伯特·勃朗宁[④]。他在八九岁时被送到一所寄宿学校。学校生活令他沮丧，“他在校内找了一个沉重的大水箱作为自己的葬身之所”。上面有个浮雕人脸。他把浮雕想成自己的墓志铭，来回抚摸并念诵：“纪念不快乐的勃朗宁。”至于课程，勃朗宁说：“在那儿，他们什么都没有教给他。”

虚无存在主义作家保罗·鲍尔斯[⑤]“和他的新老师克兰小姐相处得不好。他憎恨她的权威做派……他坚决拒绝参加班级的演唱，另外，作为报复，他设计了一个系统来完成对他而言索然无味的作业，并不是真正按要求去完成作业，只是一字不差地写下所有的东西，但是是反着的。”

对鲍尔斯来说，最憎恶的就是唱歌，而对其他人可能是拉丁文、代数、体育或英语作文。橡果画出了生命的轮廓，没人能强迫它穿过这条边界到达它力所不及的领域。这就好像，橡树不会弯曲，也不会假装成可爱的柱子。橡果带来了天赋，也设置了界限，只有当学校允许直觉进入教师的教学方法之中，才会架起一座连通二者的桥梁，让天赋于局限之中显现。

学业问题是普遍存在的；这是因为孩子不适应学校，还是学校不适应孩子？不论错在哪边，孩子固有的直觉能力与形式化的学校教导之间的鸿沟都

---

① 译者注：赖纳·维尔纳·法斯宾德（Rainer Werner Fassbinder，1946—1982），“德国新电影”的领军人物，37岁英年早逝，代表作《玛塔》等。

② 译者注：鲁道夫·斯坦纳（Rudolf Steiner，1861—1925），奥地利神秘主义者，代表作《神智学》，其在教育中注重灵魂、精神和肉体的发展。

③ 译者注：约翰·列侬（John Lennon，1940—1980），英国披头士乐队灵魂人物、诗人、社会活动家、反战者。

④ 译者注：罗伯特·勃朗宁（Robert Browning，1812—1889），英国诗人、剧作家，代表作《戏剧抒情诗》、《环与书》等。

⑤ 译者注：保罗·鲍尔斯（Paul Bowles，1910—1999），小说家、作曲家、旅行家、编剧、演员，小说代表作《情陷撒哈拉》。

在变宽。正如作家威廉·萨洛扬[①]所说："我讨厌上学，但我从不讨厌学习。"他在学校遇到学业困难的同时，一直在自己阅读，"几乎看了加利福尼亚州弗雷斯诺市立图书馆的每一本书"。

作曲家爱德华·格里格[②]说："学校只开发了我的恶，善却原封未动。"托马斯·爱迪生（Thomas Edison）说："我在班上总垫底。"斯蒂芬·克莱恩[③]、尤金·奥尼尔[④]、威廉·福克纳[⑤]、F. 斯科特·菲茨杰拉德[⑥]都曾在大学挂过科。对于《不毛之地》的作者、普利策文学奖获得者埃伦·格拉斯哥[⑦]来说，学校是"忍无可忍"的。薇拉·凯瑟[⑧]、赛珍珠[⑨]、伊莎朵拉·邓肯[⑩]、苏珊·安东尼[⑪]都讨厌上学。保罗·塞尚（Paul Cézanne）曾被巴黎的国立高等美术学院拒之门外。马塞尔·普鲁斯特[⑫]的老师认为他的文章杂乱无章，埃米尔·左拉[⑬]的文学课得了零分，而且德文和修辞也都不及格。阿尔伯特·爱因斯坦（Albert Einstein）这样描写自己的中学（他九岁半开始读中学）："我宁愿忍受各种惩罚，也不愿死记硬背。"先前读小学时，他并不特别引人注意，大家叫他彼德麦（Biedermeier），意思是有点呆、有点笨、有点"不聪明"。他姐姐写道：

---

① 译者注：威廉·萨洛扬（William Saroyan，1908—1981），美国小说家、剧作家，代表作《你这一辈子》、《人间喜剧》等。

② 译者注：爱德华·格里格（Edvard Grieg，1843—1907），挪威作曲家，19 世纪下半叶挪威民族乐派代表人物，代表作《挪威山区民间曲调》等。

③ 译者注：斯蒂芬·克莱恩（Stephen Crane，1871—1900），美国著名文学家，代表作《红色英勇勋章》。

④ 译者注：尤金·奥尼尔（Eugene O'Neill，1888—1953），美国著名剧作家，表现主义文学的代表作家，代表作《琼斯皇》等。

⑤ 译者注：威廉·福克纳（William Faulkner，1897—1962），美国作家，代表作《喧哗与骚动》。

⑥ 译者注：F. 斯科特·菲茨杰拉德（F. Scott Fitzgerald，1896—1940），美国作家，代表作《天堂的这一边》。

⑦ 译者注：埃伦·格拉斯哥（Ellen Glasgow，1874—1945），美国小说家，代表作还有《子孙》、《姐妹情仇》等。

⑧ 译者注：薇拉·凯瑟（Willa Cather，1873—1947），美国女作家，代表作《哦，拓荒者！》。

⑨ 译者注：赛珍珠（Pearl Buck，1892—1973），美国作家，代表作《大地》。

⑩ 译者注：伊莎朵拉·邓肯（Isadora Duncan，1878—1927），美国著名舞蹈家，现代舞的创始人，世界上第一位披头赤脚在舞台上表演的艺术家。

⑪ 译者注：苏珊·安东尼（Susan B. Anthony，1820—1906），19 世纪美国女权主义者、社会活动家，对争取美国妇女参政贡献卓著。

⑫ 译者注：马塞尔·普鲁斯特（Marcel Proust，1871—1922），20 世纪法国最伟大的小说家，代表作《追忆似水年华》。

⑬ 译者注：埃米尔·左拉（Emile Zola，1840—1902），法国作家、自然主义文学流派的领袖，代表作《娜娜》。

“就速度和准确率来说，他的数学不算好，虽然他很可靠、很努力。”他的这些特点多少也和他说话晚有关。

乔治·S. 巴顿（George S. Patton）将军有阅读障碍，学习总落在别人后面；温斯顿·丘吉尔（Winston Churchill）在哈罗公学[①]时，“拒绝学习数学、希腊文、拉丁文，被安排在最差的班级——这在今天叫作阅读治疗班，专门教那些英语学习慢的孩子。但他的英文并不差；他对莎士比亚的了解非比寻常，而且都是他自主阅读的”。

学校看到的和学生感受到的不同，二者之间的差距会导致两种结果。多数情况下，追寻自己无形轨迹的孩子会被看作“出格”、不可教化、顽劣，甚至是愚笨的。而相反的情况，却也会对孩子形成压力。古怪而特别的摄影师黛安·阿勃斯说：“老师们总认为我很聪明，这让我倍受折磨，因为我知道我实际上笨得要命。”无论孩子是像爱因斯坦那样的“笨蛋”，还是像阿勃斯那样“聪明”，孩子和校方两种看法之间的鸿沟都无法逾越。当孩子们对无形的觉知降临时，如杜鲁门·卡波特[②]、伊利亚·卡赞[③]、詹姆斯·鲍德温[④]的经历一样（详见第五章），就像一种无法忘怀的奇迹。

考试尤其让人头疼。细菌学大师保罗·埃尔利希[⑤]因为“笨到底了”被取消了上作文课的资格。乔柯摩·普契尼[⑥]考试总是不及格。格特鲁德·斯泰

---

① 译者注：哈罗公学，英国历史悠久的著名公学之一。

② 译者注：杜鲁门·卡波特（Truman Capote，1924—1984），美国文学史上著名的南方文学作家，与另一名同样来自南方的作家田纳西·威廉姆斯齐名。两次获得欧·亨利短篇小说奖，代表作《米利亚姆》等。

③ 译者注：伊利亚·卡赞（Elia Kazan，1909—2003），希腊裔美国著名戏剧和电影导演，是一个卓越的批评现实主义电影家，被喻为美国最伟大的导演之一。代表作《推销员之死》、《欲望号街车》等，1999 年获奥斯卡终身成就奖。

④ 译者注：詹姆斯·鲍德温（James Baldwin，1924—1987），美国知名黑人作家，其对宗教看法的转变直接影响到后来的写作风格，代表作《向苍天呼吁》。

⑤ 译者注：保罗·埃尔利希（Paul Ehrlich，1854—1915），德国科学家，1908 年诺贝尔医学奖获得者，主要研究领域为血液学、免疫学和化学治疗，预测了自体免疫的存在，称其为“恐怖的自体毒性”。

⑥ 译者注：乔柯摩·普契尼（Giacomo Puccini，1858—1924），意大利浪漫乐派歌剧大作曲家，代表作《蝴蝶夫人》。

因[1]在哈佛大学的时候不愿意参加期末考试。安东·契诃夫[2]拒绝学习古典文学，以致两次考试不及格。在校的这些失败让他噩梦不断。“他终生都很困扰，常梦到老师在想法儿地‘挑他的错’。”巴勃罗·毕加索（Pablo Picasso）“从来都记不住字母表”，10岁辍学，“因为除了画画，他强硬地拒绝任何事情”；就连家庭教师都放弃了他，因为他学不会算术。

使命召唤的出现通常都发生在校外，而非校内；发生于课外活动中，或者孩子在校外聚在一起的时候。就好像这么多人心中的意象都被学校的教学计划和时间规定阻碍了。亨利·马蒂斯[3]是在病假时开始画画的。赫伯特·乔治·威尔斯[4]曾在商店做过学徒；8岁时他摔断了腿，于是开始看书，这也把他从做买卖中“救出来”，从而走上了文学之路。后来成为美国首席大法官、总统候选人的查尔斯·埃文斯·休斯[5]，曾经在纽约街头闲逛长达六个月，等待大学录取通知。威廉·伦道夫·赫斯特[6]和艺术家约翰·拉·法吉[7]都曾在曼哈顿街头“虚度光阴”以长见识。居里夫人在其15岁时，有整整一年时间待在乡村，没有学上。谁能规定，橡果在哪里学得最好？灵魂在哪里会对你进行考验？

考试是个仪式性时刻，什么都可能发生。考试象征着一种生命状态向另一种状态的转折，方式如同婚礼，或是第一次分娩。考试让人惊慌，再加上“大考”前夜特有的食物和物品准备过程，更证明了考试的仪式背景。考试检验

---

① 译者注：格特鲁德·斯泰因（Gertrude Stein，1874—1946），美国旅法先锋派女作家，著有《地理与戏剧》、《法国巴黎》、《我见过的战争》等。

② 译者注：安东·契诃夫（Anton Chekhov，1860—1904），俄国小说家、戏剧家，19世纪末期俄国批判现实主义作家、短篇小说艺术大师，与莫泊桑、欧·亨利并称为三大短篇小说巨匠，代表作《变色龙》、《小公务员之死》。

③ 译者注：亨利·马蒂斯（Henri Matisse，1869—1954），法国著名画家，野兽派的创始人和主要代表人物，代表作《罗马尼亚人的上衣》。

④ 译者注：赫伯特·乔治·威尔斯（Herbert George Wells，1866—1946），英国著名小说家，尤以科幻小说闻名于世，代表作《时间机器》。

⑤ 译者注：查尔斯·埃文斯·休斯（Charles Evans Hughes，1862—1948），美国政治家，曾任纽约州州长、美国国务卿和美国首席大法官。

⑥ 译者注：威廉·伦道夫·赫斯特（William Randolph Hearst，1863—1951），赫斯特国际集团创始人、报业大王，被誉为“新闻界的希特勒”及“黄色新闻大王”。

⑦ 译者注：约翰·拉·法吉（John La Farge，1835—1910），美国艺术家，美国早期的壁画家和彩色玻璃设计师，作品包括纽约升天教堂的《升天》、哈佛大学纪念厅的《战争纪念之窗》。

的不只是耐力、能力和知识，还有你的使命。代蒙是否同意你已选的路？你的灵魂的确就在这条路上吗？考好了，会是一种肯定；若没考好，可能就是代蒙在告诉我们，选错路了。

奥马尔·布莱德雷[①]，心中装有百万大军、重型装备的恢宏战役的五星上将，初入美国西点军校时，考试成绩几乎垫底，在所有的28组中，被安排在第27组。他通过自己单调乏味、常人难以承受的方式，毕业时在全班168人之中名列第44位（同班的还有德怀特·D.艾森豪威尔[②]，名列第61位；詹姆斯·范佛里特[③]名列第92位）。教学助长了布莱德雷的直觉，而直觉也帮助他考入西点军校，那是连续四天、每天四小时的入学考试。

> 代数考试让我非常痛苦。两个小时过去了，我答了还不到20分的题目，而至少67分才能通过……完蛋了，彻底没戏了。我根本答不完，根本过不了。彻底绝望了……我收起考卷，走向监考官……我看到他正看书看得入迷。不想打扰他，于是我回到座位上，心想不妨再努力一下。结果，有如神助，代数定理都自己找上门来了。

布莱德雷做到了。他“坚持完成了剩下的考试”，被西点军校录取。

有时候，橡果就像善良的天使，会在命运的关键时刻“奇迹般”地进入考场（详见第八章对芭芭拉·麦克林托克的考试描述）。回头看，我们会说，布莱德雷必须通过那次考试：他的军事才能至关重要，无论是1943年到1945年对德军的胜利，还是日后担任陆军参谋长。

---

① 译者注：奥马尔·布莱德雷（Omar Bradley，1893—1981），美国著名军事家、统帅，陆军五星上将。

② 译者注：德怀特·D.艾森豪威尔（Dwight D. Eisenhower，1890—1969），美国第34任总统，陆军五星上将。

③ 译者注：詹姆斯·范佛里特（James Van Fleet，1892—1992），美国驻朝“联合国军”司令，陆军上将。

拉什·林堡[1]的演讲课程没有及格。当他重修的时候，他折服了密苏里州立西南大学的同班同学；尽管他善于创新、信心十足、“具有当场分析的本能”，教授给他的分数却是D。教授说：“我感受到的是自以为是，他根本没有接受教育的意愿。”林堡能抓住听众，源于他的直觉；教学对于他而言，只会带来干扰。

越是在接近橡果意象的地方，学校和学生之间的冲突就越尖锐，就像林堡身上发生的那样。伯纳德·巴鲁克[2]是美国总统们[3]在银行、财经、国际经济方面的顾问，他在哈佛大学成绩优异，虽然政治经济学和数字运算（数学）两门课的成绩在班上排名倒数。

最后谈谈伍迪·艾伦[4]，他说：“我什么都关注，除了老师。”

> 不出预料地，他展示了自己对学校的厌恶。最初他进入P.S.99时，因为智商高而被安排在了快班，但是班级的清规戒律不允许他以自己的方式进行表达，不允许他在课堂上天马行空；既然不能表达自己，他干脆变成了问题孩子……他旷课……不做家庭作业。有时候在课堂上捣乱，不尊重老师，反过来老师也因为他的表现给他打了低分。

天使是以整体的意象来阅读生命的，当他听到这些抱怨和麻烦时，他说：“伍迪，学校的确很恐怖。你已经在制作电影、写俏皮话来讽刺这些情况了，你干嘛这样死心眼，非得上学吗？”比利·格雷厄姆[5]“在学习上根本看不到任何指望。文学……给他制造了很多麻烦”。他是“所有人中最后一个成为”

① 译者注：拉什·林堡（Rush Limbaugh，1951— ），洛杉矶地区AM640KFI广播电台资深脱口秀主持人。

② 译者注：伯纳德·巴鲁克（Bernard Baruch，1870—1965），美国金融家、股市投机者、政治家和政治顾问、慈善家。

③ 译者注：美国两位总统伍德罗·威尔逊和富兰克林·罗斯福的经济顾问。

④ 译者注：伍迪·艾伦（Woody Allen，1935— ），美国编剧、导演、演员，被称为“继卓别林后最杰出的喜剧天才”。

⑤ 译者注：比利·格雷厄姆（Billy Graham，1943— ），美国著名布道家。

弥尔顿[1]所说的《欢乐的人》（*Allegro*）。没错！世界上最知名的福音传道者不需要弥尔顿和文学，因为他已经听到真言。保罗·鲍尔斯有那么多的想象要展开，几乎没有时间来做家庭作业这样的额外事情。林堡仅凭天生的嗓音就已经拥有了全国的听众，他自然听不进一个密苏里州立西南大学的老师的演讲课。勃朗宁在校时就写下了自己的墓志铭，他已经在回顾自己的一生了。布拉纳夫为什么宁可戏剧性地跌下楼（就像在舞台和电影中看到的那样），也不愿上学？他不已经是英雄剧目的大牌主演了吗？至于丘吉尔，他的确有语言问题。但他既获得了诺贝尔文学奖，又在1940年和1941年用雄辩暂时拯救了西方文明。这不是一个小学生所能承载的。看不见的命运也许会表现为看得见的失败。

也许我们该从不同的角度来解读学习障碍的数据和学校问题的个案。看到“达不到学校要求”，应想成“幸免于学校之害”——这不只是我的个人观点。我呼吁，孩子上学之苦不要只看成是失败，也可看成是橡果的模样。代蒙的直觉常常不屈服于教学的常规，反倒变得更疯狂。我们若是从后往前阅读生命，若是站在高处以纵览橡树全貌的视角来看橡果的姿态，就能按照直觉的重要性来为教学量体裁衣。

可是，什么样的父母和咨询师能站得这么高，看得这么透呢？什么样的孩子——即使是天资丰厚的“天才”——能决绝地把自己的直觉坚持到底？除非是遭到彻底误解，或是有阅读障碍、注意力缺失障碍、过敏症、哮喘、多动症等不适合就学的征兆，孩子才不会被送进学校。不进学校并不是不学习；离开了学校的教导，直觉还在，有一种“盲目”还在，那种“盲目”能让我们看见别的东西。并非每个孩子都能看到直觉，不上学并非对每个孩子都是好事。但我们这些照顾、指导孩子的人，应该为孩子的种种障碍中的隐藏因素敞开大门，否则我们虽能阻挡这些障碍，但也可能错过叩门的天使。

---

① 译者注：约翰·弥尔顿（John Milton，1608—1674），英国诗人、政论家、民主斗士，代表作《失乐园》。

记住荣格说过的："上帝已变成疾病。"想要看到疾病中的天使，得有能看到无形事物的眼睛，一只眼睛看不到，那睁开另一只眼睛去看看别的地方。你先得知道天使的模样，否则是看不见他的；不然，你能看到的只有孩子的愚笨、任性和病态。即便是在科学领域，也只有先听人描述你将会看到的东西，你才会看到天空和显微镜里的现象；"看"这门艺术需要指导。眯上眼睛，无形之物便突然显现出来。

我们每个人都渴望能看到双眼所见以外的世界。人们认为无形之物会以可被理解的形式昭示天下，于是有了占星术。天体在黄道宫中的运转，既看不到又让人难以置信，这是如何影响我的？请为我解梦；改变我的现状。我们会发现迹象。一些周末工作坊帮人打开感知之门，让人们看到无形之物。但是，悠久而严肃的传统提醒人们，此门不宜敞开太大，尤其在分不清宗教狂热与疯癫的文化里。

联结不同的世界

一些文化认为幽灵时常造访人世，世界本身即是一座桥，比如居住于海地、西非、美拉尼西亚以及极地附近的我们统称为爱斯基摩的各种人，他们都对此深信不疑。这座桥使我们了解这些造访者不但种类不同，而且各有其称呼、等级、能力与活动范围。这些文化中都有把门人，以各种办法延阻幽灵在不恰当的时间和地点靠近。我们一度也这么认为。柏拉图主义哲学家（杨布利柯、波菲利、普罗克洛斯）曾经列出各类使者、主宰者、坚守神灵。那时的世界很容易被各种有形和想象的形体渗透并占据。宗教心理学家大卫·米勒（David Miller）纵览我们文化传统中的这些"幽灵"或精灵，证明其确曾占有重要地位。但是那种易渗透性只存在于很久以前的另一个意识的国度。此后，人们的兴趣从理性思维所谓的魔法、神秘、神话的领域撤了出来，所有的想象便被不加区分地归入了荒谬。结果是：人眼看不到的都成了"异类"。无形的事物被异类化之后，变得更可怖、遥远，渐渐成了狼人、时间隧道，被我们的文化遗弃在了斯蒂芬王朝。我们当代的过道又窄又矮，无形之物只有把自己扭曲变形，方能通过。

或许来自其他地方的东西，会让我去做疯狂的事；或许那看不见的世界是邪恶的，应该予以隔绝。我看不到的，无从知晓；我不知晓的，令我害怕；我害怕的，令我憎恶；令我憎恶的，我必摧之。就是这样的思维推理，使我们宁可选择分隔也不要相连；把具体世界以外的一切无形无影之物都等同为“恶”。

按照圣保罗[①]的教诲，能够对灵进行区分，标志着真正的灵性知觉。你必须能分辨无形的事物之间的不同。教会为使区分更加完善，增加了许多等级的天使和圣徒。不同的天使与圣徒的职分不同、性质不同，发挥的作用也不同。（更近代的教会变得理性化，一直在缩小无形灵界，让想象顺从历史标准。每个圣徒的出身家世都得考据出来。这样，我们失去了克里斯托弗这样的圣徒，因为他们“纯属神话”。）

无形世界和有形世界的联结还有个问题——到底为什么要联结？普罗提诺说过：“应该是他们来找我，而不是我去找他们。”也许他们不想来。或许，他们已经在这儿了，就像维姆·文德斯[②]影片中的天使那样。既然我们的感知理论不允许他们现形，我们也就无从确知了。也许他们根本不是无形的，我们之所以认为他们不可见，是因为我们炫目的教义如是宣称。决定他们是否可见的，究竟是他们的本质，还是我们的视角？

在西方王国（或叫作大厦？）里，意识已经将超验事物提得更高更远了，远离了实际生活。本可以桥接的深渊已成为硕大的真空。诗人荷尔德林[③]和里尔克说，众神已然撤离；索伦·克尔凯郭尔[④]说，信仰需要转变。转变也未必管用，因为上帝已死，尼采这样说。任何一座桥都一定宏伟异常。其实

① 译者注：圣保罗（St. Paul，5—67），基督教早期最具有影响力的传教士之一。

② 译者注：维姆·文德斯（Wim Wenders，1945—　），“新德国电影运动”代表人物之一，代表作《柏林苍穹下》。

③ 译者注：荷尔德林（Hölderlin，1770—1843），德国诗人，古典浪漫派诗歌的先驱。

④ 译者注：索伦·克尔凯郭尔（Søren Kierkegaard，1813—1855），丹麦宗教哲学心理学家、诗人，现当代存在主义哲学的创始人，后现代主义的先驱。

我们的文化中已有那么一座桥梁。有人说，搭建在有形与无形世界之间的最大桥梁，就是耶稣基督。

我们生活中的一切事物如果丧失了无形意义的支撑，即使积累再多的“成果”、“财物”，最终都是了无生息的“东西”，是没有生命的消费品。于是，耶稣基督成为唯一能为西方文化找回基本无形意义的人，而无形意义向来是各个文化的根本。基要主义[①]运动不论从字面上讲还是从教义上讲，都是为了要恢复文化的无形根本。它所寻觅之物中潜藏着力量；它的传承之路也埋伏着危险。

基督即桥梁（在人世，代表基督的教宗被称为“pontiff”，其词根 pons 正是“桥”的意思），因为基督具有肉身，这正是表示了常人的形体中存在着无形。亦人亦神的基督，使有形与无形合二为一。几个世纪以来，就这一观点引发的广泛而激烈的争论一直试图将这种有形与无形、神与人的结合体拆散。不同的人支持各自的看法：耶稣一定是一个得到圣上启示的活生生的人；基督一定是一个假借凡人身躯的无形的神。

人或神，有形或无形，这在宗教学上不可共语的二者之间需要一些联系。因此，我们需要不同于二者的第三个术语来完成神与人的联结。此第三者，也就是基督教所谓的圣灵（Holy Ghost）。但这个圣灵本身也是无形的，这仍然导致了神人二界的均衡之秤向无形的世界倾斜。所以，这场争论理所当然会持续下去，因为围绕神与人的关系所引起的形而上学的思考和宗教习俗都死抓着各自关于“无形”的有争议的观点不放。除此之外，这场争论还引出了本章讨论的重点，即在学生时代个体无形的橡果与其现实生活的密切关系。

这场神学的争论给我们上了一节心理学课程。相对于理解这两种不可共语的概念需要联合的信念，或对二者之间神秘联结的解释，我们更清楚当它们被分开时的情况会怎样。

---

① 译者注：基要主义（fundamentalism）是近现代基督教新教神学思潮之一，基本主张是强调恪守基督教基本信仰，反对现代主义尤其是圣经评断学。

相对于精神的标准和规则，精神病理学提供了更为深刻的心理学见解。一个悲情片段道出了最残酷的事理。在十字架上哭泣成了耶稣基督整个拟人化故事中最具病理学特征的时刻，它告诉了我们当个体只存在于有形世界时的痛苦。尽管被反对、被追捕，尽管被敌人围攻长达33年，但耶稣从未像彼时那样真正陷入困境——整个世界的人、物、自然都变得凶猛而充满敌意。

时至今日，世界已经遍布了无形，这一观点被基督教视为异教思想。当无形放弃有形世界时——好比它放弃乔布[①]，让他饱受各种身体上的折磨——后者也将不再孕育生命，因为生命本身就需要无形的支持。然后，世界将把你撕成碎片。不论什么部族，一旦放弃了自己的精神寄托转而去寻求物质满足，他们的文化便立刻枯萎乃至分崩离析。这个简单的道理不就在其中吗？

有形与无形并存的状态可以维系生命。只有当无形弃我们而去，当其转过身去、消失无影，就像胡杜拉消失在森林，我们才会意识到并承认它的至高重要性。

维系生命的文化因而有其重大任务：保持与无形的联系，让众神微笑喜悦；用赎罪和仪式、歌舞、熏香和诵经、纪念节庆；用道成肉身等教义、用细微的直觉行动（例如摸木头辟邪、念佛珠、携带兔子脚或鲨鱼牙、在门柱上挂经卷、在汽车仪表盘上放骰子、在抛光的石头上轻轻地放一朵花），来对诸神进行挽留。

这一切都与信仰无关，因此也与迷信无关。这不过是在追念一个事实：无形可能会离去，让我们落得只能借人际关系为安全依靠。古希腊人曾说，诸神要的不多，他们只求不被遗忘。神话就能使那无形的神灵世界永存。民间传说也一样，好比那个樵夫扔下斧头和刀刃，不断向森林深处前进，只为接近那张令他着迷的笑脸。

① 译者注：在旧约中一个对上帝保持绝对信仰的人，即使上帝夺取他的财产并毁坏他的家庭。

第五章
存在就是被感知

The Soul's Code

马诺莱特受到斗牛的召唤，但这召唤需被注意到才能向下成长，进入生命。感知到他使命的是一位叫作何塞·弗洛雷斯·卡马拉（José Flores Camará）的前辈，他独具慧眼，成为马诺莱特的教练和经纪人，并一直陪在他身边直到人生的尽头。

马诺莱特生涯中决定性的事情发生了。何塞·弗洛雷斯·卡马拉正巧看到了他的表演……当他看着斗牛场中的马诺莱特时，不知怎地，就看出这孩子未来的样子。

他一下子就看出这孩子的招式不适合他的身材和个性；他还看出，这孩子对地形一无所知，所以总是被牛挑到。

但他也看到马诺莱特有惊人的勇气。他看到马诺莱特的刺杀比他见过的都好，这是古典流派的刺法：危险、潇洒，直越牛的右角，全剑没入直至剑柄，这在斗牛场上几乎已看不到了。

卡马拉签了马诺莱特，成为他的经纪人，开始重新打造他。他把马诺莱特带到饲养牛犊的牧场，从头开始教他斗牛。

富兰克林·罗斯福也有这种眼光，至少对于林登·约翰逊来说：

罗斯福的顾问詹姆斯·H. 罗试图向我解释总统与这位年轻的国会议员关系融洽的基础——这种融洽在罗斯福的一生中几乎是绝无仅有的，他说："你要明白这是两个伟大的政治天才。他俩能在同一个层面交流。罗斯福很少遇到能完全领会自己说话意图的人。而林登，仅仅28岁，能完全领会。"一次，罗斯福向哈罗德·伊克斯[①]谈起了约翰逊："你看，哈罗德，要是没上哈佛，我年轻时也许也能那样落落大方、年轻有为。"

① 译者注：时任美国内政部长。

罗斯福还预言说："哈罗德，再过几代，这个国家的力量均势将会转移到南部和西部。林登·约翰逊这小子很可能会成为第一位南部总统。"

乔治·华盛顿（George Washington）也曾选择过一位叫亚历山大·汉密尔顿（Alexander Hamilton）的年轻人担任副官。事情发生在1777年，革命战争的昏暗寒冬，当时汉密尔顿年仅22岁。他们的关系在过去和现在都引起了人们没完没了的传记学猜测和心理分析。我们在此关注的是华盛顿那双和蔼的眼睛，他能看到、感觉到这位年轻、自负、瘦弱的炮兵军官。短短几个月后，用华盛顿自己的话说，汉密尔顿就成了"总司令最重要和最可信赖的助手"。

火线任命需要有犀利的眼光。试想一名尉官倒下了，副官也头部中弹——主管军官必须马上选出一人来填补职位。他依靠什么来作决定呢？不是人格测查，不是智商测验，也不是收集个人史和童年经历——而是对性格的迅速评估，有时就在火线上；以及对其潜能的感受。是危机给了他看到橡果的眼力吗？

棒球球探如何在次级职棒联盟中感觉到一位19岁"菜鸟"内野手的独到之处？不但要估量球技，还要看他能否融入球队，是否受观众喜欢，是否值得投入大量的资金和时间？这种感知的天赋是什么？

在此我将列举三个我最喜欢的关于感知天赋的故事。这些在今天常会被归于教授的偏爱，或两个男人之间的同性吸引，或是其他把感知天赋降格为带有自利性质的解释。对于两个人之间的事情，我们现在的解释几乎没有宽厚可言，尤其是一方年轻一方年长，一方有权势一方没有的情况。也许我们已经丧失了感知的力量，所以只能用权势来解读两个人之间的亲密关系。还是看看故事吧：

19世纪90年代的哈佛大学，威廉·詹姆斯教授的班上来了一个加州的犹太籍女孩，她不稳重，又矮又胖，且很爱说话。她上课迟到，好像听不懂课，写错字，不懂拉丁文——典型的学习一团糟，也不会与人相处，这姑娘要在今天会被我们说成“典型的神经病”。但是威廉·詹姆斯允许她考试交白卷，还给她这门课打了高分，送她到约翰·霍普金斯大学学医。他看出这学生有独到之处。她叫格特鲁德·斯泰因，她成为我们所知的格特鲁德·斯泰因，是在其离开哈佛远洋巴黎的十年后。

南部的一个小镇上有一名男子叫菲尔·斯通，他曾在耶鲁大学修过文学。镇上有个矮小、精瘦、酗酒、极其自负的年轻人，得到了他如导师、前辈般的百般照顾。这年轻人写诗，自称是英国人，拄着根拐杖，穿着独特——在第一次世界大战期间一直待在密西西比小镇上。今天的荣格心理学会称之为“典型的幼稚毛头”，但菲尔·斯通愿意聆听这小子，并看到了他的特殊之处。这人后来成了威廉·福克纳[1]，获得 1949 年诺贝尔文学奖。

下面是第三个关于能“看出这孩子未来的样子”的故事：

1831 年，一次惊人的老式科学探索即将成行；一位名叫约翰·亨斯罗（John Henslow）的教师提议，让他以前的一名学生担任博物学者。这名学生当时 22 岁；虽然他狂热地到农村收集甲虫，但在校表现相当迟钝，数学上更是无可救药。他和他这类的其他人没什么两样：爱好打猎，是贪吃俱乐部的常客，理想是当个牧师。按今天的说法，他有“典型的家庭情结”，母亲软弱，一切都由体重三百磅的父亲说了算。但是亨斯罗看出了点什么，他说服了所有人，包括这位名叫查尔斯·达尔文（Charles Darwin）的学生本人，让他加入了这次旅行。

---

① 译者注：威廉·福克纳（William Faulkner，1897—1962），美国作家，代表作《喧哗与骚动》。

对于查尔斯·达尔文来说，是老师的眼光造就了他的与众不同，而伊利亚·卡赞和杜鲁门·卡波特也一样。当他们还是小孩时，他们的父母都不知道该对他们如何是好。这又 次证明，橡果需要伯乐。

卡赞写道：

> 12 岁的时候，我们搬到了新罗谢尔市，我非常幸运——我说的是我的八年级老师。她叫安娜·B. 尚克，她对我生命历程的影响不亚于任何人。那时候她已奔 50 岁了，在我看来确实很老了，但她喜欢我……极尽浪漫的是，是她告诉我，我有一双漂亮的棕色眼睛。25 年之后，她在报纸上看到了我的名字，给我写了一封信。“那时你只有 12 岁，”她写道，“一天早上你站在我桌边，破窗而入的阳光邂逅了你的头发和脸庞，照亮了你脸上的表情。一个想法朝我扑来，你会前途无量……”
>
> 尚克小姐用她的热情带我摆脱了子承父业的民族传统和父亲的期望，带我驶离可能从事记账、会计的商业之路，接受了现在人所谓的人文科学教育。

杜鲁门·卡波特的母亲发现她这个小儿子可不是个省油的灯。她说他撒谎；他模仿她的第二任丈夫的古巴口音；他文弱、“女孩子气”，嗓音从没变低沉过，还和四年级时候一样高。到了 14 岁还爱耍赖，“一旦不合他的意，就会躺在地上，双脚在空中乱踢”。他梦游，不肯上体育课，生物课上“没完没了”地梳头。他的代数、法语、西班牙语都不及格。才五六岁就有了铅笔和纸，并给自己乱写纸条，不论去哪儿都随身带着一本袖珍字典。他还跟一位男老师去看电影，在黢黑的剧院里给老师手淫。母亲把他送到了纽约奥辛宁的一所军校。

英语老师凯瑟琳·伍德（Catherine Wood）登场了。

她不但欣赏他的自信，而且相信，协助他的天分绽放是自己的任务、使命及神圣的职责。

他极尽夸张之能事吸引她的注意。当时她正带着自己的学生参观学校图书馆，她取下一本西格丽德·温塞特的书，递给一个女孩。“突然，”她说，“这个别组的小家伙从座位上转过身来打断了我。‘要是看原文一定很精彩，’他说。‘哦，那就再好不过了！’我答道，虽然我连一个挪威字都不认识。自此，我认识了杜鲁门，当第二年他升上了11年级来到我的班上，我就一直关注着他。”

伍德小姐高个子、灰头发、单身一人……她常约他共进晚餐，读他写的故事，在课堂上满足他的要求，并且怂恿其他同事也这么做……“他母亲无法理解自己儿子的与众不同，”她说，“我还记得在我的小饭厅里，我跟她说，我很难开口和他的母亲说这个；但多年后，那些用常规方式做着常规事情的常规孩子仍然在做常规事情，而那时杜鲁门已经成名了。”

这种眼光也可能来自家庭的一员，比如姐姐。例如戈尔迪·梅厄，她是以色列历史的开创者，在1973年战争中担任总理，她有一个年长九岁的姐姐，名叫西娜。戈尔迪14岁初中毕业，作为学生代表致道别辞：“显然，我要继续读高中，然后，甚至可能成为老师。那是我最想要的。”而她母亲却另有打算。她想要的是一个“优雅、挺拔的姑娘，在店里工作……然后开始考虑嫁人，她提醒我，（威斯康星）州法律是禁止女教师结婚的”。戈尔迪·梅厄悄悄给姐姐写了一封信，倾诉两难的苦衷。姐姐是在数年前与母亲发生冲突之后搬出去的，当时生活贫困，还染上了结核。西娜回信说：“不，你不该终止学业……你会有很好的发展机会……你准备一下，来找我们……我们会尽量帮助你的……马上来找我们。”

戈尔迪·梅厄在16岁时偷偷离开了家，因为西娜为在妹妹身上感知的东西提供了安身之处。在戈尔迪·梅厄的故事中，同样重要的是母亲的不妥协，她也坚持自己对女儿未来的幻想。这有助于释放戈尔迪天生的代蒙及其桀骜不驯的理想主义，带她走上属于自己的道路。

作曲家阿尔班·伯格[①]十几岁的时候就向赫尔曼·沃兹纳尔（Hermann Watznauer）倾吐心声，后者是伯格家族中的一员，他后来成为这孩子的"朋友、老师和激励者"。这段关系开始的时候，沃兹纳尔24岁，只比伯格大十岁。沃兹纳尔同情地陪伴着伯格灵魂的告解和内心的火花，有时候一封信能写上30页。这位导师看到了他的本质。诗人符拉基米尔·马雅可夫斯基[②]的老师，只比他大十岁，他说："他喜欢和大人一起做事，很恼火被人当作小孩子。我一见到他就看出这种特质了。"

少年阿瑟·兰波[③]（"一个多数时候活在想象中的男孩……，放学后静静地走路回家，他走的不是熟悉的街道，而是船甲板、罗马城的卵石路、雅典卫城的马路"）找到了他的灵魂伙伴，21岁的老师伊桑巴德（Izambard），最后兰波能和他"谈论诗人和诗歌"。"这孩子，"伊桑巴德说，"我最初把他当作一位年轻同志，渐渐变成了亲密朋友。"

正如达尔文的老师识得他，伍德小姐识得卡波特，伊桑巴德也识得兰波。但是，兰波那时代最著名的诗人拜恩维尔（Bainville）却什么都没看到，兰波给他写了一封热情洋溢的信，寻求他的认可，他说："我们身在爱的季节；我年近17……我心生出了些什么，我不知道，它想飞。"拜恩维尔将诗歌和信件归了档，这事就完了。没有激励，没有指导，没有发现。

---

① 译者注：阿尔班·伯格（Alban Berg，1885—1935），奥地利作曲家，20世纪第二维也纳乐派代表人物，代表作品有歌剧《沃采克》、《璐璐》等。

② 译者注：符拉基米尔·马雅可夫斯基（Vladimir Mayakovsky，1893—1930），俄国著名诗人，代表作《列宁》、《穿裤子的云》、《符拉基米尔·马雅可夫斯基》、《宗教滑稽剧》。

③ 译者注：阿瑟·兰波（Arthur Rimbaud，1854—1891），法国诗人，早期象征主义诗歌的代表人物，超现实主义诗歌的鼻祖，代表作《地狱一季》。

在这些感知关系中，年龄和性别似乎并不重要。1777 年时，华盛顿 45 岁，汉密尔顿 20 岁；而伊桑巴德和阿瑟·兰波相差不到六岁。放在今天，要说年龄和性别似乎不相干，这就与我们的文化背道而驰了。对年长的华盛顿和杰出清瘦的汉密尔顿之间同性吸引的猜疑，正好泄露出一个秘密——这秘密不是人们猜想的私密关系，而是慧眼从何而来。答案是：心中之眼。似乎心中有东西在悸动，打开它，便可感知他人心中的意象。罗斯福对林登·约翰逊是有“感情”的。“破窗而入的阳光邂逅了你的头发，”尚克小姐这么写道，她看到了。卡马拉看到了“马诺莱特的招式不适合他的身材和个性”。罗斯福看到了“林登·约翰逊这小子很可能会成为第一位南部总统”。

在一所“吓人的破旧……学校里，有时候黑压压的、阴森森的”，班上 50 名学生中，大多是男孩，大多是黑人。奥利拉·米勒（Orilla Miller）看到了十岁的詹姆斯·鲍德温，后者形容她是“一个年轻的白人老师，一个漂亮的女子……我爱她……全心全意地，以一个孩子的心”。“他们发现了查尔斯·狄更斯是他们的共同爱好；两人都在读他的书，并渴望交流。这位来自美国中西部的年轻女士，为这位贫民窟出身的小男孩的才华而惊讶。”他们进入了一段友情，那让他的代蒙蓬勃而出。

鲍德温也看到了米勒。多年以后，在他成为有影响的知名作家后，他们又联系上了。他写信给她，说“想要一张老朋友的照片”：“很多年来，我一直将您的容貌珍藏在心中。”自打在纽约哈勒姆区（黑人区）那所小学初遇并讨论狄更斯的小说，已过去了 40 年，奥利拉·米勒和詹姆斯·鲍德温一起走进电影院，再次观看《双城记》。

我们不再相信这些惺惺相惜的关系。我们已学会从性的角度来看待世事。我们不能想象基于想象的相互吸引。我们今天的文化认为，欲望必是无意识的性，男女的交往必定存在性关系，直接表白必是勾引的伎俩。而将这些人推到一起的是彼此的共同观点；他们因幻想而相恋。在鲍德温和米勒，是狄更斯；在卡波特和伍德，是挪文版的温塞特小说。罗斯福和约翰逊是天赋相惜，正如罗所说："他俩能在同一个层面交流。"年龄、经历、地位都不重要。这是两位总统之间的对话。心对心，橡果对橡果。

约翰·济慈写道："除了心之钟情的神圣与想象的真实，我一概不知。"这句话让我们豁然看到创造性感知在人类生活中的工作原理。他的话语给予导师艺术以超越人类的空间。一旦你的想象与另一个人的幻想相恋，指导就开始了。其中必有与情欲有关的成分，从苏格拉底时期的教育开始，直到如今。只是在今日，它或因电脑学习而减弱，或因人们只从性的角度将其视为虐待、勾引、骚扰，或是无关情感的生理需求。从性的角度思考的方式没有揭示橡果的追求。

比如，研究一下报纸上私人广告栏中的征婚启事。体型、肤色、性习惯、职业、年龄、婚姻状况，一旦穿过这些社会学的描述，想象的真实便开始出现。长程徒步、烹饪、幽默、电影、舞蹈、依偎以及交流：这则启事提及了音乐偏好、休假的梦想、品味，尤其是渴望。我们在寻找的是橡果的伴侣，不只为同床共枕。启事表露了"心之钟情的神圣性"。启事是浪漫的梦。"极尽浪漫的是，是她告诉我，我有一双漂亮的棕色眼睛，"伊利亚·卡赞这样描述尚克小姐，是她看到了"巨大的可能性"。

相信你所看到的，这会迅速把信任传递给接受你注视的任何人、任何事。论天赋，感性的眼力要比理性的洞察更重要。因为前者为人赐福，使人脱胎换骨。

治疗促发大量的洞察幻觉。它传达俄狄浦斯的盲目并将之付诸实践。人们提出问题，来寻找过去的样子，好像通过自查式的反思能找到自我存在的真实橡果。治疗谬误建立了另一种方法：认为橡果是看不到的、隐藏起来的、蛰伏在童年的、压抑的、遗忘的，所以只能用心灵之镜来积极内省，如此方能重新找回。然而，心灵之镜只能看到真相的一半。这镜子中的面庞只有你真实大小的一半，只有你实际呈现在他人眼中的一半。

在认真遵循本章所阐述的普遍真理方面，用治疗的方法去寻找真实存在

的意义或许会更好。它会以被动的语调说："去被感知吧。"每个人被展开后都是非凡的。"存在"首先就是要可见。先得让自己被人看到，才有了被人赞赏的可能。所以我们寻找恋人、导师和朋友，获得他们的发现和赞赏。

尚克小姐看到了卡赞，阳光"照亮了（他）脸上的表情"。卡马拉看到了马诺莱特如何移动，如何刺杀公牛，以及他的动作如何与地形不协调。沃兹纳尔与伯格同行，边听边看。在前线，挑选候补军官的指挥官凭眼力观察；候选者的内在跃然而外。他们如何出现，如何行事，如何表现。我们在遇到任何一个人，想要知道他的内在状态时，首先会问什么？"你是怎样的？"（How are you?）这就是你，在那一刻你骑在马背上接受检阅。你这个人，甚至所有的人，准确来说就是表现出来的"怎样"，假设的存在是怎样的，从而呈现出每件事情的人物、经过和地点。"怎样"告诉我们"是什么"。这就是所谓的"怎样"，其姿态、风格、面色、动作、言谈、表情——概括来说，就是意象的真实组合——确切地描绘了"怎样"。

我强调表露在外的模样，并不是指意象呈现是没有保留、没有背光面的。我的意思不是说只看刻意摆出来的表面现象。矜持含蓄也并非不可见，从缄默、委婉言辞、躲闪的眼光、失言、迟疑的动作、思前想后、回避行为，都可以看出来。任何一张脸，如同任何事物的表面，绝非看上去那么简单。本来有意隐藏起来的也会在锐利的眼光下展现，一个好的观察者亦能抓住任何有用的细节并将它们拼凑至完整。导师眼中的学生的意象，既不是完全呈现在前也不是完全隐藏在后，亦无关真假；在你的意象中，没有真实的你，只有你的真实。她看到的是参差交错，是凹凸互映、颠倒混乱的种种含义，而这正是一切想象境界的真实。看的人要从这呈现的方式看出全景。我就在这儿，就在你眼前，你是否读懂？我们不妨再来想想橡果，其代表了隐而不见的潜能。换个角度，让我们将其视作是完全可见的，通过行为的方式——马诺莱特之所以是马诺莱特，不是因为他斗牛，而是因为他斗牛的方式；体现格特鲁德·斯泰因独特意象的，不是写作，而是她的写作方式。橡果的无形，会以有形的方式显现——你也可以说，从它的轨迹中显现。橡果无形，但它的影子却在整棵橡树上随处可见。橡果没有别处去，也先于橡树存在，而是折叠在层层有形之下，如同酥饼里的油脂，如同蓬松面包的香气。这种不可见，不是真的隐而不见，而是虽不见尤可见。

这种若有若无，有人称之为地域的精神、事物的气质、人的灵魂、风景的意境、艺术的格调。我们想掌握它的究竟，遂将其解释为一种背景、一种规整的结构，或一种吸引我们融入其中的开放的格式塔。但是，我们的概念以及凭这些概念看待事物的眼光，都欠缺想象的充分熏陶，缺乏阅读意象的敏锐技艺。我们若是透过典型、种类、等级、征兆来看人，就无法看清任何人的模样。任何分类法都会掩盖个体的独特性。

借用威廉·詹姆斯的术语，心的眼睛看到的是“个别”，感受的是“个别性”。心所钟情的是与众不同。我们为这一意向所动：满屋子的学童中，只有高嗓门的小杜鲁门。我们注意到的只有他，没有别人。

如果在看待某个特定的人时，看到的是以色列人或德国人，犹太教徒或天主教徒，黑人或白人，爱喝酒的或想自杀的，精神病人或边缘状态，那么我们看到的只是分类观念，而不是人本身；我们谈的只是社会学，而不是灵魂。想要准确描述各种表情，我们需要的词汇量大到难以置信。“大多数人不能‘说出’面前的人是什么样的，但是说不出来并不意味着看不到，”哲学家何塞·奥尔特加·加塞特[①]说。只要我们合上心理学书籍，打开小说、旅行日记，哪怕是菜谱，大量词汇遍地皆是。或看场电影，我们能看到活生生的形容词和副词，成功地组成了银幕上的形象。“愿生命是感受而非思维，”济慈写道。想要看到橡果，不仅要看到意象及其表现，更需要语言来描述所看到的。

爱情、友情、家庭的失败，常可归结为想象知觉的失败。如若我们不能用心的眼睛来看，爱就是盲目的，因为我们就无法将他人视为是想象真实的

① 译者注：何塞·奥尔特加·加塞特（José Ortega y Gasset，1883—1955），西班牙哲学家，代表作《大众的反叛》。

橡果的持有人。有时感觉来了，但你看不见；视线一旦模糊，同理心和兴致也就不见了。我们感受到的只有恼火，只好求助于诊断和分类学概念。但你的丈夫不是“受母亲影响”；他只是爱唠叨、爱期盼，常麻痹大意。你的妻子也非“男性化”；她只是强势、爱讲理、有些偏执而已。他们的样子，就是他们本人，而不由类型和级别来界定。

一些疗法想通过“共情”和“投射性反移情鉴别技术”来矫正想象力缺乏。他们还主张运用心理剧和角色扮演来帮助人们弄清一些特有的概念，以及了解别人的内心深处。把你置于你丈夫、妻子、孩子的处境，想像他们是什么感受，变成他们会是怎样？发挥想象！如果你用想象的方法再看他们的行为，你也许会发现其中的真意。

想象感知需要有耐心。就像炼金术士说他们艰苦而又令人沮丧的实验那样：“灵魂就在耐心之中。”否则，何以面对他人或古怪或迟钝而又令人费解的行为呢？爱德华·特勒[①]博士三岁多才会讲话，人们都以为他是弱智。“某天爱德华开口说话了，成句成句的，不只是单词，好像他一直在蓄积能量，等待值得说的话。”本杰明·斯伯克[②]博士“在三岁以前几乎不说话，当他开口时，语速慢得让人抓狂”。马丁·布伯[③]也是三岁才开始讲话。詹姆斯·瑟伯[④]的一个老师“曾告诉他母亲，他可能是聋子”。伍德罗·威尔逊[⑤]，也许是美国最好学的总统，“九岁才学会字母，12 岁才能阅读”。以前的传记作家将他的发展迟缓归咎于他与父母的关系。最新的传记对其进行了精神科诊断，认为“伍德罗·威尔逊为发展性阅读障碍”，认为问题出在脑部。

阅读障碍、持续的反应迟缓、注意力不集中、活动过度组成了注意力缺

---

① 译者注：爱德华·特勒（Edward Teller，1908—2003），出生于匈牙利的美国理论物理学家，被誉为“氢弹之父”。

② 译者注：本杰明·斯伯克（Benjamin Spock，1903—1998），美国著名儿科医生。

③ 译者注：马丁·布伯（Martin Buber，1878—1965），德国存在主义哲学大师，现代德国最著名的宗教哲学家，宗教存在主义哲学的代表，最重要的论著是《我与你》。

④ 译者注：詹姆斯·瑟伯（James Thurber，1894—1961），美国作家、漫画家，公认是继马克·吐温之后的幽默大师，代表作《当代寓言集》、《华尔脱·密蒂的隐秘生活》、《我的人生和艰难时代》。

⑤ 译者注：伍德罗·威尔逊（Woodrow Wilson，1856—1924），美国第 28 任总统，是唯一具有哲学博士学位的美国总统。

失症——这需要耐心。否则如何容纳并探察这种“缺失”的其他表现呢？归入此类的孩子和成人，通常智力偏高，爱做白日梦，拥有极为开放敏感的灵魂，以至于他们的“自我”行为不顺应现实，混乱无序。利他林、百忧解、阿普唑仑[1]，这些药物当然有效。但是能解决缺失，并不代表就能找到原因、揭示意义。拐杖有用，但不能解释断腿。注意力缺失症为什么在今天如此普遍？真的有什么是灵魂不想参与的么？当不能阅读、不能说话、不能满足他人的期待时，代蒙可能在做什么？若想知道，就需要耐心，也需要亨利·詹姆斯[2]所描述的“在表露出来的个案上的长期盘旋”的想象感知。

爱尔兰哲学家乔治·贝克莱[3]说过：“存在就是被感知。”[4]通过觉察，我们确认自身和他人的存在。贝克莱认为上帝无所不知的觉察力让万物得以存在。作为一位道德学家——贝克莱同时也是一名主教——他指的是，上帝一直都在关注着你，请好自为之！对于玄学家而言，“存在就是被感知”也许意味着，如果上帝打了个盹，眨了下眼睛，或因其他布鲁尼宇宙的事情而分神，我们的世界就会灰飞烟灭。

好辩的犹太教士可能会问主教：上帝能感知自己吗？如果他不能，怎么能说他是存在的呢？如果他能，那用的是什么方法呢？如果他能在自然之镜中感知自己，那么自然就是上帝的影像，无法与上帝本尊相区分（斯宾诺莎观点）；或者自然极其敏锐，具有神圣的意识，鉴于它能让上帝存在。如果上帝以人类的方式感知到了自己，于是我们就有了现世人文主义：上帝的存在是人类感知的结果；上帝的存在要依靠人类；我们拼凑成了上帝。教士必然会继续争论说，也许上帝的存在并不需要感知，但感知会限制上帝的出席，

① 译者注：主要用于抗焦虑，在用苯二氮䓬类药治疗焦虑伴有抑郁时，本品可作为辅助用药，也可作为抗恐惧药，并能作催眠用。

② 译者注：亨利·詹姆斯（Henry James，1843—1916），美国作家，1915 年加入英国国籍。

③ 译者注：乔治·贝克莱（George Berkeley，1685—1753），英国近代经验主义哲学家三代表之一，著有《视觉新论》和《人类知识原理》等。

④ 译者注：“esse is percipi”，是英国经验论哲学家贝克莱的核心命题。复旦大学俞吾金认为应译为“实存就是被感知”。

如果不考虑知觉领域，分离的、超验的，既无万知也不万能。如果上帝的存在不需要感知，那么主教你的观点是错误的，上帝不存在。

贝克莱，生于爱尔兰，毕业于都柏林圣三一学院，在美国南部度过了一段美好的时光，他能针对这些疑问给出不错的回应，也能应付更复杂的问题。但他遗漏了一种可能性，因为他没有读过太多济慈的书（除非是在橡果中？），即他忽视了自己那句无比精炼又颇负盛名的表述中所蕴含的心理学及生态学价值。感知赋予人们祝福——这就是本章描述的故事想证明的。感知带来了存在，并让存在保持被感知到的模样；而当感知看到了“心之钟情的神圣”，又如这些故事讲述的那样，万物被揭示，想象的真实便得以证明。

第六章

先天与后天之外

The Soul’s Code

是时候看看传统保守的心理学是如何谈论爱情的了，因为这时候命运似乎发出了最清晰的召唤，从而决定了一个人的一生。首先，我们需要考察心理学是如何看待个性的。为什么可以说我们这一个个的个体，真的是“单独的个体”？由于基因遗传和早期环境的不同，我们是否存在深层次的差异？双胞胎研究把重点聚焦到个性的问题上，考察在相同家庭成长环境中的同卵双胞胎，他们在一生中呈现出来的差异性。在先天和后天之外，似乎还有别的什么东西。因此我们先来看看研究，再去谈论浪漫。

科学心理学将归因的范围切割成了两大块——先天和后天。这种界定，自然消除了其他归因的可能性。既然行为科学，包括分子生物学和精神病药理学，将塑造我们个性的所有原因都放在这两个类目下，而我们此刻在想象生命中的第三种力量，那么这第三种力量只能隐藏在另外两种力量之中。因此我们除了要看行为科学陈述的内容，还要检视它们陈述的方式。我们必须像侦探那样开展工作，在话语中搜寻被我们遗漏的那位隐形人的线索，即便说话的人自身并不相信遗漏了任何东西。

首先我们需要意识到，将事物一分为二是西方思维的习惯。最直白的例子在《圣经》中：我们或他们。亚伯和该隐[①]、雅各和以扫[②]——好人和坏人——将区分拟人化。二分对立性思维并非始于电视上那些激烈的辩论，我们的两党政治体系也非腾空出世。这种强调成对的对立因素的二元论，为“西方思维的激情”（引用理查德·塔纳斯《西方思想史》的题目）提供养分。

亚里士多德学派的逻辑无法从三元的角度进行思考。从亚里士多德的矛盾律，也叫排中律，到我们计算机体系中0或1的二进制逻辑，我们的思维体系被构建成二分对立的正反两面，非此即彼。笛卡尔在大脑正中间为第三

---

① 译者注：亚伯（Abel）和该隐（Cain）代表了世上两种人，亚伯代表有信心而敬畏神的人，该隐代表犯罪而自高自大的人。

② 译者注：雅各（Jacob）和以扫（Esau），据《圣经·创世纪》记载，是一对孪生兄弟，哥哥以扫善于打猎，心地直爽，常在野外，更得父亲以撒的欢心；弟弟雅各为人安静，常在帐篷里，更受母亲利百加的偏爱。

类存在留出了一个极小的位置。他把灵魂放在了松果体[1]上，以证明相对于他体系中的另两个强大对手——内部的思维和外部延伸的空间——灵魂也具有微小的价值。

因此本章不得不和长久以来令人舒适的二分对立思维习惯作战。这种思维习惯认为，如果行为不全是遗传决定的，那么剩下的部分只能解释为环境影响了，反之亦然。引入“其他因素”打破了我们惯有的、舒适的思维方式。“其他因素”会打乱这种将思维的舒适性与思维的清晰性混为一谈的思维模式。

不管怎么说，凭借我们的感觉，以及命运中一些个体特异性事件，我们还是相当清楚，确实存在其他因素在影响人类的生活，而这既不能归于先天，也不能归于后天。每个个体都有显著的特点，亿万人中人人不同，甚至刚出生的婴儿、同胞手足、同卵双胞胎，还有在相同环境下长大、受同样环境影响的人和人之间，依旧存在差异，这些事实促使我们必须去解答一个问题：独特性。

双胞胎

先来说说遗传。从乔治·孟德尔[2]到詹姆斯·华生，再到弗朗西斯·克里克[3]，第一次遗传学研究大潮留下了不可磨灭的痕迹，又渐渐退去。大多数人确信，染色体中编码的遗传基因结构造就了我们，丝毫不逊于上帝（神学）、经济（马克思）、前世（印度教、佛教）、历史（黑格尔）、社会（涂尔干及其他）的功劳。DNA螺旋所携带的编码对我们躯体、心理、灵性等各个层面都发挥了重要的作用，这是无可辩驳的事实。

如今，第二次研究浪潮已经抵达。所采用的研究方法更加不同，研究的

---

① 译者注：位于中脑前丘和丘脑之间，为一红褐色的豆状小体，是人体“生物钟”的调控中心和“第三只眼睛”。

② 译者注：乔治·孟德尔（Gregor Johann Mendel，1822—1884），捷克著名生物学家，因著名的“豌豆实验”而闻名。

③ 译者注：詹姆斯·华生（James Watson，1928—　）和弗朗西斯·克里克（Francis Crick，1916—2004），二者发现了去氧核糖核酸（DNA）的分子结构。

问题更加成熟。现在的研究更为关注差异性，即便在遗传上紧密连接的个体之间仍旧呈现出差异。为何双胞胎有不同的性格、不同的命运呢？

差异研究找到的最佳研究对象是同卵双胞胎。这样的双胞胎是同一个受精卵发育而成，并非两个不同的卵子。由不同卵子发育而成的双胞胎称为异卵双胞胎（对应的单词“fraternal”又有“兄弟”的意思，这种父权制的称谓暗示这对双胞胎中只有兄弟）。同卵双胞胎拥有完全一致的DNA；从遗传学的角度来说，他们是一样的。同样的遗传信息，对他们进行了同等的编码；除了同卵双胞胎之外，每个人在遗传上和其他所有人都不同。

因此我们可能会得出一个显而易见的结论，那就是同卵双胞胎一定完全相同。但实际情况并非如此。在十项躯体特征上，如头发颜色、发线模式、血型、眼睛颜色、牙齿的位置、指纹的箕数等，只有90%的一致性。而随着更多心灵因素的进入，一致性开始减少。身高、体重、脸色的一致性没那么高，而面部表情，以及对糖尿病、溃疡、乳癌、高血压等疾病的易感性更是谈不上一致。个体性更多地表现了出来。

那么，为什么“同一的双胞胎”实际上并不同一？究竟是什么带来了双胞胎在躯体上的差异性？“一个简单的回答是环境。”“我们用环境这个词来指代所有非遗传的影响。”如果不是先天的，那么必定是后天的。很快我们就会谈到环境，但先得再多说点遗传。

当谈到认知能力时，比如推理能力、言语流畅性、记忆力，我们发现差异更加明显。对一般的兄弟姐妹来说——非双胞胎——“在所有人格特质上，相关性都很低”。就好像这些人是独立的个体，尽管有同样的父母和相似的成长环境。就连阿尔茨海默氏病[①]——一种脑科疾病，而非人格障碍——在兄弟姐妹中都呈现出90%的差异！

最近50年，对精神分裂症的研究投入了大量的经费和精力，虽然对各

① 译者注：即老年痴呆症。

种精神分裂症的鉴别诊断还不那么明晰。尽管如此，同卵双胞胎研究的大致结果可以这样来进行清晰的概括："超过一半的同卵双胞胎在患精神分裂症的概率上是不一致的。"如果双胞胎中的一个病了，那么另一个人不得病的概率高于得病的概率。有其他因素在其中起作用，使得双胞胎中的两人有所不同。

我们可能会贸然断定这个"其他因素"就是成长环境，但未必就是。当一对双胞胎被人收养，在同样的家庭中长大，其中一人诊断为精神分裂症，另一个人并不存在高于常人的患病风险。"共同的家庭环境并不重要……这个发现意味着，"朱迪·邓恩（Judy Dunn）和罗伯特·普洛闵（Robert Plomin）这两位在双胞胎研究领域都颇有建树的研究者说，"一个人被诊断为精神分裂症而另一个没有，主要的原因肯定并非是（家庭成员共有的）环境的影响。"既然影响精神分裂症诊断的因素既非遗传也非共有的家庭环境，那么就是其他因素，"并非共有的"什么，而是个体的，个体所具有的独特因素。

有三项更新的发现让我颇有兴致。三项都和我们关注的个体的橡果论有关。请你带着一些想象力来看待这些发现。这些发现与创造性、传统主义以及如下事实有关——遗传因素似乎在童年的中间阶段有更强的影响。

"认知领域（如记忆、言语流畅性、推理）中有一个维度似乎不太受到遗传的影响，它就是创造性。"我们不会自寻烦恼地试图界定这个模糊的又备受推崇的词，也不会研究测量"创造性"的方法。但是，基于数据以及生活轶事的积累，我们知道杰出人物通常从他们的家庭、同辈、家乡、自己的孩子中脱颖而出。这些杰出人物通常是"与众不同的"，并不像他们的直系亲属（先天），也不像他们环境中的其他人（后天）。也就是说，遗传和环境都不能确定地决定一个人是否会走向卓越。杰出人物表现出或是参与到"创造性"中（具体是哪种视创造性的定义而定），他们显著的个体性既不能归因于先天，也不能归因于后天。那会不会是别的什么？某种独立的因素？

为了避免分析“其他因素”，也为了避免支持存在一个独立的因素，行为科学的解释将先天和后天混到一起。这些解释将黑和白神秘地编织到一起，结果是我们看到一幅交织着的灰色画面，不确定创造性究竟是受遗传影响多一些，还是受环境影响多一些。面对关于人类创造性的永恒谜题，这种“灰色”解释的风险较低，不会引入一个真正不同的因素而动摇二元体系。这第三个因素即是橡果论提出的“召唤”。灰色解释也不大能满足有想象力的心智。

如果说创造性不怎么受遗传影响，那么令人吃惊的是，“传统主义”似乎在更大程度上是继承来的。在研究中，“传统主义”一词的意思是“一种遵守规则、遵从权威、拥护高道德标准和严格纪律的倾向”。

数据总是无关政治的，因为科学必须假装如此，因此遗传学的“传统主义”并不与实际的政治（共和党）或宗教（基督教正教）立场直接相关。但是对传统主义的描述表明，保守的甚或反动的党派与教会的核心属性中都有一些遗传学的编排。杰罗姆·凯根[①]对天生特质的极富智慧的研究谈到了气质上的偏差；占星术认为土星会影响染色体；女性主义者可能近乎绝望地意识到，父权制的态度是多么的难以消除；马克思主义者也许理解，为什么唤醒农民和工人阶级参与革命会如此艰难；教会则感到宽心：总会有基因库向上流往梵蒂冈。

大概40年前，人类学家保罗·雷丁（Paul Radin）为一神论的出现给出了一个解释。他说这不是宗教发展的自然阶段，而是一种属于牧师阶层的想法。他认为一神论起源于一种特定的“气质”。早在遗传学用数据来分析传统主义之前，他就已经直觉性地预见到了传统主义者的态度和特质所起的决定性作用。

现在就容易理解为什么改变是如此困难的了。或许传统主义是人类本性中保守的那部分，在文化中这种保守表现为正教思想和想法单一，以老国王

① 译者注：杰罗姆·凯根（Jerome Kagan，1929— ），美国心理学家，对气质的形成根源的研究十分著名。

的原型形象为拟人化的表征。当我明白了遵守“高道德准则和严格的纪律”并非是天使的政策，也不是上帝的召唤，而是人类骨子里的要求时，我舒了口气。

那么，假定传统主义有着很强的遗传成分，这样是否能帮我们去理解为什么天才总是和传统背道而驰？很多个世纪以来，从亚里士多德在《论问题》著作中论及抑郁性狂乱（或称狂热，“创造性”人群特殊的心理状态），到19世纪的切萨雷·龙勃罗梭[①]，天才的使命一直都被比照为，甚至被界定为非传统的、不正常的。人们喜欢把新颖和原创想象成是非传统的，就仿佛灵感必定会违背命令、纪律、规则和权威——也就是，违背“传统主义”。至少，我们可以尝试性地得出这样的结论，在遗传上的保守态度，和召唤我们反对保守的其他因素，这两者间存在剧烈的冲突。

第三个有意思的发现是，遗传对智力（IQ测验）的影响在婴儿期之后开始增加，直到儿童期的中间阶段。实际上，“似乎有证据表明，遗传对IQ的影响随着年纪增大而增大，从儿童早期到成年晚期都是如此”。

我本以为遗传因素对一个人的能力——比如智力——的最强且最决定性的影响会是在刚出生的早期阶段。因为那时候个体还没有被外部世界的影响狂轰滥炸，也不能在这些外部影响中进行挑选。我本以为遗传因素在人生早期起着最大的作用。然而对儿童的IQ研究结果表明，随着一个儿童长大——从三岁到六七岁——遗传效应增强。接着在大概七岁之后，遗传效应又开始下降。另外，“尽管IQ与遗传高度相关，IQ分数仍然在儿童期有普遍的大幅增长。”（稍后我们会讨论IQ问题。）

为什么和七八岁相比，两三岁时受到遗传因素的影响没那么强烈？是不是智力的个体性在出生时较显著，然后在儿童中期渐渐减弱？研究表明，和年龄大些的儿童相比，婴儿较少受到先天和后天因素的影响，而是——至少

① 译者注：切萨雷·龙勃罗梭（Cesare Lombroso，1836—1909），意大利犯罪学家、精神病学家、刑事人类学派的创始人，重视对犯罪人的病理解剖研究，尤其注意头盖骨和人相。

关于天生的智力——更多受到自身天赋的影响。对数据的这种解读支持了柏拉图的神话，也就是一个人诞生时便有了天生的范式，这范式不同于遗传而来的才能，且到了儿童中期，这范式会为遗传因素让路。另外，"在成年晚期"，当使命、人格、命运等力量变得不可忽视，一个人的智力，以及以智力为基础的其他心理变量，就都更多地受灵魂的密码而非遗传的影响。

"遗传效应似乎在青少年早期下降。"这正如我们所料。很多名人传记见证了在十几岁时突然出现的使命。换句话说，在三到八岁以及青春期，使命似乎离我们最近——也就是说，我们想象当遗传的影响减弱时，使命的影响就会变得显著起来。以上几个章节中的一些人生故事的确告诉了我们，超群才能出现在一个人的早期和青春期。

这样的推测是实证研究和统计学研究的泡沫。这使得文献的阅读变得乐趣横生。直截了当地说，统计学研究让人们头脑僵化。因此我不是照原样来呈现研究结果，人们用它们来作为巩固观点的证据，而我用它们来刺激推测。随着分子生物学和统计学发展得更为成熟，随着样本的扩展，这些推测变得更为重要。我们必须丰富想象力，才能跟得上数据的扩展。在美国，每年有11000对同卵双胞胎诞生。即便我们希望将遗传的影响机械地框在钟形曲线里，我们却越来越清晰地发现，遗传的影响非常复杂多样。

现在我们进入IQ这片荆棘丛。"尽管遗传对IQ分数的影响向来都是行为科学里最富争议的话题，但是最近对一千多位科学家和教育家的调查表明，大多数人现在相信IQ分数上的个体差异至少部分是由遗传造成的。"

请注意我所强调的个体这个词。差异——不是性别，不是肤色，不是种族，不是社会阶层，不是任何群体，而是个体间的差异。

所以我想从至少四个方面指出所谓黑人和白人之间的IQ分数比较存在的问题：

1. 从基因上来说，究竟谁是黑人谁是白人？要知道，我们有着350年混血历史文化，这还不包括远在美洲被欧洲人和后来的非洲人侵占前的混血历史。

2. 我们在 IQ 测验中测的所谓的“IQ”究竟是什么？

3. 在各种不同的社会文化中，“测验”的心理学含义是什么？IQ 测验这一形式和其他“测验”形式之间的关系是什么？

4. 关于 IQ、IQ 分数和 IQ 测验，向来有着无休止的争论，除了上面这些问题外，还有个问题是本书提出来的。如果存在天外之因，并且这个因素总是阻挠我们顺从社会化，正如名人故事中常有的情节，那么这样的阻挠是否会影响他们在 IQ 测验上取得的成绩？是否存在可能抵制 IQ 测验的人，因为其分数很难脱颖而出，而通常 IQ 高分都是进入钟形曲线更优部分的通行证？

个　性

每个人都有自己的特色，这不仅仅是宗教信仰的信条，也不只是西方的至理格言。人类的个性还是一个统计学上的准事实。

> 我们每个人都有能力制造出 10^{3000} 个有着独特基因组合的卵子或精子。试想一下，一个女人制造出 10^{3000} 个卵子，而一个男人制造出同样多的精子，那么无论在过去还是将来，能有某个人与你拥有同样的基因组合的概率微乎其微。

另外，基因研究本身警示我们，不能用过于简化的解释来理解遗传基因。遗传影响的发生可早可晚，与环境之间有着无穷的联系。因此，从 20 世纪 80 年代开始，研究越来越多地关注不同的生活、行为上的差异、不一样的走向，或者你我所说的个性。

从遗传角度解释个性，有三种理论越来越重要。这些解释也都指向“其他因素”。

第一个叫作“源起涌现”（emergenesis）论。这种理论部分基于这样一些令人惊讶的数据，在不同环境下长大的同卵双胞胎呈现出品位、风格、个人习惯上的一致性，而所在家庭中并不具有这些遗传特质。下面这些例子想要说的是，分开养育的双胞胎具有惊人的一致性。

> 一对成年男性同卵双胞胎，在第一次成年后的相聚中发现，他们都用 Vademecum 牌的牙膏、Canoe 牌的剃须膏、Vitalis 牌的发油、Lucky Strike 牌的香烟。那次会面后，他们通过邮寄交换了生日礼物，结果是在不同城市独立制造的一模一样的礼物。
>
> 在一对对的双胞胎中，还有两个军械爱好者，两个习惯带七枚戒指的女人……两个强迫计数的，两个结了五次婚的，两个志愿消防队的队长，两个时尚设计师，两个在家里给老婆留小小的爱心贴的……所有这些，都是成年的同卵双胞胎……
>
> 相反，我们研究的在婴儿期分开，在不同家庭中长大的异卵双胞胎，极少有这样的“巧合”。

源起涌现论通过如下陈述来解释这些一致性的现象，相似性必定是遗传的（因为它们出现在同卵双胞胎身上），并且一种基因型独特地在这一对或那一对特定的双胞胎身上表现出来。如果这些习惯或品位出现在任一单个人身上，那么我们就得不到遗传影响的证据。但既然这些习惯和品位出现在分开养育的同卵双胞胎身上，一致性只能是遗传所造成。

源起涌现论认为，遗传物质从双方父母承继下来，形成一种独特配置。“你可能从爸爸那里拿到黑桃 10 和 K，从妈妈那里拿到黑桃 J、Q、A，这些牌在两边的家谱树中都没有太大影响，但在你这里的组合有可能创造……一个新的奥运会纪录。”不是一堆遗传材料就能带来独特性，而是你手中的牌形成一个特定的、成功的配置方式。

我们把“配置”叫作“模式”或“意象”，根据柏拉图的神话，特定的范式是你的命数。源起涌现论从遗传的角度，并且我认为是随机地选定了你的范式。谁知道是什么让你抓了一手好牌？还是说，命运知道：当你开始在人世呼吸之前，你的灵魂早已帮你选定了你的配置、你的命数。

第二种理论叫作“异位显性”（epistasis）说。它是指，在众多组合中，基因相互之间所起到的抑制作用。

> 很多基因，也许几百个，影响着个体间的行为差异。这些基因中的每一个都为个体的多样性做出了自己小小的独立的贡献……异位显性……就像是基因的运气。在概念上，抽牌的运气能带来某些独特的基因组合，这些组合有着在父母或兄弟姐妹身上都不存在的超乎寻常的效果。

无法预见的“抽牌的运气”对我们是谁发挥着作用。柏拉图将这个随机的原因命名为阿南科[①]；她是令人敬畏的必然性之神，她蔑视理性，在柏拉图神话中掌管我们灵魂所选择的命数。堤喀[②]和莫伊拉[③]这两位女神，是命运的化身。从罗马时代到文艺复兴，这一原则称为福尔图娜（Fortuna，罗马神话中的命运女神）——最后用这些原型人物来解释个体的特质和命运，这确实有些古怪。就好像我们一直就明白这一点，只是现在给予它一个新的名字：混沌理论，这是现如今在遗传学研究领域很突出的第三种理论。

“在非线性体系中（生命当然是非线性体系），细微的、看上去琐碎的输入差别能带来输出上的巨大差异……混沌体系不可预测（当然，不可预测性也是生命的一项特征），但在这种无规则的模式中，它们是稳定的。”混沌理论认为，“对初始情况的高度依赖”是极为重要的。

---

① 译者注：阿南科（Ananke），希腊神话中的必然性女神。
② 译者注：堤喀（Tyche），希腊神话中的命运女神，后来混同于罗马神话中的福尔图娜。
③ 译者注：莫伊拉（Moira），在希腊神话中是命运三女神，本意为分配者。

我们是不是还没有说到天使或天才的影响？还没说到看似无足轻重、实则极其重要的影响方式？就像小小的耶胡迪·梅纽因对玩具小提琴发火，就像埃拉·菲茨杰拉德突然在《爱好者之夜》上歌唱？我提请你进一步注意"非线性体系中"的入门阶段。我们不能将自己的人生仅看作是一段由生到死的线性进程。这仅仅是一个时间角度上的、线性的维度。

普罗提诺说，灵魂是轮回的。所以我们的生命不是笔直向前移动的，而是悬浮的、摇摆的、回转的、不断更新的、重复的。基因作用的发生时早时晚。那种"状态很好"的感觉，接触到，打开来，一阵风吹过，看到并且明了，来去不定，但却有着稳定的模式。

我和其他任何人都是不一样的，其他人也是如此；我和我十年前不一样，十年前的我也是如此；我的生命是一种稳定的混沌，混沌并不断反复，我从来无法预计什么细微的、无足轻重的刺激会给我带来巨大的、显著的影响。我必须总是敏锐地观察初始情况，比如什么或谁和我一起来到这个世界，每天谁和我一起进入这世界。我依赖于这些。

爱　情

我们的爱情，似乎并不像我们自以为的那样独一无二。人们似乎有着相似的爱情风格。成年的同卵双胞胎最清晰地呈现出这种相似性，因为他们倾向于以同样的方式看待爱情。

我指的"爱情风格"是"爱情研究"中所用的一些模型。"爱情"这一宽泛的概念被分装进好几个筐，比如负责任的、利他主义的照料（大爱的），实用的搭档关系（实用主义的），情欲上的亲密关系（性爱），等等。在这些类别上，同卵双胞胎是一致的。但这种相似性的原因并非基因。

第一个关于成人爱情风格的行为基因分析结果是非比寻常的，理由有二。第一，在我们所知的人格领域（压力耐受性、攻击性、控制等）中，没有哪个像爱情这样，遗传因素在其中的作用如此之小……；第二，在我们所了解的态度（宗教信仰、种族歧视等）中，也没有哪个像爱情这样，遗传因素在其中的作用如此之小。

好，有意思的来了。这些双胞胎在所有爱情风格上都是一致的，除了一种：狂热的爱，通常让人感觉执迷、痛苦的浪漫之爱。因此我们不得不问，为什么狂热的浪漫之爱是个例外。就这一特别之处而言，似乎有什么是独立于心的。狂热的爱是别的什么！

既然风格上的相似性不能用遗传来解释，那么研究模型只允许另一种解释：环境。长得一样且爱得一样的双胞胎拾起了同样的爱情地图。

"爱情地图"是心理学试图解释"被爱捕获"这一谜题所用的一种方法。你在某种家庭环境中长大，某种面部容貌给你带来欢乐，满足你的需求，增强你的活力。这些特征形成一种图式，当一个貌似具有了你爱情地图上的这些特征的人在你面前走过时，你可能会爱上他/她。"随着你长大，这幅无意识的地图逐渐成形，理想爱人的复合图画逐渐浮现……所以，不论是在教室、商场或办公室里，远在你的真爱从你面前经过之前，你就已经构建好了理想爱人的一些基本要素。"

爱情地图有好几层。跨文化研究声称，爱情地图普遍说来有一个共同的层面，比如肤色好。对女性而言，身材丰满、宽臀，是普遍吸引人的；对男性而言，车或者骆驼等财产是吸引人的。还有一些层面反映传统、时尚以及当地社区的规范。爱情地图理论认为，环境的条件作用决定了你倾慕的对象。

其他的心理学家将这种对象选择称为投射。荣格心理学认为，这种投射源自原型，是每个灵魂私密要素的一部分。对荣格流派来说，爱情地图有着高度的个性化特征，因为它是心里一个复杂的意象，带来"爱上"和"此乃命运召唤"的感觉。意象越是执迷、强烈，你爱得越疯狂，这让人进一步确信，这真的是命运的召唤。荣格学派将这种使爱情地图偏斜到某一特定个体的原

型因素称为阿尼玛和阿尼姆斯。

这些个性化的特征也许可以体现爱情地图的表面特征，但并不能简化为爱情地图本身。

“阿尼玛”和“阿尼姆斯”在拉丁语中是指“灵魂”和“精神”；所以你的心也许会追寻一个童年意象的复合体，但总是有一个未知的结构在构建你的爱情地图，充满神迹和神话的体验。这就是为什么荣格学派的人会说，爱是难以抗拒的。

浪漫之爱的体验是无条件的，因此真心付出也是无限制的。对柏拉图来说，狂热的爱有神的干预，特别是阿佛洛狄忒和厄洛斯。生命中没有什么比狂热的浪漫时刻能使你我更深切地体会到我们对彼此的独特意义。浪漫就像是命定的，是命运、宿命、天命。“非你不可。”“其他任何人都不行。”“只有你。”“我寻寻觅觅，终于找到……”“你是我的幸运之星。”这种致命的吸引力，被去拟人化地称为化学反应，依附于阈下的信息素，有着自身自主性的力量，不同于遗传和环境的力量。

无论这种感觉是否是一种妄想，它提供了令人信服的证据，证明了荣格学派对浪漫之爱的解释。伴随着这种现象的，是一些“命定”的，特别是“浪漫”的其他因素。当然，同卵双胞胎以不同的方式坠入爱河，从而失去他们的部分一致性。

所以我们已经了解了两种想象爱情地图的方式——荣格学派的阿尼玛/阿尼姆斯和先天或后天模型。根据后者，“浪漫之爱的风格并没有受到遗传因素的严重影响。”唯一可能的别种解释就是环境了。你在早期习得了你的爱情风格。怎么习得的呢？一方面是“独特的经历”，另一方面可能是“受父母影响，对父母关系的风格有相似的观察”。也许吧。这个论点假定，正如弗洛伊德主义认为的，你如果不是直接爱上你的父母，那么就是爱上他们的替代者，或至少是遵循了他们的模式的人。教养谬误又一次被用来解释无法理解的情况。“我想要个女孩，就像嫁给我亲爱的老爸的那个女孩”，或是要尽可能地和她不同。如果我们相信自己的爱情幻想和恋爱风格都是在复制父母的模式，这不仅是一次信仰的颠覆，还是对所爱之人的一种冒犯，除非这是建立在你们爱情地图共同社会化的水平之上的。

对荣格学派的人来说，妈妈和爸爸是阿尼玛和阿尼姆斯的预览意象。即便我们模仿妈妈和爸爸，模仿他们爱的风格，我们也不是原样的翻版。

幻想美化了爱情地图，或者更可能是直接设计了它。浪漫之爱的实证研究宣称："浪漫之爱总是与幻想连在一起。"它的本质要素是理想化，而非模仿，也不是对已知的复制或对未知的推测。父母关系中的一些细节适合我们，但有些细节我们无法复制。转动我们的幻想，对上述细节进行甄选的因素就是阿尼玛和阿尼姆斯。原型式的幻想整合我们从父母那里得到的爱情地图，而非反过来。

相比于家庭风格，可能有其他"原因"可以解释双胞胎之间的相似性。双胞胎也许会寻求复制他们之间的关系——稳定性、友情、实用性、关怀，无意识的由同一个卵细胞所致的躯体接近性，将注意力从彼此身上转移到各自的伴侣身上，所有这些组成了他们到目前为止的生活方式。亲吻和斗争在子宫中就开始进行了。单靠复制也许能给他们相似的爱情地图。相对于他们相似性的原因，我们更关注他们对狂热之爱的态度的差异。处于狂热之爱中的人会体验到一种兼具痛苦折磨与强烈需求的状态，一种起伏不定的状态，一种过分依赖对方的状态，一种在你看来也许永远都无法摆脱的状态。

双胞胎浪漫风格上的不同的另一个原因，是对"一面心理镜子"的需求，浪漫之爱可以提供这面镜子。在相似性的镜子中，我们只能看到双胞胎相似的面孔；在狂热之镜中，我们看到的完全是别的东西，看到我们找不到也不了解的面孔，这似乎需要一种浪漫的苦痛。如果同卵双胞胎的遗传信息存在于你的 DNA 之中，又被共同的环境所强化，那么这就需要连根拔起似的扭转才能带来差异。

爱情地图也许能解释像曲线优美的臀部、车或者骆驼这些可见的东西，但是爱情也因为不可见的“别的什么”而发生。我们说，“她身上有些什么特别的地方”；“有他在，整个世界都变得不同”。正如福楼拜[①]所说：“（她）是聚焦的光点，所有的事物在这里汇集。”

这些完全不在地图上。我们身处超凡之地，在这里，通常的现实不如我们看不到的让人感到可信。如果我们想要代蒙及其使命的明显证据，那么我们只需恋爱一次。来自遗传和环境的这些理智的来源，并不足以让我们深陷浪漫苦痛的激流。这就是你，你从未觉得自己如此重要，如此命中注定，你的所为也从未如此般邪恶。

在自我重要性中的陶醉，正表明了浪漫之爱“实际上提升了个性”。根据苏珊·亨德里克和克莱德·亨德里克的说法，在西方文化中个体存在的意义是与浪漫之爱被赋予的地位等同的，首先见于庄严之爱和行吟诗人，然后是文艺复兴时期。在19世纪，个体主义与个体命运的理想达到顶点，此时对浪漫之爱的狂热夸大也到达顶峰。所以，正如亨德里克夫妇所说，浪漫之爱也许可以“被理解为是一种力量或工具，帮助我们创造或增强自我与个性”。这些心理动力必须将爱情的召唤放在个人的“自我”之中。我心中的代蒙更多地把这种召唤当成一种现象，用爱情本身所用的语言——神话、诗歌、故事、歌曲——将召唤置于“自我”之外，就好像它来自于神魔。

这就是狂热的浪漫之爱与爱情的其他地图不一致的原因。使命在这个人身上呈现出来，他的面容令你觉得这就是命运。这个人成为神的化身，我命运的主宰，灵魂的主宰，就如浪漫主义者所说，既是天使也是魔鬼，这个人我必须紧紧依附，不能分离，不是因为我多么弱小，而是因为召唤、命运如此强大。当然，我是受折磨的、占有欲强的、依赖的、痛苦的。代蒙正在撕毁我的爱情地图。

同卵双胞胎也许会选择同样的剃须水和牙膏，但“所有选择中最重要

① 译者注：福楼拜（Gustave Flaubert，1821—1880），法国伟大的批判现实主义小说家，代表作《包法利夫人》。

的——对伴侣的选择——似乎是个例外”。“浪漫的迷恋……几乎是很偶然形成的。”行为科学得出的结论是：“人类的配对，实质上是随机的。”它退而用统计学上的概率来解释所有选择中最重要的抉择，因为作为一门科学，心理学不敢想象不能被测量的因素。

但是最近的研究结果支持天赋的自主性。它的火光准确地照亮命中的伴侣，无论好坏，无论时间长短，使我确信这个人是唯一的，这爱情是独一无二的。研究中描述的其他爱情风格——分享、关怀、实用主义的承诺、性亲密——则不那么挑剔，也不那么私人化。它们不需要这个特定的搭档来符合我心中的意象。而浪漫主义的狂热早在你有任何举动之前，就看到橡果中的内容了。

西班牙哲学家何塞·奥尔特加·加塞特说，在漫长的一生中，我们只会爱几次。这是很少见并且很偶然的事件，它极深地敲打着你。当这样的爱发生时，对象总是独一无二的。就是这个人！不是特点、长处，不是声音、臀部、银行账户，不是残留着旧情人影像的投射，也不是遗传下来的家族模式，仅仅是这个人的独特性，心之眼一见钟情。没有这种选择上的命中注定感，浪漫之爱就不会发生。因为这种爱不是个人的关系，也不是遗传上的异位显性，更像是一种对代蒙的继承，一种来自不可见祖先的礼物和诅咒。

对一个地方甚或对一份工作的爱慕，也会像对一个人那样，有着类似的命定的感觉，以及类似的投身于其中的感觉，只是没那么突然和热烈。你绝不能离开它，必须和它在一起，直至结束，你用有魔力的仪式化行为投身其中，维持它的运作。有着同样的着魔状态，有着相似的感觉，我可以和你共度余生，无论这个“你”是一个人、一个地方，还是一份工作。还有这样相似的感觉，我不仅为此而生，还会为此而死。

和浪漫之爱带来的强烈震荡相连，死是一个沉重的、让人厌恶的词；但是浪漫之爱总是与永恒和生命的短暂与脆弱发生回响，就好像死亡在引我们去一个无限远方的时候，总是笼罩着并激发着浪漫的激情。这个人铤而走险。

当文学潜入浪漫的恋人中时，死亡也潜入了爱。

能“看”的心之眼，也是死亡之眼，它能看透可见的表象，也能看到不可见的本质。当米开朗琪罗雕刻同时代的人物或宗教或是神话中的人物时，他试图去看雕刻对象所谓的心的意象，以及雕刻对象的“预示”，就好像凿子能够跟随着眼睛，穿透对象，直抵内心。雕像旨在揭示雕刻对象的内在灵魂。

心的意象在每个人体内。当我们无助地陷入爱情时，它会真实地体现出来，因为在那时我们才能充分展示自己最真实的样子，瞥一眼我们灵魂的天赋。人们说：“他看上去如此不同——他一定是恋爱了。”“她陷入爱情了；她完全不同了。”当爱情感动了心，我们能从那个完美之人身上感受到一些别样的存在，而这也是诗意的语言想要捕捉的。米开朗基罗试图在雕塑中表达这种意象。仅仅是先天后天这样的分类并不能抵达我们的心，也无法透过心之眼来看。这就是为什么我们必须在研究遗传和环境的时候，再加上爱情密码。

爱与被爱是心与心的相遇，就像是雕刻家遇到模特，双手遇到石头。这是意象的会面，是想象的交换。当我们陷入爱情，我们开始浪漫地、激情四射地、狂野地、疯狂地、嫉妒地想象，带着强烈的占有欲和偏执。当我们强烈地想象，我们开始爱上幻化在心之眼前的意象——当我们开始一个项目，准备一次假期旅行，打算在另一个城市安家，因为怀孕而肿胀……想象力带着我们更深入地探险。为想象而爱。通过展开想象，甚至同卵双胞胎都能从他们的相似性中解放出来。

环　境

在结束这一章之前，我们必须再次回到这对双胞胎，先天和后天（即环境）。既然本章中的两大主题——遗传和爱情，都用环境这一概念来解释导致其差异的模糊的原因，那么我们必须研究这个词本身。

不太常用的动词“to environ”的意思是环绕、包围、包住；字面上的意思就是形成一个环绕的圈。“environment”作为名词，意思是一系列的外部条件（circumstances，circum= 周围），“包围”着我们的人和我们的生命的环境、身体条件和外部情况。

双胞胎的研究将环境划分为两大类：共享的和非共享的。拥有共享的环境，一般来说意味着在同样的家庭里不中断地养育一些年，参与家庭的活动、价值观、对话和习惯；在同样的教室有同样的老师；与同样的教练和队友共同奋斗。共享环境的画面当然被理想化了，像是一部50年代白人世界的电影。

“非共享的环境”指的是双胞胎中每个人单独的经历。未被共享的包括随机事件、疾病、个人私密的感受、梦、想法和关系。

我们能否在共享和非共享环境之间画出一条明确的线？实际上，共享的环境中也充满了差异：母亲如何区分双胞胎；每个人如何发展自己与父母的关系；出生后医务照料（双胞胎在出生后通常需要医务照料）上的差异；婴儿期健康状况，在摇篮、婴儿床上的位置，在哺乳时与乳房的相对位置；林林总总。

特别重要的是，同卵双胞胎在彼此间关系上的差异，他们会受制于原型式的互补逻辑（弱小 / 强大、聪明 / 愚蠢、最先 / 最后、外向 / 内向、人间的 / 天堂的、致命的 / 永生的，等等）。除此之外，研究者发现在共享的竞争性环境中，双胞胎之间发展出了一种对手关系，这在每个个体身上带来非共享的个体化反应。

对手关系不仅仅是由于我们文化中竞争性的思想，它还反映出“相同的人”内在有一股强烈的欲望，想要彼此区分开来。每个人都寻求成为“个体”，遵从自己心的意象以及命运的路径，即便基因相似，即便环境相似。每个家庭都是一个相似性的熔炉，一股离心力使得每个成员都争先恐后地表达自己的不同。对同卵双胞胎来说，正是使得他们亲近的力量将他们分开。磁铁异极相吸，同极则相斥。我们不要把差异仅仅归因于竞争性的对手关系，还需要归因于天使对于独特命运的召唤。

关于环境，还需要更进一步的分析。环境当然超出家庭网络的画面——简单的情景喜剧，有着相似的笑话和斗嘴，冰箱里放着相似的零食，相似的睡觉时间。环境还包括家具和小卡车、宠物和窗沿上的植物。再延伸出去，邻居、街上发生的事情、电视、网络、随身听传来的千里之外制作的节目。超市里，整个世界都被包装上了架：来自厄瓜多尔的香蕉，来自纽芬兰的鱼，还有香蕉上的农药，以及鱼身上在加工厂里用汞洗过的痕迹。

一旦我们打开生态学的视角，环境——即便是即刻的、非共享的、私人的、个体的环境——何处不在？

现实中存在一种“非共享的环境”吗？我真的能够拥有一个截然不同的、专属于我的时刻吗？哪怕只是一个枕头，我枕在上面，滑入我私人的午夜梦乡，还有鸭绒、聚酯纤维、棉花、制造该枕头的环境，以及和我共享枕头的螨虫的痕迹。

我渐渐相信，用墙围起来的与世隔绝的花园，这一概念并不现实；这是一种必要的幻想，为的是加强我们与无形的存在的沟通，它们的预兆与暗示只能被模糊地察觉到。“非共享的”这个想法为进入个体性的花园打开了一扇大门。我们需要这个主意来确认私人的独特感，并听从它的召唤。

“非共享的环境”这一类目是自然科学的一项发明，用来定位个体差异的原因。它被用来解释那些无法被它们其他类目（遗传和共享的环境）所解释的部分。但是“非共享的”是一种基于封闭意象之上的观点，认为私人的环境以一种特定的方式独特地影响我一人。唯一有可能的，总是环绕并影响我的生命的非共享也不可共享的现象，就是代蒙的独特性以及我与代蒙彼此间关系的独特性。通过使用行为科学的语言，以“非共享的环境”这种迂回的说法为掩护，代蒙表现为一种决定因素，同样地影响着先天与后天。除了用实验室的语言，以及“非共享的”这个密码，还有什么办法能混入严密把守的实验室呢？

非共享的并不意味着就是隔绝的，因为在这个星球上，没法逃脱共享的环境。尽管没有隔绝，实际上还是存在独特性的。二者之间并不存在必然的联系。

你并不需要真的与世隔绝才能与众不同。你和别人的差别，“非共享的体验”，在共享的环境中每分每秒都在发生，因为你的身份具有独特性。你的与众不同并不需要墙来保证；从一开始，伴随你一生的心中的意象就确保了你的独特性。然而，隔绝的幻想，可能有助于人们去关注代蒙。因此人们隐居清修，快速而急切地祈求神祇，或只是简单地在黑暗中在床上待几天，以此重新找回他们特有的、非共享的召唤。

遗传学研究的结果指向两个方向：一条狭窄，一条宽阔。狭窄的路指向简单化的、单基因的原因。它想要定位一些组织，将它们和心灵意义的巨大复杂性进行关联。西方世界似乎总是无法停止将心智简化到大脑这种愚蠢行径。我们怎样都放不下这种简化，因为这是西方理性主义、实证主义意识形态的基础。心理领域的理性主义者想要定位原因所在，然后才能着手处理。

机器为满足这种欲望提供了最佳模型。把它们拆开，发现它们内在的构造，调整它们的齿轮，加满燃料，润滑连接处，调试功能。亨利・福特①，是美国心理健康之父。结果就是，数百万的人都在大量使用利他林、百忧解、舍曲林以及很多其他能有效进行内在调节的产品，每天一到两次。单基因原因的简化方针最终导致的结果是:用药物来控制行为，也就是导致病态的行为。

本章经常引用罗伯特・普洛闵富有激情的、富有成果的、深富洞察力的作品,他急切地警示我们,不要用简单化的方式来运用遗传的概念。他说:“基因对行为的影响，是多基因的，概率性的，并不是单一基因，也非决定性的。”我从他那得到对精神病学的一个警示：别在医药、保险公司和政府财政的重压之下倾覆了你尊贵的船，也不要把你的罗盘定向幻想岛，在那里，基因能

① 译者注：亨利・福特（Henry Ford，1863—1947），美国汽车工程师与企业家，福特汽车公司的建立者，不但革命了工业生产方式，而且对现代社会和文化影响巨大。

够解释“精神病学上的疾病”。“我们对发展的遗传基础（基因如何随着时间发挥作用，并相互作用）知之甚少，只能欣赏它的复杂性。”因此我们决然无法得出这样的等式，一种基因上的缺陷等于一种临床上的表现（除非是真正的反常，比如亨丁顿舞蹈症）。

这些警示几乎没有效果；简化的思维可以满足太多的愿望。亨利·福特和托马斯·爱迪生的头像已经雕刻到了心智的拉什莫尔山上。机械主义的恶魔出现在现代西方历史的每一个世纪，每代人都必须小心它——特别是我们这代人，因为我们认为若相信除先天和后天外的“别的什么”，就意味着相信鬼神或魔力。

从17世纪（马兰·梅森①、尼古拉·马勒伯朗士②）和18世纪（埃铁尼·孔狄拉克、朱利安·奥夫鲁瓦·德·拉美特利③）法国的理性主义，到19世纪（安托尼·迪斯图特·德·特雷西④、奥古斯特·孔德⑤）的实证主义，所有的心理事件都被简化为生物学，一头西方集体的心智中的“笨牛”被套上了法国机械唯物主义的车。令人吃惊的是，像法国人这样品位精致、性感敏锐的人，居然为心理学不断地贡献了这么多理性主义的教条。每一种来自法国的思想都必须检疫这种法国病，即便它有着时髦的标签，如拉康主义、结构主义、解构派等。

今日，理性主义遍及全球，在任何地方都是可兼容的。这是我们思想架构的普世风格。我们无法给理性主义树一个特定的旗帜，但可以将它挂在跨国公司的横幅上，这家跨国公司花重金将精神病学，最终将心理学的思路，

---

① 译者注：马兰·梅森（Marin Mersenne，1588—1648），法国神学家、数学家、音乐理论家，著有《物理数学随感》、《宇宙和谐》。

② 译者注：尼古拉·马勒伯朗士（Nicolas de Malebranche，1638—1715），法国哲学家，偶因论的主要代表之一，认为自然界除一般法则外，还存在大量由各种机缘产生的因果连锁。

③ 译者注：朱利安·奥夫鲁瓦·德·拉美特利（Julien Offroy de La Mettrie，1709—1751），法国启蒙思想家、哲学家，影响力最大的著作是《人是机器》。

④ 译者注：安托尼·迪斯图特·德·特雷西（Antoine Destutt de Tracy，1754—1836），法国哲学家，创造了“ideology”（意识形态）一词。

⑤ 译者注：奥古斯特·孔德（Auguste Comte，1789—1857），法国哲学家、社会学和实证主义的创始人。

再而灵魂的控制，归为一元发生的一神论。一种基因对应一种障碍：来，我们来拼接基因，我教你玩个把戏，你看，基因合并了，你的障碍就消失了，或者至少你不知道自己有问题了。这条窄道引我们回到精神病学历史上的三四十年代，只是方法更精细，出版物更好一些。从20世纪30年代到50年代，人们将特定的脑区与大的情感、功能性概念联系起来，这为心理外科手术和对不适应环境的灵魂实施脑叶切除术的暴力行为提供了根据。

这条窄路是回溯性的，回到了弗朗兹·约瑟夫·高尔①（医学博士，维也纳，1795）的头骨分析术，他在巴黎定居，很受法国人推崇。他提出一些“证据”证明头骨上的隆起与凹陷也许与心理机能有关（后来这个系统被称为颅相学）。就像今日这样，这些机能被冠以一些庞大的名字，如记忆力、判断力、情感主义、音乐与数学天分、犯罪行为等。这些年方法上的精进并不必然带来理论上的进步：1795年或1995年——同样是想对心理机能进行头部定位，然后将心灵简化为某种定位，以此推动学科发展。

与将先天狭隘简化为大脑相反的，是将后天扩展为一个更具包容性的环境的概念。如果环境意指周围的东西，那么它也意味着周围的任何种类的东西。因为无意识的心灵会非常武断地对每日环境中遭遇的事物进行选择。细微琐碎的一些信息可能无意识地给心灵留下巨大的影响，正如白天的残余在梦境中呈现。我们确实会梦到最该死的事情！一天中很多都不会被留意到或是被回忆出来，但是心灵会拾起环境的废料，运送到梦中。梦——一个加工厂，循环利用环境，在废物中寻找灵魂的价值。梦——一个艺术家，擅用环境中的意象，在平静中进行回忆。

因为我们漫步在影响着我们生命的心灵真实里，我们就必须拓展环境这一概念到“深度生态学”，假定地球是一个活着的、呼吸着的、自我调节的有机体。既然周遭的任何事物都能通过满足想象而滋养我们的灵魂，那么万

① 译者注：弗朗兹·约瑟夫·高尔（Franz Josef Gall，1757—1828），奥地利医生，颅相学倡导者之一，大脑定位说先驱。

物都有灵魂。所以，就像深度生态学所做的那样，为何不去承认环境本身是有灵魂的，有生命力的，不可避免地与我们啮合在一起，并非在根本上与我们分开的？

生态学的视角还交还给环境这样一个经典的看法：受眷顾的——也就是世界为我们供养，照看我们，甚至照顾我们。它也希望我们在身边。掠食者、飓风、六月的墨蚊，只是画面的一些片段。去想想所有那些美味的、芳香的东西。鸟儿是否只为彼此歌唱？这个能呼吸、可食用、充满乐趣的星球，由不可见的力量服务并维护着，通过它的生命支持系统养育着我们所有的人。这就是后天环境的概念，真正具有滋养性。

那么，“环境”这个概念就超越了社会经济条件，超越了整个文化设置，包括每日照顾我们的每一样事物：我们的汽车、咖啡杯、门把手、拿在手上的书。那么，为了一些更重要的东西，把另一些不那么重要的从环境中剔除出去，就变得不可能了。这样做仿佛我们能够依照重要性给世界现象排一个序。对谁重要？我们对重要性的理解本身必须改变；不是“对我重要”，而是去考虑“对环境其他方面的重要性”。这项事物有没有滋养周围别的东西，而不仅仅是周围的我们？我们在环境中只作短暂的停留，它对环境的长远意义又是否做出了贡献？

当对环境的概念转变时，我们就可以以不同的方式关注环境。我们越来越难在心灵与世界之间，主体与客体之间，在这里和在那里之间做出划分。当我在梦中，当我陶醉在乡村风景和城市街道的情绪中，当我“如此深地沉浸在听到的音乐中 / 或什么都听不到，除了你，你就是那音乐 / 音乐在继续”（T. S. 艾略特[①]），我不再确定心灵在我之内，抑或我存在于心灵之中。何处是环境的尽头，是我的开始？如果没有身处某地，深深卷入并由自然世界滋养，我能开始吗？

① 译者注：T. S. 艾略特（T. S. Eliot，1888—1965），美国 / 英国诗人、评论家、剧作家。

第七章
廉价惊悚读物与纯粹幻想

我们如何为橡果选择正确的营养品？如何判断做什么是浪费时间？有适合灵魂的健康食品吗？

在美好的旧时光里，价值观被清晰地建立起来，并给予我们明确的指引。有一套标准（现在更名为核心课程）以供学习——不仅有基本的3R[①]，还有绘画、朗诵、音乐欣赏、自然研究。儿童从小就受引导或灌输，朝推理或者美学想象的方向发展思维。约翰·斯图亚特·米尔[②]是19世纪的哲学家，因功利主义与自由思想闻名于世。他从未上过学，在家里接受父亲的教育，三岁开始学习希腊语，八岁学拉丁文，到14岁时，他已经阅读了大部分古典名著的原本。另一个19世纪教育的出色例子，是爱尔兰裔英国数学家威廉·罗文·哈密顿[③]：

> 三岁时，他英文阅读能力超群，算术也很优秀……五岁时……他爱背诵希腊文的荷马史诗；八岁时，他已精通意大利文和法文……并能流利地用拉丁语发表即兴演讲……到13岁时，威廉夸口说，在他走过的这些年里，每年都掌握了一门语言。

对语言着了魔似的渴望引导他学习了波斯文、阿拉伯文、迦勒底文、马来文、孟加拉文……“他又要开始学中文了。”他叔叔在信中抱怨为他极度饥渴的侄子提供书本的开销太大。

弗朗西斯·高尔顿[④]，智力研究的先驱，另一个维多利亚时代的智者，两岁半便能阅读，三岁前就会签自己的名字，不到五岁就给姐姐写了这样一封信：

---

① 译者注：3R指的是读、写、算。

② 译者注：约翰·斯图亚特·米尔（John Stuart Mill，1806—1873），英国著名哲学家、经济学家、古典自由主义思想家，支持功利主义。

③ 译者注：威廉·罗文·哈密顿（William Rowan Hamilton，1805—1865），英国数学家、物理学家，哈密顿量是其最大的贡献。

④ 译者注：弗朗西斯·高尔顿（Francis Galton，1822—1911），英国探险家、优生学家、心理学家，差异心理学之父，也是心理测量学中生理计量法的创始人。

亲爱的阿黛尔：

我四岁了，能阅读任何英文书籍。除了52行拉丁文诗，我还能说出所有拉丁文的实词、形容词和动词。我能做所有的加法，还会用2、3、4、5、6、7、8、10做乘法，我能背便士表，会一点法文，看得懂钟表。

弗朗西斯·高尔顿

1827年2月15日

多萝西·汤普森[①]虽然在时间上离当代近一些，但她的卫理公会教父给她的惩罚在精神上和高尔顿、米尔一样的遥远。汤普森出生在一个世纪前，一度被《时代》杂志提名为美国最富影响力的女性，与埃莉诺·罗斯福齐名。她是一位令人折服的自由派记者，第一位领导外国新闻署的美国女性，也是第一个被希特勒密令逐出德国的新闻通讯员。多年来，她的栏目吸引了数百万的读者，在她的专栏和播报中，她以勇气、技巧和大量的学习，来对右翼、共和党、反犹太主义、法西斯、克莱尔·布思·卢斯[②]等进行评论。

有一次，她扇了她妹妹一巴掌……

于是，父亲把她锁在储藏室里，直到她从头到尾背完了雪莱的《阿多尼》才放她出来。长大后，多萝西可以毫不停顿地背诵整章整章的《圣经》、莎士比亚的十四行诗、大段大段的《草叶集》、G. K. 切斯特顿[③]的《雷邦多》、大量的赞美诗以及整部美国宪法。

这种惩罚尽管是由她父亲裁定的，且用今天的教育标准来看，无疑是残酷并且非同寻常的，但这种惩罚又似乎是由她自己具有保护性的代蒙所选

① 译者注：多萝西·汤普森（Dorothy Thompson，1894—1961），美国新闻记者。
② 译者注：克莱尔·布思·卢斯（Clare Booth Luce，1903—1987），美国作家，曾任美国国会议员。
③ 译者注：G. K. 切斯特顿（G. K. Chesterton，1874—1936），英国作家，代表作《雷邦多》。

定，当然，这个代蒙选定了这一位精通文学的父亲。记下的这些文章正符合她写作生涯的模式，她此生与大家一同写作，包括亚历山大·伍尔科特[①]、丽贝卡·韦斯特[②]、H. L. 门肯[③]，以及自己的丈夫、诺贝尔奖获得者辛克莱·刘易斯[④]。

米尔、哈密顿、高尔顿和汤普森之所以不同凡响，不在于他们掌握了哪些知识，而在于他们很早就掌握了那些知识。从柏拉图（坚持主张音乐是正规教育的必修科目）到斯多亚学派和诡辩家；从基督教徒（特别是耶稣会教士）、正统犹太教徒和菲利普·梅兰克森（他的抱负在于教育德国新教徒），到浪漫主义的卢梭和福禄贝尔，直到鲁道夫·斯坦纳和玛丽亚·蒙特梭利，欧洲传统总是强烈推荐权威认证的教育项目，防止年轻的心智浪费在琐事上。无论是天生具有某些天赋还是仅仅白纸一张，心智的精神生活都需要得到全方位的正确的滋养，不仅需要逻辑和数学上的训练，还需要伦理与想象力方面的滋养。

因此，虽然很多主张没那么严格、僵化、关注思想文化，但执行起来同样严格、教条。例如：手不要闲着；玩耍时要加以限制或有人监管；不要懒散；学做家务活。技艺方面：做些东西，焊补，缝纫，学做手艺，修理与维护。仪表方面：餐桌礼仪，穿衣服，搞好个人卫生，与邻居和睦相处。语言方面：教小孩子谈吐得体。道德教育来自宗教，用《圣经》、赞美诗、教义来熏陶灵魂。从卢梭到斯坦纳的浪漫主义者，他们特别关注来自大自然的指引，接触田野、花朵、农院，石头、潮汐池、海声、海风，灵魂汲取原初的滋养。

伊迪丝·科布在《儿童期想象力生态学》（*The Ecology of Imagination in Childhood*）中清晰地阐明了，诗意的头脑需要自然现象的滋养。如果不浸入自然世界，或至少说，如果不偶尔与自然的奇迹有些接触，那么就不会有想

---

① 译者注：亚历山大·伍尔科特（Alexander Woollcott，1887—1943），美国记者、评论家、演员。
② 译者注：丽贝卡·韦斯特（Rebecca West，1892—1983），美国作家、记者、文学评论家，代表作《溢流之泉》。
③ 译者注：H. L. 门肯（H. L. Mencken，1880—1956），美国作家、编剧。
④ 译者注：辛克莱·刘易斯（Sinclair Lewis，1885—1951），美国作家，代表作《巴比特》。

象力。例如，约翰·列侬从小在城市里长大，在他刚刚进入青春期的时候，去苏格兰玩，有一天他外出散步，进入到一种“恍惚状态……大地在脚下延伸，石楠花漫山遍野，我能看到远方的山。这种感觉笼罩着我：我想……这就是人们总在说的那种感觉吧，这种感觉如此的强烈，你非得告诉别人不可……于是你会把它画成画、写成诗”。

从柏拉图到斯坦纳，到骄傲的艾伦·布卢姆[①]，再到威廉·贝内特[②]，他们反复提到回归严守纪律的基础教育，认为通过给孩子最好的，就应该会把孩子培养得最好，同时也认为要压制色情或低俗读物这样的粗俗的东西（按柏拉图的意思，甚至红酒也要禁绝），坚称想象力必须由文化质量、自然现实、有创造力的挑战以及道德典范来培养。他们说，为了忆起永恒的真理与原初的意象，灵魂需要模仿典范。如果此生在世上没能遇到这些典范来当灵魂的密码的镜子，灵魂就无处去辨识自身的真相，那么它的火焰会熄灭，它的天分会凋谢。理想的男英雄和女英雄，在世上提供了副本，会释放指引性的灵魂原型。

但现在请来看看那些光彩夺目、才华横溢的名人的故事，试着吞下他们的想象力所享受的美味“灵魂食物”。科尔·波特，用词娴熟而丰富的温雅歌词作者，在印第安纳小镇里上学时，在往返音乐课的路上“贪得无厌”地读惊悚刺激的书——廉价恐怖小说，把它们藏在装乐谱的书包里。课一上完他就跑开，一整天都专心看那些廉价的探险小说。弗兰克·劳埃德·赖特很小的时候就会拉中提琴；他读歌德、《汉斯·布林克》、儒勒·凡尔纳[③]——但也读“尼克尔图书馆借来的零碎的惊悚小说”。“场面火爆的廉价低俗读物……用它们炫目的封面、轻蔑面孔上对话框中的骂人脏字，施展巨大的（对詹姆士·巴里的）魅惑力。”理查德·赖特[④]，密西西比贫穷、食不果腹的家伙，“被禁止读教会读物和家里《圣经》之外的任何书籍”。他“用做快递员挣来

① 译者注：艾伦·布卢姆（Allan Bloom，1930—1992），美国哲学家。

② 译者注：威廉·贝内特（William Bennett，1943—　），美国著名教育专家，代表作《美德书》、《哈佛家教》。

③ 译者注：儒勒·凡尔纳（Jules Verne，1828—1905），法国科幻小说家，代表作《海底两万里》。

④ 译者注：理查德·赖特（Richard Wright，1908—1960），美国黑人作家，代表作《黑孩子》。

的钱去买廉价低俗、故事动人但无文学价值的小说”。他热爱悬疑谋杀小说，读“弗林的《每周侦探》和《大商船》，这都是20世纪20年代的流行杂志”。哈夫洛克·霭理斯①读弥尔顿、沃尔特·司各特②、笛福③；但他也“着迷似地”读《英格兰的男孩们》，这是个周刊，连载的戏剧大都是关于“远离现实的故事”。“吃饭的时候，独自一人在街上溜达的时候，甚至看上去在睡觉的时候”，霭理斯都在读。

埃德蒙·希拉里爵士④，第一个攀登珠穆朗玛峰的欧洲人，在他十几岁之前就在读艾格·莱斯·布洛⑤的《泰山》，还有亨利·莱特·哈葛德⑥以及这类作者的作品。“在我的想象中，我总是在上演英雄的戏码，我总是那个英雄。”亨利·莱特·哈葛德的另一位读者就是约翰·列侬。

有个高中辍学的家伙，“总是穿着黑色的外套，开一辆银色的本田思域，在丹尼斯和盒中杰克快餐店吃饭，如饥似渴地读犯罪小说和动漫，爱听猫王埃尔维斯和活宝三人组的歌，总是在电影院庆祝自己的生日，累积的停车罚单惊人地高达7000美元。”他特别喜欢的电影中，描绘的总是监狱中的女人，还有亚洲武术。这人是谁？他就是编剧和电影导演昆汀·塔伦蒂诺⑦。目前为止他最重要的影片是《低俗小说》。

我们需要记得，就像运动健将经常是吃垃圾食品长大的一样，想象力可能也是用廉价、流行、“不健康”的类似东西培养起来的。重要的是激情，相对于其他普通的标尺，激情更能显示资质，更能引发动机。科尔·波特说：“我认为我的一些歌词得归功于这些粗俗书籍。”没有正确或错误的食物；食

---

① 译者注：哈夫洛克·霭理斯（Havelock Ellis，1859—1939），英国科学家、思想家、作家，代表作《性心理学》。

② 译者注：沃尔特·司各特（Walter Scott，1771—1832），英国著名历史小说家、诗人，代表作《艾凡赫》。

③ 译者注：笛福（Daniel Defoe，1660—1731），英国作家，代表作《鲁滨逊漂流记》。

④ 译者注：埃德蒙·希拉里（Edmund Hillary，1919—2008），新西兰登山家。

⑤ 译者注：艾格·莱斯·布洛（Edgar Rice Burroughts，1875—1950），美国作家，代表作《泰山》。

⑥ 译者注：亨利·莱特·哈葛德（Henry Rider Haggard，1856—1925），英国小说家，代表作《所罗门王的宝藏》。

⑦ 译者注：昆汀·塔伦蒂诺（Quentin Tarantino，1963— ），美国导演，代表作《落水狗》、《无耻混蛋》、《低俗小说》。

物必须合胃口，胃口会找到适合自己的食物。

谈到“课外书籍”重要的启蒙作用，不得不说说柯尔律治[①]。他读“《菲利普·括力先生的苦难与惊奇探险》，书中的这位先生射杀了一只美丽的大海鸟……之后他立刻后悔了”。《古舟子吟》是柯尔律治中长篇较长作品中最著名的一部，这本书的核心正是这只死掉的海鸟。

我相信，除偶然的机会外，还有些必要的营养物可激发早期的想象，正如石楠花之于列侬，廉价惊悚小说之于哈夫洛克·霭理斯。在推进想象力的众多必要前提中，至少应具备如下三条：首先，孩子的父母或亲近的照料者对孩子抱有幻想；第二，在孩子的周围有特立独行的人；第三，强迫性的迷恋受到尊重。

传记作家经常谈到母亲。林登·约翰逊被称作“妈妈的男孩”；富兰克林·罗斯福也是；哈里·杜鲁门在改变世界历史的波茨坦会议上动笔给妈妈写信。因此，我们通常会看到，一位母亲的理想与强烈的抱负会由她的某个孩子来实现。根据传记作家的说法，成功的源头似乎是母亲的溺爱——或是她的疏忽和自私自利，这逼得孩子不得不活出自己。

这种教养谬误，以及相应的一些专业术语，如糟糕的过度管教的妈妈，或是诱惑的让人窒息的妈妈，以及缺席的或是占有欲强、爱惩罚人的爸爸，这些东西统治了对名人之所以卓越的解释，以至于这些术语决定了我们讲述自己生命故事的方式。值得注意的是，这些心理主义将注意力从孩子身上转移开，回到了父母身上，父母会问：“我做得怎么样？”他们心生疑惑和焦虑，不是针对孩子的天性，而是指向自身的问题：我的态度对吗？我是不是太严格了？或是太宽松了？我足够好吗？——所有这些都揭示了教养谬误中固有的、几乎无法逃脱的指向自我的自恋。关于这个，我们在专门的章节里已经说得足够多了。在此，我们仅需再谈谈一种决定性的影响力——父母幻想，它遭到了对教养谬误的全球性的谴责。

① 译者注：柯尔律治（Samuel Taylor Coleridge，1772—1834），英国诗人和评论家。

父母幻想

父母的想象力（这里所说的“父母”，泛指孩子最直接、最亲近的照料者）和孩子的橡果之间是什么关系？父母是怎么想象孩子的？他们从怀里的这个小家伙身上看到了什么；什么压在这稚嫩而瘦弱的肩膀上，这双眼睛在找寻什么？在这些每天都表现出来的可见特质上，父母能否幻想一种不可见的命运？

贾斯特斯·褒曼的确每天都在观察并记录女儿英格丽身上呈现出来的可见特质。他是个充满幻想的男人。英格丽这个名字就是用的早两年出生的瑞典公主的名字。在英格丽的第一个生日，贾斯特斯给她穿上白色礼服拍片留念；在她第二个生日，他又给她拍片；第三次拍摄的是女儿在母亲墓前献花的场景。贾斯特斯在斯德哥尔摩高档繁华的斯丹德维根街区有一个摄影工作室，离皇家剧院只一百码，英格丽是他最爱拍的对象，她装扮成多种角色，喜欢在父亲面前表演。在她 11 岁那年，一次剧院中场休息时，她大声宣布了她的职业：“爸爸，爸爸，这就是我以后会做的。”

在这里，教养谬误可以看作是升华了的乱伦禁忌，女儿所过的是父亲控制性的幻想生活，正如很多儿子过的则是母亲梦想的生活。但是，柏拉图式的幻想会说，英格丽的灵魂精确地选择了正确的地方、正确的父亲，以此来养育她内心橡果的欲望。它甚至也选择了正确的母亲，她通过早逝来允许英格丽的使命与贾斯特斯的幻想交织在一起，而不至于被嫉妒三角关系所阻碍。

父母幻想不一定都像贾斯特斯·褒曼的例子这么直接。相反，可能会通过梦、过度焦虑、为孩子的课业与管教争执、为孩子读低俗小说和看午夜场电影等怪癖而争吵等形式来呈现。这种解释孩子行为的方式，与照料者的幻想是一致的。母亲把儿子赶出去，让他和街上粗野的孩子们一起玩，这是因为她幻想儿子需要强硬一些，以便担当一家之主（以此来对抗对儿子和自己的脆弱的恐惧）；还是因为她怕儿子一副娘娘腔，会成为“同性恋”；或因在她心中，把儿子看作是一个横冲直撞、英俊秀美的入侵者？她对儿子行为的指引、许可或禁止，对孩子的影响远不如导致她这种教养方式的幻想对孩子的影响那么强。

期待主要的照料者，比如父母，能看透孩子心中的橡果，知道内在有谁，并去关注它所在意的——这是种奢望。这就是世上有老师和导师存在的缘故。他或她是另一个特殊人物，通常我们会早早爱上这个人，或这个人会爱上我们；我们是同一枝上的两个橡果，相似的理想发生共鸣。找到让我们与众不同的相互呼应的那个灵魂，这多么让人内心平和又心生欢喜！我们要花多少时间不顾一切地四处寻找那个能真的看到我们，告诉我们是谁的那个人。对早期的爱和早期治疗的迷恋，其中一个最主要的原因就是：我们渴望遇见一个能（或你认为他 / 她能，或至少他 / 她假装能）看清你的人。

格雷格·莱蒙德[①]是美国著名自行车手，曾经在环法自行车赛夺冠，他父亲出资为他购买装备、衣服、自行车杂志。除了这个鼓励之外，莱蒙德还有一位导师：罗兰·德拉·桑塔（Roland Della Santa），一位自行车框架的制作大师。“每周一次或两次，”莱蒙德说，“我去罗兰的店里玩，他总在工作。他会告诉我欧洲大明星的故事，成千上万尖叫的粉丝，以及极富传奇色彩的比赛……”导师传授给他专业知识、坊间传说，以及自行车运动的传统气氛。

作为照料者，父母不能同时担当导师。两者的角色和责任都不同。对父母来说，能做到有一片屋檐遮顶，有一些食物果腹，接送你上下学，就已经足够。提供一个安全的住所，一个可以退行的地方，绝非易事。导师没有这些任务，他的任务只有一个：认出你背负的那个不可见的担子，对它抱有幻想并符合你心中的意象。一个最让人痛苦的错误就是，期待父母有导师的眼光、祝福和严格的教导，或是期待一位导师提供庇护，关切我们的日常生活。范·克莱本的母亲，教了他很多年钢琴，她在两个角色之间划分了清晰的界

① 译者注：格雷格·莱蒙德（Greg LeMond，1961—　），三次夺得环法自行车赛冠军。

限："我教你的时候，我不是你母亲。"

如果不能充分区别导师有限的严酷职责，以及父母相当宽泛的世俗责任——当父母试图做导师，或者导师教育自己的家人——就会导致学徒和导师之间的关系痛苦地破裂。年轻人希望导师像父母那样对待自己，以私人的方式照顾自己（耶鲁大学丹尼尔·J. 莱文森等人的研究），这是师徒关系破裂的主要原因。在期待上的混淆还会导致"成年小孩"常见的愤恨，他们抱怨自己的父母从未准确评估自己，从未识别出他们内在的天分。

抱怨的可能不仅仅是缺席的父母或导师。还可能是缺乏虚构的或历史上的人物，这些想象中的导师能持续地指导我们，甚至当我们长大时。当杜鲁门想要把抗命不从、无能的麦克阿瑟[1]撤职时，他去寻求亚伯拉罕·林肯（Abraham Lincoln）的意象指引，因为林肯也曾不得不把大将军乔治·麦克莱伦[2]撤职，即便疏远麦克莱伦有很多政治上的后果（他后来进入政坛，参与了总统的竞选）。显然，两个处境很相似且都面临危险，但林肯为前者提供了导师型的意象。黛安·阿勃斯有《简爱》；J. P. 摩根[3]有华盛顿和拿破仑；约翰·列侬有《爱丽丝梦游仙境》。加里·吉尔摩（Gary Gilmore），因为谋杀而被执行死刑，"研究暴力的传说……约翰·迪林格（John Dillinger）、邦妮（Bonnie）与克莱德（Clyde）、利奥波德（Leopold）与勒布（Loeb）……芭芭拉·格雷厄姆（Barbara Graham）、布鲁诺·豪普特曼（Bruno Hauptmann）、萨科（Sacco）和范赞提（Vanzetti）、罗森博格夫妇（Rosenbergs）……的故事。（他）把讲受谴责的男人女人的书带回家，迫不及待地读起来。"

书本也可以是导师，甚至可以提供启蒙的一刻。作家、哲学家、革命性的精神病学家 R. D. 莱恩（R. D. Laing），在一个小小的公立图书馆谈及这个发现，那时他还只是个青年，那是在 20 世纪 40 年代。他遇到了克尔凯郭尔：

① 译者注：麦克阿瑟（Douglas MacArthur，1880—1964），美国著名军事家、五星上将。
② 译者注：乔治·麦克莱伦（George McClellan，1826—1885），美国军事家，被誉为"小拿破仑"。
③ 译者注：J. P. 摩根（J. P. Morgan，1837—1913），美国银行家。

> 那时我在图书馆一路狼吞虎咽，我的意思是，我在看所有的书……从A到Z一本本看过去……我读克尔凯郭尔第一本大作时……那是我生命中的一种巅峰体验。我通宵达旦地读，34小时不眠不休……我没见过任何书引用过他的文字……指引我来读他的书。它展现了一幅完整的画面……完全符合我的心智，就像是手套那样贴合……有个家伙已经写下了这些。不知怎的，我感到在我体内有另一个生命在绽放。

这个启蒙时刻，也像是一种收养仪式。克尔凯郭尔，和马克思、弗洛伊德、尼采一起，成为莱恩的精神父母，作为家庭树上的一员，滋养他的橡果，供养他智慧的幻想。一旦你发现你的灵魂生活可以依靠的另一棵家庭树，就会对你的亲生父母少一些期待，多一些宽容。

你的代蒙会试着与你的父母生活在一起，共享他们的住所和周围的环境。也许对它而言最糟糕的莫过于父母对你没有任何幻想。这种客观的、中性的环境，这种规范的、理性的生活，就像是真空，没有任何输入。所谓的"好父母"不允许自己对孩子有幻想。每个人都有自己的生活要过，都有自己的决定要做。"好父母"不插入自己的偏见、价值观和评判。无条件积极关注就是一个年轻人所需的一切："我确信无论你决定做什么都会成功的。""无论什么情况，我都会一直支持你。"导致父母的这些愚蠢行径的也是一种幻想，这种幻想叫作疏远，委婉地说叫作独立：你有自己的房间，有自己的电视，自己的电话。父母成瘾地通过电话这一伟大的美国长途每天（或每晚）告诉孩子"我爱你"，这体现的是疏远的独立。没有想法，没有愤怒，没有焦虑，没有幻想；爱就像是麻醉剂。"我爱你"这句话被孩子与父母鹦鹉学舌般说来说去，也许这句话有它的言外之意，但绝对不意味着爱，因为当你爱一个人时，你充满了幻想、想法与焦虑。

有一部记录这种空虚的12集纪录片，叫作《美国家庭》，记录了20世纪70年代早期加州圣塔·芭芭拉的劳德夫妇（Louds）与五个孩子每天的家庭生活。婚姻、家庭、个体人格逐渐在你眼前崩溃，慢慢地你会看出缘由：家里没有生动的幻想。

在加州的这些人与契诃夫描写的那些人，或描述家族衰败的小说中的人物，如《布登勃洛克一家》，最大的差异在于家庭生活是否丰富，是否包括阶级归属、文化关注、富有想象力的对话、狂野的热望、懊悔，尤其是绝望。文学提供了绝望、复杂的暗讽滋味和悲剧的美感。这些虚构的人物不仅组成了鲜活的家庭，还组成了鲜活的幻想。这些家庭的故事远比劳德夫妇的家庭故事生动得多，因为劳德家没有想象力。

> 如果存在负面文化或负文化这样的东西，那么劳德家就在这样的文化中。刺耳的摇滚音乐已经是这个家庭创造性的顶峰……没有宗教、没有威胁性的耶和华、没有仁慈的玛丽、没有超越犹太法典、教义手册、朱庇特与赫拉的神话的感觉；家族中没有复仇心，没有真正道德上的对与错，没有衡量好坏的判断。

丈夫和妻子“坐在客厅，似乎什么也不怕——没有代蒙给他们恶梦，没有野兽袭击他们。离家几步之遥的灌木丛着了火……他们随意地谈论这场火。如果房子烧了，有保险；没什么东西真的有能力伤害到他们。”他们不属于任何俱乐部或任何组织，没有真正的业余爱好……“对诸如电影、绘画、阅读、缝纫等都没有激情。当他们在家时，他们躺在泳池边。”

我引用了安妮·罗伊菲（Anne Roiphe）对纪录片已出版文本的引言，她说：“文化，如果这个词意味着什么，那就意味着将个体与社会结构捆绑起来。”劳德一家建立的是消费者、摇滚音乐、酒精、电视、车、健康、学校、衣服、商业之间的联系。不管怎么说，社会结构仅是一个组成部分，如果社会结构让个体的幻想变得贫瘠，那么它还是个贫瘠的部分。这个家庭构成无法让劳德一家满意，而他们对此是麻木的。

对文化而言，比社会结构更重要的是必要的想象力。劳德一家特别缺乏想象力。他们没有恐惧、没有欲望，没有强烈的愤怒或抱负，没有怜悯和惊骇，没有用于表达的图像和语言。他们的情绪与想象力没有幻想的供养。就好像他们已经上了保险，来规避幻想的风险。又或者，更有可能的是，他们其实共有一个主要的幻想：否认。“我想我们这家人适应得非常好。”在离婚和家庭破裂之后，劳德太太这样说。她绝对是正确的，因为劳德一家确实非常适应“美国梦”的生活，自家阳光灿烂的后院有自家的蓝色泳池，分享着彼此亢进的消极。否认是他们的幻想；纯真是他们的理想；快乐是他们的追求。

导致家庭解体的病毒是侵入他们亲密生活长达七个月的镜头吗？又或者，尽管有分享，他们一开始其实并不亲密？劳德一家解体，是因为他们真实的生活被电视转播——抑或根本就没有真实的生活？也许镜头只是放大了本就潜在于家庭中的病毒。尽管这个系列纪录片作为人类学研究还存在局限，但它确实呈现了美国家庭目前的缺陷：刺激幻想的愿望。我认为这正是教育孩子最大的快乐与痛苦。

在古时候，家族斗争主要是不同人物不同世代在幻想上的斗争，比如继承家业还是接受教育，留在农场还是搬去城市，和为你选定的人结婚还是和自己选择的人结婚。古时候，心的意象只能通过顽固拒绝他人的安排或公开反对父母的幻想来表达自己，父母的幻想被雕刻在集体的社会准则中。如今准则变了，集体压力也不同以往，但你的心仍然需要鼓起勇气做出自己的选择。

对不被许可行为的小小尝试，或对某些要求的细微反抗会是这样，说“我不是妈妈的小帮手”，“我不是个书呆子”，“我不是个懒汉”，“我不是个聪明的有职业生涯的小女孩”。家庭幻想把孩子打印出来，歪歪斜斜地贴在墙上，将命定的选择强加于心，这选择指引我们在别处找到别种幻想。在劳德家中，一个儿子踏出了半步多，结果他被诊断有病，服药治疗。他们对幻想的压抑洪水般地涌到他这里，涌入他的音乐、他的语言、他的习惯，包括他的异装癖中。

孩子最终逃离的，并非父母的控制或父母的混乱；他们逃离的是一种空虚的生活方式，家里除了购物、养车、一些被认为是好的例行公事之外，没有任何幻想。对孩子而言，父母式幻想的价值在于迫使自己走向反面，开始认识到自己的心是奇特的、与众不同的，无法从家族视角投下的阴影中得到满足。对父母来说，即便是希望新生的女儿是个男孩，叫她哈里、西德尼或克拉克，给她剪短发，都远好过没有任何愿望。至少橡果被挑战了，要与父母幻想的现实抗争，这种抗争使得我们看透父母的误区，看到我们并非由父母限定。

正如父母不是导师，父母也不是疯子——这就带我们来看橡果的第二个必要营养品：古怪的同伴与女士。橡果需要鲜活的拟人化的幻想，现实生活中的人们，他们的生活就像低俗小说，他们的言谈举止以及装扮带着一股纯粹幻想的气味。对我来说，“延伸家庭”并不是简简单单在很多关系中多几个可以相互照料的伙伴；它意味着拓展关系，超越常规的范围，将想象力从熟悉拓展到虚构，拓展到我们谈论的、讲述的而很少见到的人物那里——这些人物在狱中，在国外，好些年前就消失不见了。遥远国度的民间传说使我们对橡果潜能的可能性浮想联翩。有时候这些可能性直接指向孩子，似乎它能间接地认出你潜在的性格：你“效仿”的任性的酒鬼叔叔；与你长得很像的德州的表兄弟，一辈子哪也没去，也没结婚，穿着古怪的衣服和鞋子，爱引用《圣经》——“如果你不小心点，你长大后就会像他们那样”。

从马固先生[①]到大鸟，纯粹幻想中的古怪形象利用了人们对不同寻常人物的渴望。如果斯伯克博士（Dr. Spock）是为父母设计，那么瑟斯博士（Dr. Seuss）就是为孩子设计的。每个夜晚的黄金时间，家庭情景喜剧都给我们带来各种有着古怪行为的怪异邻居，将家庭延伸到这些奇特的幻想人物那儿。

① 译者注：马固先生，唐季礼导演的电影《脱线先生》（*Mr. Magoo*）中的人物。

孩子多渴望父母能打破他们自己的角色，为万圣节装扮，穿上狂野的服装。剧院、装扮服的箱子、乔装用的假面和镜子前的油彩笔，这些东西的吸引力在哪里呢？要点是逃离我被放入的外形，魔法般地揭露出心中的意象？对与自己相似的同路人的突然觉察，能否将埋没在适应中的妖怪释放出来？孩子手中的摄像机，是否在尝试着将寻常重构为幻想？

最亲近的照料者一方面不能是导师，另一方面不能疯狂，但他们至少能够保持大门畅通，让另一面的入侵能够通过，使孩子能被外星球的想象力“绑架”，提醒孩子想象力实质上属于天使的召唤。

对于第三个必要条件——孩子的执迷被尊重——我想引用玛丽·沃特金斯在对梦、幻想、疯狂、创造性写作、孩子方面的想象力的颇具智慧的观察。当想象在进行时，你离开了你自己，进入另一个区域。有时候这种状态不过是一场白日梦、一个凝视、一次出神；有时候它是一整个未来的项目的铺展；有时候是夜里幻觉性的惊恐；有时候是看到如圣徒这种异象的欣喜若狂。强度各有不同，但你越是投入，想象性的幻想及其场景、声音、存在以及你的感触与领悟就越真实。它的真实性牢牢占据你，“幻想”、“想象”、“异象”这些词不再适用。感觉太真实、太重要了。十岁以下的孩子，还有青少年，当然还有年纪很大的老人，都经常发现自己从日常生活滑向了这种状态。

想象需要绝对的注意力。比起给断电器重装电线、防止酱汁凝结或为明天的早会准备笔记，处于想象区域的心智更容不得打断。当一个孩子坐在地板的中央，旁边有三个洋娃娃，一锅溅出的水，场面一团糟；或是在院子里疯跑，在灌木丛里钻来钻去，他就像你一样，全身心投入在他的任务当中，也许还要更投入。玩耍就是他的工作，玩耍是孩子的天职。若你在任务结束前把小小的工作者拎走，叫孩子去穿衣服或是收拾整理，这就打断了孩子的工作。你对时间概念及其真实性的幻想的服从，能否容下孩子幻想的真实？

橡果是强迫性执迷的，是专注的、纯粹的，就像是一滴精华。孩子的行为很好地阐明了这种浓缩性。孩子在玩耍中放入原始密码，引导自己执迷于这些活动。依靠这种专注，孩子获得了呼吸的空间，为自己内在的真实的雏形练习，允许这种真实自我表现，在风格、形式、天资中，执迷地、反复地、竭尽所能地表现自己。孩子需要被尊重。进来前，请敲门。

第八章
伪　装

The Soul's Code

据称，马克·吐温[①]曾发现，自己的年龄越大，就会越生动地记住那些没有发生过的事情。但掩饰和古怪的谎言癖可能在任何年龄段出现。掩饰和谎言似乎是自传的一部分，可能还是必要部分。说来也怪，你的人生故事似乎确有必要进行篡改、伪装或销毁。

我们把故事情节重新组织，并添枝加叶；甚至挪他人的人生故事为己用；或者像约瑟芬·贝克销毁大量老照片一样对故事进行删剪。马克·吐温说，你的人生故事倾向于替代生活经历。但是，是谁通过虚构和压抑来编造了你的传记呢？是谁想要删剪诸多内容、想要把事实创作为小说呢？

欧仁·德拉克罗瓦[②]说他的（不明身份的）生父很可能是伟大的法国政治家塔列朗[③]。荣格说他是歌德某个私生子的后裔。约翰·韦恩[④]说，他的父亲在格伦代尔市拥有一家药店，并经营着冰激凌和油漆生意，这一宣称长期以来遭到了解这个家庭和城市的居民们的坚决否认。

当美国总统林登的弟弟萨姆·胡斯顿·约翰逊被要求详细描述总统少年时代的故事时，他拒绝了。他说，那些故事“从未发生过”。

前古巴领导人菲德尔·卡斯特罗（Fidel Castro）有两份成绩单，一份是学校里发的，另一份是他自己填写了分数、用来让父母签字的。侦探小说家乔治·西默农是本世纪最多产的通俗读物作家，他将自传重写为小说，并使用了更多的伪装。他的伪装始于出生日期的申报，当时妈妈被他出生于13号和星期五的不祥暗示吓坏了，她让丈夫在申报时填写了2月12日。“伊莎朵拉·邓肯的名字的来源从未得到过证实。出生时她名叫多拉·安杰拉。”在一部戏剧作品的宣传单中她名叫萨拉。此外，她多次错放或丢失护照，年

---

① 译者注：马克·吐温（Mark Twain，1835—1910），美国幽默大师、小说家、作家、演说家，19世纪后期美国现实主义文学的杰出代表，代表作《百万英镑》、《哈克贝利·费恩历险记》、《汤姆·索亚历险记》。

② 译者注：欧仁·德拉克罗瓦（Eugene Delacroix，1798—1863），法国画家，代表作《自由引导人民》。

③ 译者注：塔列朗（Talleyrand，1754—1838），法国资产阶级革命时期著名外交家。

④ 译者注：约翰·韦恩（John Wayne，1907—1979），美国演员，以西部片和战争片中的硬汉形象闻名，代表作《关山飞渡》。

龄也按需要改了又改。

伦纳德·伯恩斯坦有两个不同的名字：整个童年时代的合法名字叫路易斯，16 岁时更名为伦纳德，以后一直使用伦纳德这个名字。伯恩斯坦说，他的父亲一直在妨碍他，“我的童年非常贫困”。他坚持说，他从七年级到十二年级所上的波士顿拉丁学校“根本没有任何音乐课”。事实上，伯恩斯坦是那所学校管弦乐团的钢琴独奏，还是合唱团的成员。至于生活贫困：伦纳德成长过程中一直有女佣，有时是一个男司机兼管家，家里有两辆汽车；他的父亲拥有两所房子，能够承担他读哈佛大学的学费。

亨利·福特在七岁时拆开了他的第一块手表。

> 从福特的回忆录和基于充满趣闻的访谈的大量第二手资料中判断，他在幼儿时代就总是拆卸、探索物品，在所有方面都表现出机械天赋。
>
> 亨利经常讲，他在天黑之后溜出房子去收邻居家的手表，然后把手表带回家修理。

他还讲了大量类似的故事。然而，福特的妹妹玛格丽特说：

> “我从不知道他晚上出去收手表。”多年来她一直反对亨利关于整修他们在农场的家的说法。亨利说他在重修后的卧室里安放了小制表匠的长凳和工具。
>
> 她坚持说，那儿从未有任何类似的长凳。

亨利·基辛格[①]的父亲是犹太人，并因此失去了在德国菲尔特的教职。1958 年，基辛格说：“我对在菲尔特的生活没有留下任何深刻的印象。”1971

① 译者注：亨利·基辛格（Henry Kissinger，1923— ），美国前国务卿、著名外交家、国际问题专家。

年他又说："那段童年并未对后来的任何事造成关键性的影响。当时的我并没有明显意识到发生了什么事情。对于孩子们来说，这些事情并不那么严重。"然而，那些年正是迫害、打击、排斥犹太人的时期，从学校到游乐场，这种排斥到处存在；犹太人和非犹太人不能有人际交往，犹太人的公民权利也被剥夺。与小亨利一起生活的家人和朋友们说，犹太儿童不能和其他孩子一起玩，在公园里不能说话。他们不能参加舞会，不能去公共游泳池，甚至不能去茶室。"每天街上都有侮辱的言行、反犹太人的评论、用肮脏的名字称呼你。"亨利的妈妈"尤其记得她的孩子们在纳粹少年游行、辱骂犹太人时表现出非常可怜的惊恐和困惑"。但是亨利·基辛格说："对于孩子们来说，这些事情并不那么严重"，"那段童年并未对后来的任何事造成关键性的影响"。

传　记

作家们尤其抵制传记。亨利·詹姆斯在花园里烧掉了自己的书稿；查尔斯·狄更斯也是这么做的。西格蒙德·弗洛伊德在29岁时（!）烧掉了自己的书稿；他引述说："至于传记作者，让他们担心吧……我已在盼望看着它们化为灰烬。"他毁掉了自己的其他书稿；当他年老时，又试着从其他人那里将剩下的书稿买回来。林登·约翰逊在从华盛顿寄往家乡的朋友及以前的学生的非重要信件的顶部都写了"阅毕即焚"。威廉·梅克皮斯·萨克雷[①]、T. S. 艾略特、马修·阿诺德[②]都不希望有他们的传记。利昂·埃德尔（Leon Edel）是一位传记作家，掌握了这门艺术的精髓，他写道：

> 有些人感觉它（传记）是一个刺探、窥视、掠夺的过程。传记文体曾被称为"英国文学的疾病"（乔治·艾略特[③]）；职业传记作家被称为"土

---

① 译者注：威廉·梅克皮斯·萨克雷（William Makepeace Thackeray，1811—1864），英国现实主义小说家，代表作《名利场》。

② 译者注：马修·阿诺德（Matthew Arnold，1822—1888），英国诗人。

③ 译者注：乔治·艾略特（George Eliot，1819—1880），英国小说家，代表作《弗洛斯河上的磨坊》。

狼”[爱德华·萨克维尔–韦斯特(Edward Sackville-West)],也被称为“心理剽窃者”(纳博科夫[1]),而传记则“通常是多余的”、“经常是庸俗的”(奥登[2])。

一些作家，例如 J. D. 塞林格[3]，甚至不接受采访；他们威胁或真的用诉讼来阻挡传记作者。薇拉·凯瑟不希望任何人来检查她的生活，尤多拉·韦尔蒂[4]“尤为注重隐私，她不回答关于个人和朋友的任何问题”。另一个传记哲学家卡罗琳·海尔布伦（Carolyn Heibrun）指责韦尔蒂在自传《一个作家的开始》中“伪装自己”,因为“要写一部真实的自传,就会违背她（韦尔蒂）忠诚、注重隐私的所有本性”。(海尔布伦出版了《阿曼达十字》。）海尔布伦对真相和伪装的看法不同于韦尔蒂，韦尔蒂所认为的真相与反对传记的作家的传统认识一致。这些作家认为，有关自己和自己的生活的内容都是个人化的；为了维持自己工作的真实性，这些内容应该被隐藏起来，甚至仪式性地用火烧掉。正如奥登所说，我的生活是“多余的”。你想要我的传记是因为我的工作，所以你应该在我的工作中寻找“我”。

根据前面各章的内容，我们可以很好地看到自传中出现的花招。某些因素使我们不想呈现出事实，因为害怕这些事实会被认为是真相、唯一的真相。某些因素也使我们不希望传记作者太近地探听自己的私事，不希望他们太过敏锐地抓住自己为之毕生奋斗的事业的启示。传奇故事的出现就像是一层面纱。为了保护自己的成就，某些因素使我们不希望工作受到生活以及获得成就的领域的影响。福特的妹妹和约翰逊的弟弟提供了传奇故事的真实背景(除非他们别有用心)，许多传记作家感觉不得不放弃当事人陈述的第一手资料。

---

① 译者注：纳博科夫（Nabokov，1899—1977），俄裔美籍小说家、文体家、诗人，代表作《洛丽塔》。

② 译者注：奥登（Auden，1907—1973），英国诗人。

③ 译者注：J. D. 塞林格（J. D. Salinger，1919—2010），美国作家，代表作《麦田守望者》。

④ 译者注：尤多拉·韦尔蒂（Eudora Welty，1909—2001），美国短篇小说家，代表作《乐观者的女儿》。

“某些因素”是什么？当然是橡果。它不会被简化为人际关系、权势、偶然事件、对时间的控制、“在发展过程中这个在那个之后发生”（就像生活被“一件事导致另一件事”的准则所围绕），也不会被简化为命运的突然介入。所以当事人（对已熟悉的事情进行）建构、重构（和解构）、伪装和否认，通过虚构故事维持浪漫的想象。

传记的“歪曲”和“事实”都是叙述的附属品。谁最清楚地知道“究竟发生了什么”，是亨利·福特、他的妹妹，还是其他同龄人？事情的真相是，亨利·福特在他的发明家故事中体现了自己的发明能力。虽然没有前后一致的线索将每天发生的偶然事件串联起来，但只要我们活着，生活就在被编造。对生活史的回忆提供了线索。追忆中的童年非常有意义。我们可以在枝叶繁茂的橡树上看到追忆的枝丫结出的橡果。这种“对没有发生过的事情的追忆”（马克·吐温）是歪曲还是真相？

而且，为什么认为基辛格的传记作者比他本人更有权威性？究竟谁是这些生平经历的作者？传记作家沃尔特·艾萨克森（Walter Isaacson）指出，基辛格的陈述“否认”了在他生命早期猖獗的反犹太主义对其所造成的影响。艾萨克森还含沙射影地指出，基辛格后来的政治立场与其早年的生活环境之间存在着必然关系。这是标准的撰写传记的侦查工作、标准的发展理论以及标准的心理历史。不论你是否喜欢基辛格，作为传记主人公的他至少比他的传记作者更令人信服。

亨利的妈妈葆拉·基辛格夫人看到，她的孩子们在“纳粹少年游行时，表现出非常可怜的惊恐和困惑”。但是身为国防顾问、国务卿的亨利·基辛格具有非凡的地缘政治能力，曾直面参议院的调查、白宫的阴谋，用目光压倒勃列日涅夫，与尼克松对峙，布置窃听器，提出对东南亚的“敌人”进行大规模轰炸；他不可能会被一群穿着短裤的金发儿童的游行队伍威胁到。“对于孩子们来说，这些事情并不那么严重。”因为从橡果判断，亨利并不仅仅是他妈妈所看到的那个孩子。

基辛格的例子的真相，不是纳粹主义是否影响到他的人格的形成，也不是童年迫害在多大程度上、以什么样的方式影响到他的政治主张和行为，而是基辛格反对简化式的总结。他“否认”的原因是他反对其他人为自己写传记。他的计划和策略天衣无缝地抵挡了其他人对迫害的猜疑。让我们将亨利·基辛格的生活视为对橡果论的一种诠释，那么菲尔特这座小城，他生命开始的地方，只不过是基辛格后来职业的一个实验场所罢了。两种处境中基辛格都表现出了同样的机敏与计谋，通过否认他人拥有战胜他的能力，取得凌驾于环境之上的不可扭转的政治掌控力，不向环境屈服（“石墙”；否认也是一种策略）。

实质上，表里不一、具有欺骗性的不是基辛格，而是自传本身；因为自述和他述可能道出两种截然不同的故事，前者代表橡果，后者代表生活本身。也许还有第三个因素会在其中产生影响：写作的方式、段落的安排。

写作也是一门行为艺术。如果作者一直不清楚公众究竟在期待什么，那么至少要依据出版商的判断。伊莎朵拉·邓肯的传记作家兼多年好友维克多·塞勒夫（Victor Seroff）说：

> 伊莎朵拉·邓肯告诉我，她的（自传《我的生活》）出版商坚决要求她详细描绘失去贞洁时的心理感受。当时她的生活非常拮据，不得不依从出版商。由于这段经历发生于多年前的布达佩斯，伊莎朵拉要求我弹奏李斯特的一首匈牙利舞曲来营造恰如其分的“匈牙利气氛”。
>
> ……可能最好静止不动，（李斯特的曲子营造了）“引起性欲的氛围”，她斜靠在沙发上写着细节……她仅仅是在伪装……即使对出版商来说，这段经历也太过刺激，后来这一章节在出版前又经过重写。

尽管这段经历的场景是编造出来的，是李斯特的曲子使“记忆”出现的，但这充满激情和性爱的特点却与邓肯一生都在寻求爱情的生活是一致的，这是她的性格。

如果我们注意到伪装和编造的模式，那么我们就不会将这种模式胡乱归结为某人的人格特点。我们更需要辨别出在各种案例身上反复出现的模式的目的。

针对“以激起听众的好奇心的方式”来编造出事实上从未发生过的故事（马克·吐温），精神病学中有一个古老而贴切的名词——幻想性谎言癖。这属于人为障碍，即行为“不真实、不真诚、不自然”。在极端情况下，他们可能表现出“无法控制地、病理性地撒谎”。当伪装和谎言主要以装病的形式呈现，进而导致当事人被送去进行不必要的住院治疗时，这种疾病可以被称作明肖森（氏）综合征，它以爱虚构事实的伯爵的名字命名，这位伯爵非常会讲故事，以出众的表演天赋进行了许多伪装。在每个人的生活圈子中更为常见的是长期酗酒的人；当此人患科尔萨科夫综合征时，他会用迂回的虚构来填补记忆的空白。甚至孩子都会头脑清醒地进行伪装，所以他们在法庭上是臭名昭著的不可靠的证人。所有这些现象都属于一种心理幻想，在这种心理幻想中现实世界和谎言世界相互冲突。精神病学认为这种谎言世界是编造的、虚假的、病理性的撒谎。

显然，谎言想要控制这些说大话的杰出人物，就像传记小说、伪装和否认想要说：“我记录的并不是你的事实。我不想让我身上的和关于我的奇怪事情以及我的隐私出现在现实世界里。我必须编造一个世界，在这个世界里虚假的我比社会和环境中‘现实’的我更为真实。此外，我并没有撒谎或编造：虚构自发地出现。不能谴责我说谎，因为我所讲述的关于我的故事并不完全是我在讲。”

英国人从德国人那里学习到一个描述该现象的词语：幽灵。在这世上存在着你的孪生兄弟、你的挚友、你的影子、另一个你、另一个与你相似的人，有时他离你很近，仿佛就在身旁，就像你的另一个自我。当你和自己谈话、责备自己、封闭自己时，可能你就是在和你的幽灵讲话，他并不是生活在另一个城市的你的孪生兄弟，他就存在于你自己的屋子里。

因纽特人用其他方式表达另一个灵魂，这个灵魂可能在你体内，与你拥有同一具躯体；也可能在你体外，从你身体中进进出出，栖居于物品、处所和动物之中。与澳大利亚土著生活过的人类学家称第二个灵魂为灌木丛幽灵。

神话故事、鲁米诗和禅宗故事对生命中这种双重的、奇怪的表里不一有一些阐述。树上并排站着两只鸟，一只是终将死亡的，一只是永生不朽的。前一只鸟鸣叫、筑巢、飞翔，另一只鸟在旁观望。

在多种文化中，胎盘都定会被小心地处理掉，因为它伴随着你出生，但不能进入到你的生命中去。它一定是夭折了，然后返回到另一个世界，或者它可能是你天生的孪生兄弟，变成了可怕的幽灵。

通常认为双胞胎是凶兆，就像是出现了一个错误；那两只鸟、人类和幽灵、这个世界和那个世界，都存在于这个世界上。从字面上看，孪生意味着幽灵，有形的和无形的都出现了。所以在该隐和亚伯、罗穆卢斯（Romulus）和瑞摩斯（Remus）的故事中，人们谋杀（牺牲）了其中一个孪生子以保护另一个。永生不朽、超自然的影子给终有一死的那个让路，以便后者能充分进入他的生命。

名字和绰号

在给孩子取名时，假想的孪生子会以一种简化的形象浮现——为了获得无形的精神食粮，在取中名（middle names）、双名（double names）时，会以逝者、圣经中的英雄、圣人和名人的名字命名。

我们之中有多少人憎恨自己的名字？恨我们的父母给自己取这样的名字？“谁”感受到了这种侮辱——仅仅是自己的自私想法，还是橡果呢？

孩子们都有绰号。球员、爵士乐演奏家、歹徒和闹事少年也都有绰号。是否我们的守护者有一个名字，而我们有另一个名字？取昵称是因为敏锐地再认了幽灵吗？再认时看到的是坐在键盘前的弗艾兹、吹喇叭的迪奇，而不是在系鞋带、吃早饭的沃勒先生和格莱斯皮先生。

绰号包含了一个人的一些内在真相，这些内在真相可能在个体身上持续一生的时间，在天赋落落大方地显露之前，人们更先察觉到这个内在的真相。绰号不仅仅是一种让缺点人性化的情感表征，这种感性的解释喜欢将绰号理解为褪去明星光环、让他们成为普通人的一种方式，以便让我们能和他们有一些联系，而不会被吓倒。情感解释通常会让我们感觉舒服一些，所以绰号让大家处于同一块平地上。美国职业棒球手赫尔曼·鲁斯（Herman Ruth）的绰号是“宝贝”，臭名昭著的罪犯、美国芝加哥黑社会头目尼尔森先生（Mr. Nelson）和纽约黑帮头目弗洛伊德先生（Mr. Floyd）的绰号分别是“娃娃脸”和“美少年”；超级强大的五星上将、两届美国总统（艾森豪威尔）被亲昵地称为“艾克”。

如果不考虑这种将守护者降为宠物龟和宠物石的人性化安慰，我们认为这种被荣格称为“第二”人格或被苏格拉底称为代蒙的，是一个完全不同的形象，它拥有生命，有名字或是需要名字。作为伪装的一部分，该形象看起来小得出奇，这是为了避免被人性化以及保护它的奇异力量不受那些“爱打听、爱偷窥、爱掠夺”的传记作者的影响。微不足道的绰号是对唤起不可思议的成功能力和害怕能力的委婉说法，这在神话和童话故事中都有范例。在俄国、法国、德国或其他国家，都有“小孩子”成长为聪明又不可思议的救世主的故事。像路旁的小精灵、头巾下的小修士兜帽、十二姐妹中最小的妹妹，他们有勇气让事情发生，因为他们代表着来世。

当我们阅读《世界年历》（*The World Almanac*）时，发现有很多明星更改了名字——流行音乐天后麦当娜·路易斯·西科尼改名为麦当娜（Madonna）；英国女星戴安娜·弗拉克改名为戴安娜·多丝（Diana Dors）；美国女星切瑞·斯德皮尔默改名为切瑞·拉德（Cheryl Ladd）；美国男星罗伊·谢勒改名为洛克·哈德森（Rock Hudson）；丹麦钢琴家保格·罗森鲍姆改名为维克多·保格（Victor Borge）；意大利女演员索菲娅·希科洛内改名为索菲娅·罗兰（Sophia Loren）；美国男影星托马斯·麦普瑟改名为汤姆·克鲁斯（Tom Cruise）；英国男影星詹姆斯·斯图尔特改名为斯图尔特·格兰杰（Stewart Granger）；美国男影星艾伯特·爱因斯坦改名为艾伯特·布鲁克斯（Albert Brooks）；美国好莱坞女星安娜·玛利亚·伊塔利亚诺改名为安妮·班克罗夫特（Anne Bancroft）；英国流行音乐男星乔治·亚伦·奥多德改名为乔治男孩（Boy George）；美国男星雷蒙·埃斯泰威兹改名为马丁·希恩（Martin Sheen）；美国女歌手安妮·梅·布洛克改名为蒂娜·特纳（Tina Turner）。他们声称改名是为了赢得公众的接纳和商业上的成功，但这只呈现了人性化的一面。另一面的原因是，你不可能既是终有一死的凡人，又是永世不朽的明星。这反映出两个不同的人，所以他们需要两个名字，这是在橡果和支撑它的橡树之间的一种内在欺骗。

每个人都有自己的名字吗？芭芭拉·麦克林托克因其在遗传学上的工作而获得1983年的诺贝尔奖，当她在康奈尔大学参加地质学的期末考试时，发生了一件奇怪的事情。

> 他们分发了考试用的蓝色答题册，需要在首页写下自己的名字。是的，我对写名字这事根本没在意；我就想看看那些题目。我马上开始答题——我很高兴，我非常享受这个过程。一切顺利，但写名字时我发现忘记了自己的名字。我想不起来，就在那儿一直等着。如果我去问其他人自己叫什么那就太尴尬了，因为我想他们会认为我是个怪人。我越来越焦虑，直到大约20分钟后我才想起自己的名字。我感到身体变成了一种负担。相比之下，那些正在发生的以及我看到的、正在思考的、喜闻乐见的事物，都要重要得多。

忘记自己的名字！这样的事情是天才的证据吗？可能是麦克林托克身体

里不可见的天才出现、完成了工作，所以一个女大学生的身体坐在那里，不能为不是她自己做的事情而签名吗？麦克林托克认为这个奇怪的失误是因为她远离了身体，更多地存在于意识之中。“身体是你四处游荡的载体……我一直希望我成为一个客观的观察者，而不是‘我’的存在。”

如果不是公民记录中的名字，而是“另一个名字”代表着“另一个人”，那么传记中写的到底是谁呢？如传记作家所言，传记这种载体联结了生活和工作、人类和天才的两个灵魂，这就是传记的吸引力吗？这是我们被传记所吸引的原因吗？它们揭示了两个名字之间错综复杂的关系，在阅读中我们也许能洞察到自己的天赋，并通过研究他人的天赋是怎样明显而成功地存在其体内、研究这些天赋的缺陷和悲剧来进行学习。

我们看传记，不是为了英雄和榜样，也不是为了逃进不属于我们的生活，而是为了揭示我们每个人都是双生的这一基本谜题；如果找不到自己失散的孪生天使，我们就通过传记来寻找线索。就胎盘和小精灵、幽灵和各种灵魂及其名字而言，有几分迷信又让我们费解的一个核心主旨是：在开始时我们不是孤独的。我们来到这个世界上时，有一个不可思议的或是超自然的同伴同时降临了，只是它并不在身边。

对于芭芭拉·麦克林托克来说，她在大约20分钟的时间里想起了自己的名字。她不同的灵魂分别呈现出一个“身体我”和一个“观察我”。她出生时被取名为埃莉诺，就这点而言她已是个双生的人。但是“他们不久就决定，‘芭芭拉’的名字对于这个如此坚韧不拔的女孩更为合适”。在她四个月大时更改了名字。

对因纽特人来说，当你生病时，你的名字就会离开你，“消失不见”。你会拥有另一个名字。如果你死了，那么是拥有死亡灵魂名字的你死去了；如果你痊愈了，你之前的名字就会归来，拥有死亡灵魂的名字会“消失”。我们说：“他又回到了老样子。”一切恢复原状。

“另一个我”可能在我们睡觉时或在我们不同寻常的状态下降临，例如在斋戒、单独监禁或死亡即将来临的危机时刻（“当我从岩石上掉下时，我的整个生命历程在眼前重现”）。永生的孪生子立刻取代了原有的我们，因为它的生命不受限于时间。

在我们的心理文化中，这些现象是怎样呈现的呢？有几种方式，若没有误解的话，它们大都出现在意识边缘。比如病理学中，由药物引起的意识游离状态和多重人格障碍；患病时，它像是一名不请自来的不速之客，好比约翰·厄普代克（John Updike）在他的自传《自我意识》中描述自己得了牛皮癣，是一种“身体被另一种存在共同占据的感觉”。类似的阐述还出现在他人对沮丧、焦虑、侵入式思维和由强迫性征兆造成的压力的描述中。更为广泛接受的是：它像孩提时代的一位想象中的朋友，是一种“准”心理现象，像治疗技术中的积极想象，像艺术作品中的人物和角色。又如手术过程中精神恍惚时看到的难以解释的影像，仿佛能够从手术台上空俯视自己。

这些异常现象对那种排斥无形事物的文化提出了质疑。如果一种文化的哲学观中没有给予其他文化足够的空间，不相信无形的事情，那么这些被排除的观念将以扭曲的形式挤进我们的心理系统中。这说明，若在功能失调的世界观中去讨论一些心理障碍，它们会更容易理解；它们之所以会被判定为障碍，正是因为人们所持的标准本身就有问题。

作为自传伪装的最后证据，我想起了列奥波尔德·斯托科夫斯基（Leopold Stokowski），他是20世纪最具争议、最富创造性、最受欢迎也最“麻烦的”管弦乐团指挥。许多作家带着认真的目的、意愿和作品去拜访斯托科夫斯基，想要为其写传记。斯托科夫斯基一个接一个地拒绝了他们。

当然，传记还是出版了，他们说斯托科夫斯基并不是土生土长的波兰人。他出生于英国，妈妈具有英国和新教徒血统，爸爸出生于伦敦，祖母也是英国新教徒。只有他的祖父是波兰人。斯托科夫斯基直到晚年才去过波兰，但他的口音是东欧腔。

口音只是一种伪装。“想要深入了解他的过去非常难，因为斯托科夫斯基非常喜欢编造……采访他的人总是得到虚构的故事。”这种伪装和虚构开始传染。《牛津音乐指南》和《时代》杂志报道说，他很可能是犹太人或有部分犹太血统。权威的《格罗夫音乐与音乐家大辞典》中说，他的真实姓名是里奥·斯托克斯（Leo Stokes）。有一些文章中写道：斯托科夫斯基的女儿说，她的父母有一个“非常明确的协议”，不会发布任何关于他的信件或著作。她的妈妈“毁掉了他们所有的信件”。这种前后不一的信息还有很多，实在叫人无法相信。斯托科夫斯基声称，查尔斯·休伯特·帕里爵士（Sir Charles Hubert Parry）是他的一位作曲老师。但帕里老师在斯托科夫斯基进校前两年就不再教学了。

这位音乐大师讲述了很多美妙的故事，其中一个是讲他如何得到第一把小提琴的：

> “我记得自己当时多大，因为一天晚上有个男人手里拿着个小东西走进了（波兰的）俱乐部……我问父亲‘那是什么？’父亲回答说‘是小提琴’。我接着对祖父说‘我想要一把小提琴’……祖父为我买了一把1/4尺寸的小提琴，所以我是在七岁开始拉小提琴的，它仍是我最喜爱的乐器……”在这里我们遇到的第一个问题是，在列奥波尔德出生前三年他的祖父就去世了。其次，他的弟弟写道，“列奥在成年之前从未去过波美拉尼亚或卢布林（这本应是故事发生的地方），或是英国之外的其他任何地方。小时候他没有学小提琴，据我所知他从未学过。”

虽然斯科托夫斯基再现了拉小提琴的故事，并说在1909年他加入音乐家协会时将小提琴列为自己演奏的乐器，但他的传记作者奥利弗·丹尼尔（Oliver Daniel）说，他从未遇到哪怕一个曾经看过斯科托夫斯基拉小提琴的人。

回忆、压抑、虚构。尽管斯科托夫斯基一生都在进行过分的展示，但他像谜一般神秘。他自己的逻辑很清晰："我认为一个人应该培育记忆……我认为一个人也应该培育遗忘。"斯科托夫斯基的整个一生需要反生活［菲利普·罗斯（Philip Roth）的名词］，他创造了想象的人生历程。

斯科托夫斯基活跃地活到了他的第96个年头。"在最后的日子里，他烧掉了斯特拉文斯基等著名人士写给他的大部分信件。他不希望有任何关于自己的记录。"（当然，除了到他临死前还在创造的非同寻常的记录。）斯科托夫斯基努力通过编造血缘、伪装青春记忆、篡改日期、丧失记忆等方式进行编造，偶像们似乎很喜欢这些方式并继续使用着，直到他在英格兰逝世以后：

> 斯托科的油画……斯托科夫斯基亲自绘制的许多素描画和油画、笔记本、护身符、纪念品，以及他一生中积攒下的许多个人物品被装进一个巨大的箱子里，寄往美国。在一场强烈的亚特兰大的暴风雨中，这个箱子滑下甲板并落进了海里。

在众多传记作者之中，萧伯纳（George Bernard Shaw）的传记作者迈克尔·霍尔罗伊德（Michael Holroyd）描绘了对传记的强烈抵制。他在生活和工作之间划出了清晰的界限，简明扼要地表达了普遍的感受：

> 无论何时……任何想象的人物都能成为传记的主角，他的光亮可能会熄灭。因为，有这样一种观点认为，生命只是一个外壳，它的核心是创造性的工作……（传记作家）具有点石成金的手指——但却反着用。他接触到的金子的每块碎片都变成了渣滓。如果你认为自己的工作很有价值，那么不要让传记作家接近你——这就是大家普遍认可的感受。

在反传记的批判面前，霍尔罗伊德保卫了传记作家的职业，但他只讲了一半。他忽视了反传记作家观点的情感的一面。他回避了工作和生活之间的本质矛盾，以及隐私保护的本质需要。因为天赋是反对传记的因素，即使它所有的努力都是想要碰触地面、想要伸展出去碰触世界，但它仍可能被生活冒犯。它从来都不够人性化。

传记作家的敌人不仅仅是受访对象及其家人，还包括他们那拥有私人信件和记忆的挚友、挑剔的档案管理员、像国家机密一样被封住的文件。天赋也是根据事实进行理性描述的敌人。杰出的伪装者就是代蒙。不知何故，即便在当事人放弃幽灵多年之后，他们的后代仍会继续感受到它若即若离的存在，它在监视着他们对自己的保护。

珍妮特·马尔科姆（Janet Malcolm）将心理分析界定为“不可能的职业”，写传记则成为另一个“不可能的职业”。这种不可能是因为传记中描写的主角，就像分析师正在工作的个案是不可见的心灵世界一样，它并不是人，而是由人交待的各种信息的集合。传记作家是幽灵写手，甚至是幽灵克星；他们试图在可见的生命中抓住不可见的幽灵。尽可能贴近现实的传记能更清晰地寻找到其中隐藏的内容、征兆、意外新发现以及捏造的陈述。荣格试图通过呈现两个不同的人格作为自传的主角来说明这点。像古老的爱斯基摩人一样，他甚至在名称中使用了“理想心灵”（dream-soul）。

一位近代思想家是这样评述传记的：“传记从未真正拥有被广泛接受的术语和协定，也没有一套能够加以支持或反对的写作章法。”传记目的的模糊性伴随着传记内容的欺骗性；幻想破灭是传记作家最好的奖赏。这里不是指传记作家对他 / 她的受访对象的幻想破灭，这种幻想破灭通常表现为对受访对象的不诚实和有所隐瞒而感到情不自禁地愤怒。由平淡无奇的事实（不符合自己奇幻的预期）造成的幻想破灭，这种破灭领着传记作者走进一个更让人高兴的错觉：了解了促成自己工作和生活的代蒙的真实本质。这是橡果论对传记理论的贡献。

工作与生活、天才与人类的相对分量，与从未能把握自己的感觉一起萦绕在一个人的生命中。在重要和谦卑之间有一个永恒的游戏，反映在躁狂和抑郁的状态之中。美术馆举行回顾展；学校举行颁奖仪式，进行表扬，授予荣誉学位；评论家进行评价，企图打破平衡。贝拉库拉人详细阐述了“评估”的不确定性，他们说，灵魂的意象“小但力量巨大”。圣胡安人说，“心灵是谷粒的核”。核的渺小和它力量的强大能被个体同时感觉到，这也是传记作家身上最主要的冲突之一；传记作家抬高他们的写作对象，同时又贬低他们，用人类的影子去填充天才。英国文学家 D. H. 劳伦斯（D. H. Lawrence）的一本传记名为《一个天才的画像，但是》（*Portrait of a Genius*, *But*）。但是，是什么让传记作家先去写，而后我们才去读呢？是想一下子看到天才的愿望——不是看到爵士乐大师格莱斯皮先生和沃勒先生，而是看到迪奇和胖子。

当代蒙说话时，它在说：我所讲述的修表的故事（福特）或是依靠自己白手起家的故事（伯恩斯坦）都是事实。我所讲的故事更真实地说明了我是谁。它们还原了事情的真相。我在追溯生命历程。我在讲天才的故事，而不是小林登、小莱尼、小利奥波德的故事。天才是使他们向前的内心形象，打乱他们平凡的童年，所以我必须讲一个扭曲的故事来说明真相。故事必须符合天才的过人之处。住在郊区的犹太人的食物（莱尼 B.）、在父亲的农场上割草（亨利・福特）、在山顶上争吵和祈祷（林登・约翰逊），这些普通的故事确实不合适，还可能会让天使感觉非常不舒服。

斯托科夫斯基一生都在保护他的天使，避免它被写进可能杀了它的错误的故事里。弗洛伊德在进行标记或是偶然发现他的想法之前就已懂得了伪装的艺术，那年他 29 岁。是什么点燃了这种保护性 / 破坏性的火苗，并预知了将要发生的事情呢？为了保护天才，我们必须保护它赖以生存的故事，否则它会真的隐藏起来，变得沉默，因为害怕变得平庸而消失。

当后来童年和青少年时代虚构的故事烦扰我们时，我们需要同样的想象以寻找小小的橡果仁。伪装和自夸并不仅仅是掩饰、白日梦和浮夸的幻想。它们是对丧失、对被殖民、对被常规化的思行标准所奴役的恐惧，通过在传记中俘获我的意象，从而接管灵魂，带它离开。

因为传记作者要找的是不可见的东西，所以他们必须刺探和窥视；但这种不可见不是因为隐瞒，而是由橡果仁的原型特点所致。赫拉克利特（Heraclitus）说：“本性喜欢隐藏。”代表人类本性的橡果也一样。它隐藏在可见之下，以特别的伪装来呈现自己。传记作者通过对伪装的整理看到那无形的部分；但只有当搜寻的眼睛着重关注无形的部分。也许这让天才看到了天才。

第九章
命　运

命运与宿命论

“但是如果灵魂已经选定了它的主人，同时也选定了它的命运，我们还有选择的权力吗？”普罗提诺问道。我们的自由在哪里？所有那些我们赖以生存且深信全部属于我们自己的艰难抉择，其实早已都冥冥注定。我们不过陷落在一张虚幻的面纱下面，相信自己才是人生的主宰者，而实际上，每一段人生都像是一粒播种好的橡树种子，我们不过是在完成树种心中那些秘而不宣的安排而已。如此看来，我们所谓的自由，只不过是橡果的意图而已。

要摒弃这一错误的结论，让我们首先来明确什么是神灵会做的事情，什么又是神灵不会做的事情。我们要更为精确地了解橡果的影响范围。在哪些方面它卓然有效，它的局限又在何处？如果是它引发了童年期的行为，我们所说的“引发”究竟是何含义？如果是它谋划了一条具体的人生道路，比如戏剧表演、数学发明，或是公共政治，我们所说的“谋划”又所指为何？它是否有最终的目的，比如计划实现的愿景和消亡的日期？如果它是如此强大，命里注定了某人将被学校开除和在童年时患病，我们所说的“注定”是什么意思？最后，如果这颗橡果让人们觉得，事情再也不可改变，即便是错误也是一种必然，我们口中的“必然性”又是什么意思？

这些问题的答案正是本书的核心所在。如果这些担心不能被清晰地罗列和处理，那么我们要么会转向宿命论的怀抱，要么会将本书看作满纸荒唐。

相对于英勇的自我，宿命论是极具诱惑性的另一个极端，因为前者实在是背负了太多“自食其力”、“成王败寇”的重担。而肩上的担子越是沉重，你就越想把它卸下来，放在另一个更宽大也更强壮的肩膀上，比如命运。这个英雄就是美利坚人格。英勇的自我在普利茅斯港登陆，带着手枪、《圣经》和猎狗，与丹尼尔·布恩[①]一起走入茫茫的荒野，与约翰·韦恩一起伫立在墓碑之前，并且坚定地拒绝他们的协助，只身对抗整个残酷的世界。这个自

① 译者注：丹尼尔·布恩（Daniel Boone，1734—1820），美国拓荒先驱，开辟并定居肯塔基州。

我在森林中披荆斩棘，在竞争者与掠夺者中间杀出一条血路。

即便是她，可爱的小红帽，也必须要在她孤独的旅途上应对来自大灰狼的骚扰。在这样一个潜伏着各种想要击垮你的人物的世界上，孤独地与自己创造的命运为伴，这样的重担无疑会让人生变成一场艰巨的斗争。如果我不能克服障碍奋勇直前，我就会在学校“落在后面”，或是成为一名“后进生”而被送去进行心理咨询，以便修通自己心理上的“阻碍”和“固着”。我必须从入学前就开始努力向前。我必须要前进、攀爬和防卫，这一切都只是为了生存，因为这就是英雄对生存的定义。这里可容不得太多欢笑——当小红帽停下来，摘了一些鲜花放进装着带给祖母的糕点的巨大篮子的时候，龇牙咧嘴的大灰狼“砰”的一声就忽然出现了。

在这种对于人生的偏执定义中——生活就是生存权的奋斗与竞争，其他人要么是同盟要么是敌人——宿命论为我们提供了喘息的机会。一切都写在星空上；神明自有安排；无论发生什么事，都是这个最好的充满可能性的世界上发生的最好的事情（伏尔泰的《老实人》）。从此，整个世界从我们的肩膀上被移走，因为背负它的将是命运，正如柏拉图在卷轴中所说，我们不过身处上帝的掌心。我所经历的特定命运，完全来自于一种必然性的限制。所以我怎么选择完全无关痛痒。我并不是真的在选择，所谓的选择不过是一种幻觉。生命早已预先安排好了。

这种思维的方式就是宿命论，而它并不是命运真正的含义。这种思维方式反映出的是一种信仰系统，一种宿命论的思想意识，而不是在英语中被唤作命运，在柏拉图的神话中安排命数并指引代蒙降临的女神莫伊拉。生命并不是由它们来安排的，它们也不会事无巨细地预先排定每一件事情。

相反，希腊人对于命运的理解更倾向于：事情发生在人身上。“他们不能理解为什么它会发生，但既然它已经发生了，就证明了‘它必须发生’。”“事后诸葛亮”（Post hoc, ergo propter hoc）的意思是，事情过后，我们会对它发生的原因给予解释。天上的星星并没有告诉我们 1987 年 10 月股市会发生崩

盘。但是当它真的崩盘之后，我们很快就找到了“理由”来明确地指出股市在那时崩盘的必然性。

对于希腊人而言，意外事件的发生原因就是命运使然。但是命运只会使那些不寻常的、古怪而不合常理的事情发生。并不是每一件细微的事情都在神明的安排之中。这一类的解释才是宿命论，是它让那些神秘学者的占卜板上出现预兆，让我们一边虔诚地臣服于命运，一边又带着些许愠怒地表现出消极的攻击行为。

所以，我们最好把命运想象为一种暂时性的“干扰变量”。德国人用“Augenblicksgott”一词来形容一个小精灵，它眨眼之间经过，并且会产生一个极为短暂的效果。宗教信徒们可能会提到一位代为祈祷的天使。它不是一个恒久的伙伴，可以与你并肩行走、交谈，甚至握着你的手，渡过每一天当中的各种危机。命运总会在各种古怪而又未曾预料到的十字路口出现，向你投以会心的眼神或是猛力的一推。

在研究完市场之后，你决定抛售自己的股票。可就在第二天，企业并购的消息得到宣布，你抛售的股票上涨了30%。就在终点线之前，海风渐渐减弱直至消失——对手的帆船轻轻划过，以一秒之差取得了胜利。如果你觉得自己没有投资的命，所以决定就此离开股市，把钱全都缝在床垫里；或是你觉得自己根本不可能赢得帆船比赛，或许根本不可能赢得任何比赛，甚至根本不该去航海，因为那阵突然宁息的风就是一个预兆，表明你无缘这些成功的因素，所以你决定卖掉自己的帆船，转而将爱好变成攀岩，或者陷入抑郁症的阴霾——这些都是你自己的选择，完全来自于你对那阵风赋予的意义。看到这些意外事件背后的命运之手，让你懂得了这些事情的重要性，同时也给了你反思的机会。但是，如果你深信自己抛售股票的时机以及一秒之差完全决定了自己的人生——那么这就是宿命论。宿命论将一切都推卸给命运。我们没有必要去投票，没有必要为枪支管制而斗争，也没有必要加入反对酒后驾车母亲联盟，甚至没有必要设立消防部门，因为坏事总会发生，一切皆有定数。或者，翻翻《易经》吧，那些小木棍会告诉你命运究竟是怎样。这，就是宿命论。

抓住命运投给你的会心眼神，是一种需要深思熟虑的行为，是一种伴随着思考的行为。而宿命论则是一种感受状态，后者放弃了思考、具体细节和认真的推理。你没有认真将事物思索清楚，而是屈服于一种天命的情绪。宿命论会将整个人生视为一个整体。无论发生什么事都能从相对宽泛的个性、个人经历或是成长过程中找到依据。由于它不会带来任何疑问，所以宿命论是令人宽慰的。因此人们也就没有必要去检查这些事件是否真的与我们的人生相符。

命运一词在希腊语中为“moira”，意思是一定的比例、一个部分。由于命运只对所发生的事情中的一部分起到影响，所以代蒙也就是“moira”被拟人化、内化了的一面，只是部分地拥有我们的生命。对生命，它可以召唤，却无法完全拥有。

“moira”由“smer”或是“mer”衍生而来，意思是深思熟虑、思考、冥想、考量、关注。这是一个深层的心理学词汇，需要我们仔细审视生命中的事件，看看哪些来自于别处，是无法被解释的，又有哪些属于我自己，我做了什么，本来可以怎么做，还能再做什么。“moira”并不在我的手掌中，但是“moira”只是一部分而已。我不能放弃自己的行动或是能力，不能放弃让它们实现——或是挫败与失败——的机会，将它们拱手让给天上的神明或者代蒙的橡果。命运并不能让我完全摆脱责任，事实上，它要求我们担负更多。具体来说，它要求我们要懂得明辨是非。

说到分辨，我指的并不是简单化的精神分析，也不是指将某事归咎为某一个原因，比如：“代蒙让它发生。这是我的命。我无法不在股市交易上犯错误。我的父亲从来没有教过我；我的母亲花钱如流水；还是孩子的时候，我从未得到过零花钱，因此也从未学习过如何理财。我总是自我毁灭……”就这样翻来覆去，把责备推向一连串的诱因，最终回到教养谬误上。

每当希腊人在分析一件令人意外且晦涩不清的事件时，他们会跑到神庙，问一问对于这个麻烦、要求或是事件，究竟应该祭祀朝拜哪一位神明。这一行为蕴含着两个意图。首先，使问题具体化；其次，要更加准确地进行抚慰。这种分析模式尝试去发现，哪方面的命运，哪一只命运之手，是需要我们去注意和铭记的。

每当我们顺嘴说出“遵从上帝”，或是像爱尔兰人那样，在任何微小的计划，比如打算明天乘坐火车之后，不忘加上一句“天公作美”的时候，我们就会想起命运所承担的部分。“我们明天火车站见，如果天公作美的话。”我打算前往那里，我会做出安排，但是意外仍然有可能出现——所以我会用“遵从上帝”或摸一摸木头[①]，来提醒自己命运所占的部分。虔诚的老犹太教徒几乎每说一句话，都不会忘记提到这种可能性，那就是某些意外的事情很可能会干扰和阻碍他们的意图。

通过祈愿好运，我们对于来自命运的不可预期的干扰的记忆会将自己带回到代蒙面前。命运的介入会干扰我的意图，这种干扰有时是由迟疑引发的一阵难受，有时是对某人或某物突然心生爱意。这些惊奇和意外给人的感觉是如此渺小而又不合情理，以至于你常常会把它们抛到一边。然而，它们又常常会证明自身的重要性，让你在事后不得不慨叹一声：“这就是命。”

目的与目的论

宿命论带给我们这样一种感觉，那就是不论我们生命中发生了什么事，都一定指向某个遥远而又模糊的目标。某些事情对我来说是“注定”的。我注定要成为一名歌手或者斗牛士。我注定会取得成功或是被诅咒，注定与好运无缘，又或是注定会在某一天死于某种方式。那个我出生时就带有的意象，不仅会从一开始就推动我，而且会一直推动我走向终点。“目的论”正是代

① 译者注：一种普遍的观点认为，摸一摸木头能给人带来好运。

表着这样一种信念的词汇，认为所有的事情都会由某个目标所推动，朝向确定的结局。

目的，意思是目标、结局或是实现。目的与我们今天笼统所说的原因正好相对。因果论会提问：“谁是始作俑者？”它会从过去来推演事件的发生。而目的论则会问道：“哪里是终点？目的是什么？”后者认为所有的事件都会指向某一个目标。

结局论，是目的论的另一种表达词汇，它坚信我们每一个人，包括宇宙本身，都在朝着一个最终的目标发展。这个目标可能会以多种不同的方式被定义——与上帝再次重逢并救赎所有的罪孽；缓慢地从无序状态流向静止；永远进化的意识以及物质消融而转变为精神；更好或更糟的生活；世界末日或神灵救赎。

目的论为生命赋予了逻辑。它为人生的长远目标提供了合理的解释。与此同时，目的论也将任何生命中发生的事情解读为对这一长期愿景的证实——例如，上帝的意愿，他伟大的计划。

如果我们去掉“论”而只看“目的”二字，我们需要追溯到它最原始最初级的含义（来自于亚里士多德）：“为了某些因由和利益”。我去商店买面包和牛奶，推动我的并不是要改良人类的目的；不是因为某个掌管一切行动的哲学定义，囊括了我为什么结婚，为什么要孩子，以及为什么租了一辆可以让我开到商店给他们买东西的汽车——所有这些以“为什么”为开头的问题，都可以被一个终极的目的论回答所解决。但目的，只给了我们一个有限的、具体的原因，道出了我出于何种考虑来开展这一行动。它假设每一个行动都是具有目的性的，但是却没有提是否有一个笼统的、高于一切的目标，后者正是目的论或是结局论的概念。

就目的而言，我完全可以说自己之所以到商店去，是为了购买全家人的早餐。在这里，我们要略去一些有关早餐的哲学概念：关怀的目的、早餐的象征意义、有关责任与道德、关于“家庭价值”的虚假政治观、心理上的需求与愿望、营养消耗的经济学原理、清晨新陈代谢的生理含义。有太多关于早餐的哲学理念可以满足你对人生的目的论视角。很多神灵都会来到早餐桌旁。但是有关牛奶与面包，以及跑去商店的目的与意义，仅仅是早餐本身。先吃饱，再说话。

橡果似乎就服从这样一种有限的模式。它并不喜欢沉迷于长期的哲学观。它会扰乱我们的内心，会突然大发雷霆，就像曾经在梅纽因身上表现的那样。它会兴奋、会呼吁、会诉求——但是却几乎不会提供一个宏伟的目的。

目的伴随着力量而来，你可能会感到自己满怀雄心，但是你的志向究竟是什么，以及如何来实现，仍然悬而未决。目的甚至可能有双重或是三重，让人犹豫不定究竟是该去唱歌还是跳舞，是写作还是绘画。目标通常很难以一种结构清晰的面貌出现，倒是更像一种烦恼，一种朦胧的冲动，同时伴随着一种不容置疑的重要性。

下面的两则童年故事来自于瑞士电影制片人与戏剧导演英格玛·伯格曼（Ingmar Bergman），它们向我们呈现出了这颗橡果中蕴含的无法决定的决定论。伯格曼说，当他还是个小男孩的时候，总是很喜欢说谎，而且常常不能分清楚幻想和现实——或者，用他自己的话说，“无法区分魔法与燕麦粥”。在七岁那一年，他去参观马戏团，这件事“让我进入了一种狂热的兴奋状态”。关键性的时刻出现了，他看到：

> 一位年轻的女性身着白衣，骑跨在一匹高大的黑色种马上。
>
> 我立刻对这个女人产生了无法克制的爱恋。她时常出现在我的幻想游戏中，我称她为艾丝美拉达……在他发誓保守秘密之后，我把这件事吐露给了一个名叫尼斯的男孩，他是我上学时的同桌。我告诉他，我的父母已经把我卖给了舒曼马戏团，我很快就要被带走，离开家和学校，接受训练成为一名走钢丝的杂技演员，与艾丝美拉达相伴，她是这个世界上最美丽的女人。到了第二天，我的幻想被彻底公之于众，并遭到了

无情的毁灭。

我的班主任老师认为这件事情十分严重，所以给我的母亲写了一封令人倍感焦虑的信。令人恐惧的法庭审判开始了，我不得不对着墙，在家里和学校都忍受着蔑视和羞辱。

50年后，我问我的母亲，她是否还记得我编造的被卖给马戏团的故事……难道没有一个人对一个七岁小男孩想要离开家并被卖给马戏团的深层愿望产生好奇和疑问吗？母亲回答说，他们已经很多次被我的幻想和谎言所困扰了。带着她的痛苦，她去咨询了当地的儿科医生。医生强调了儿童早期对于区分幻想和现实的重要性。所以当他们再次撒下一个粗暴无礼、骇人听闻的谎言时，就必须给予相应的惩罚。

为了报复我曾经的那个朋友，我拿了哥哥的鞘刀，在学校的操场上追着他满场跑。当一位老师冲过来想要调停时，我甚至想要将她杀死。

我被带出学校，挨了一顿狠揍。后来我的这位恶友得了小儿麻痹症，最终死去了，这件事让我挺高兴……

但是我仍然会幻想着艾丝美拉达，我们的冒险旅程变得越来越危险，而我们之间的爱情则变得越来越炙热。

这样一个事件当中包含了太多的元素：有一个真实的场所（马戏团）可以将魔幻与现实这两个国度融合在一起，这是尤其重要的；第一次灵魂的邂逅，骑在黑色种马上的白衣少女，以及疯狂的爱恋（这种浪漫的幻想超越了时间，在这样一种永恒的情感原型面前，英格玛的年龄已经无关紧要）；生与死的冒险，人可以为了自己的幻想而去谋杀，甚至去死；来自真实世界中的教授、医生和父母的纪律约束；“秘密”的价值，以及背叛所带来的世界观崩塌，这一切都将幻想与现实、天堂与人间、艾丝美拉达与燕麦粥截然割裂。

尽管整个事件都闪耀着重要的光芒，而且体现出了伯格曼个人的性格特点与使命，但是我们却无法从中窥探出有关他未来的事业的任何信息。这里没有目的论，没有决定论，也没有结局论。

第二个故事，更为直接地与伯格曼的使命相连，它是有关电影的。

比起其他任何东西，我更渴望拥有一台电影放映机。两年前，我第一次走进电影院，看了一部关于一匹马的电影。我猜电影名字大概是《黑美人》吧……对我来说，这是一切的开始。一阵狂热的感觉淹没了我，从此再也没有离开。那些沉默的影子将苍白的脸孔转向我，用听不见的声音对我最隐秘的情感诉说。60年过去了，一切都没有改变；那股狂热依然如故。

接下来的那年圣诞节：

所有的食物都被撤走了，圣诞礼物开始在餐厅的桌子上分发。篮子被抬了进来，我的父亲开始主持这一重要的仪式，一如既往地叼着雪茄并举着一杯甜利口酒，礼物就这样开始分发出去……

就在这时，电影放映机事件发生了。我哥哥正是得到它的那个人。

我立刻开始吼叫。我开始抽搐，并躲到桌子底下，在下面暴怒不止。家人要求我立刻安静下来。我奔向幼儿房，不停地发誓诅咒，想要离家出走，最终因为巨大的悲伤而精疲力竭，沉沉睡去。

夜深后，我醒了过来……在白色的折叠桌上，那台电影放映机正和我哥哥的其他礼物摆在一起，它有着弯曲的凸起、美丽形状的黄铜镜片以及专为电影胶带设计的机架。

我迅速做出了一个决定。我把哥哥弄醒，并提出了一项交易方案。我用自己上百个铅制的玩具兵来交换那台电影放映机。由于哥哥拥有一支庞大的玩具兵军队，而且经常和朋友们玩战争游戏，所以交易很快达成，双方都对此感到十分满意。

现在，那台电影放映机是我的了。

附件包括一只紫色方盒子，里面装着一些玻璃片和一卷棕色的电影胶片（35mm）……盖子上的信息说明，这部电影叫作《霍里太太》。没人知道谁是霍里太太，不过后来我发现，她在地中海国家中是一个相当于传说中的爱神的流行人物。

第二天早上，我跑进幼儿房的宽敞衣柜里，把电影放映机放在一只糖果箱上，点燃煤油灯，把光束打到雪白的墙壁上……

一幅草地的画面出现在墙上。睡在草地上的，是一位年轻的妇女，身着当地的民族服装。然后我开始转动手柄。很难用言语来描述这一切，我简直无法表达我内心的兴奋。在任何时候，我都可以回忆起那种灼热金属的气味，那种大衣柜中樟脑丸与灰尘混合的气息，那种握住手柄时的感觉。我可以看到墙壁上那个微微颤抖的长方形。

我转动手柄，那个女孩醒来，坐起，慢慢地起身，伸展她的手臂，转过身，消失在屏幕的右侧。如果我继续转动，她又会躺在那里，然后一遍又一遍地重复相同的动作。

她动起来了。

伯格曼有关电影放映机的故事，使我们对因果论（由过去所推动）和目的论（被推动朝向某个目标）有了更明确的区分。为什么一个小男孩会如此渴望这台电影放映机？为什么他愿意用整支玩具兵部队来交换它？对于这样的问题，因果论的回答是：他之前曾经见到过这样的东西，并且引发了他的好奇。当他的哥哥得到了它，兄弟之间的竞争引发了他的嫉妒，这可以回溯到更早的时候以及他们的出生顺序。而更早些时候，马戏团事件中出现的黑马再一次出现在他第一部记住的电影《黑美人》中，它象征着一种解放（“被卖掉”是对“离家出走去马戏团”的被动表达），从作为牧师的父亲所掌控的具有道德压迫性的家庭中解放出来。或者他渴望拥有支配母亲的力量，支配女人的力量，仅仅通过转动手柄就让她们行动起来。

因果论，或者古典哲学（亚里士多德）所说的“高效的因果关系”（efficient causality），尝试回答这样一个问题：“什么导致了某个行为？”而它的回答思路是回溯一系列假设性的联系和一连串假定相互关联的事件，每一个都被认为由前一个所诱发促使。即便所有的联系都是真实存在的，行为的动力由一个环节传至下一个环节，宛如一架鲁布·戈德堡机械[①]一样，最初的联系仍然建立在比较勉强的臆测上：为什么是一匹黑马这样特定的形象？为什么迷恋艾丝美拉达？为什么是马戏团？这种最初的、自发的、长久铭记的激情究竟与什么相联系？我们的回答是：问命运吧。

命运做出了如下答复：英格玛·伯格曼，他的橡果中早已铭刻上电影制作人的归宿。在他七岁或是更早一些的时候，他产生了属于自己的愿景。他并不清楚这一切，也无法预知未来，但是代蒙选择了一些事件，让艾丝美拉达如此不可抗拒，让后来的电影放映机变得如此不可或缺。命运并没有目的论式的计划，也没有让伯格曼在心中形成拍摄《透过黑镜》（*Through a Glass, Darkly*）、《魔笛》（*The Magic Flute*）的最终目标。然而代蒙那决定性的愿景却为每一个特殊的事件注入了情感的重要性——激动的情绪、狂热的兴奋、诅咒发誓。伯格曼的命运并不是秘而不宣的，而是充满了象征意味。

除此以外，让我再试着将相对狭隘的“目的”，从更为宽泛的“目的论”中区分出来，之所以这么区分，主要是因为前者通常十分有用，而后者往往没什么用处。目的，按事件背后的意义来为每件事赋予价值。某事的发生是以另一些事情为缘由，它拥有自己的意图。小男孩英格玛并不只是编造谎言，他的故事有意将他引向了一种生活方式和职业。在这里，这些“虚构”的故事不仅仅具有意义，而且也是这一类工作中创作所必要的东西。早在拥有自己的舞台或是剧本之前，他就已经开始制作戏剧了。透过目的的镜片再次审

① 译者注：鲁布·戈德堡机械（Rube Goldberg machine），是一种设计精密而复杂的机械，以迂回曲折的方法去完成一些其实非常简单的工作。

视他童年的故事，我们会发现，它们不仅仅是谎言、性格易怒或是执着欲念，而是对他灵魂中必需品的情绪表达。目的为所有的事件赋予了价值和意义。

但是如果在“目的”的后面加上“论”字，就等于断言了这种价值究竟是什么。它声明了这种易怒和执着背后的目的，并大言不惭地宣称这一目的。这样的断言未免太过冒失唐突，因为伯格曼的谎言同样也适用于造假者或是推销员的模式。黑色的大马可以带着他朝许多方向奔跑；艾丝美拉达、霍里夫人，以及电影放映机带来的移动画面，可以预示着绘画或是拉皮条、服装设计或是异装癖。陈述这样的目的，就好像有一个确定的目的论的结局在牵着他走——“你注定要走进剧院，女人至关重要，幻想是你的职业，而你必须要控制一切”——这实在是太牵强附会了，而且也根本站不住脚。如果你早已知道了一种象征的意义，那么这个象征自身所具有的特殊意图也就被你剥夺了。你就不再会尊重它自身的目的，从而削弱了它的价值。

弗洛伊德的理论系统可以充分地阐释儿童期的强迫执着是如何发展起来的。不过弗洛伊德也说过，运用到实践上时，仍然需要谨慎，或摒弃，或保留。他不允许精神分析师成为目的论者，即便他认为分析中所有的心理现象都拥有某个目的。

橡果较少地以个人导师的身份出现，把个体长时间地往某个方向指引，而更多地呈现出一种不断变化的动态的风格，根据不同情况赋予个体目的性的感受。你产生一种十分重要的感觉：这个看上去微不足道的时刻其实意义非凡，而那些看上去十分重要的事件反而不那么具有价值。

这么说吧，橡果更多地与事件的灵魂层面相吻合，你以为你清楚什么对自己来说是最好的，而它比你更清楚什么对它是最好的。这个理念帮助我们解释了为什么苏格拉底的代蒙告诉他，不要试图逃脱牢狱和审判。他的死是他整体意象的一部分，是他内在形式的一部分。死亡——不论是在斗牛场上，在厕所里，还是在某次车祸中——相对于你和你的计划，对于整个意象和它的轨迹更有意义。

意　外

最轻松的工作就是遵循内心彻底信奉的原则轨迹。我们常常会感到有些事情是自己必须去做的。我们心中的意象会建造许多强烈的需求，并要求我们对此保持信仰。最困难的事情就是去解释意外，那些细碎的干扰会让你中断自己的事情，不得不延迟登陆目标码头的计划。这些干扰只是一些分心物吗？或者它们有着自己特殊的目的？它们是否齐心协力在推动小船——也许去往另一个不同的码头？假如你的罗盘正死死地指向远方的地平线，你的目的论愿景又清楚地知道你应该去往哪里，如何才能到达，以及你现在正身处何处，那么你恐怕很难从某个意外事件中找到任何意义。

此外，究竟某个干扰是否存在其特定的目的其实并不那么重要；相反，重要的是我们需要通过一双有目的的眼睛，找寻这些意外事件中的价值。带有目的性的眼睛来自于这样一种假设，认为有些事真的可能属于意外。这个世界不仅存在智慧，同样也存在愚蠢，正如既存在秩序也存在混乱一般，但是——这个“但是”很重要——这些意外仍然可以具有某些特别的意味。不论我们认为宇宙是被巧妙设计出来，还是完全随机无序的，都是一种宿命论和目的论的态度。而目的性的眼睛密切审视每一个“意外”，正如这些事件的名字一样，去了解这些意外是如何阐述它们自己的。灵魂会试着将意外融入到自己的结构中去。

贝蒂·戴维斯[①]在她七岁或是八岁的那年，有一次在离家很远的学校里扮演圣诞老人。圣诞树上点燃了很多小蜡烛，树下堆满了礼物。正当小贝蒂想要接近礼物的时候，她的袖子碰到了一只蜡烛。火苗很快顺着她的衣服点燃了她用棉花做成的假胡须。

---

① 译者注：贝蒂·戴维斯（Bette Davis，1908—1989），美国电影、电视和戏剧演员，曾两次获得奥斯卡最佳女主角奖。

> 瞬间我的身上就着了火。我开始用恐惧的声音尖叫。我听到各种声音，感觉自己正被裹到一张毯子里……当毯子被打开的时候，我决定闭上眼睛。真是天生的女演员！我要装作自己已经瞎了。“她的眼睛！”一种喜悦的颤抖席卷了我。我已经完全掌控了这个时刻。

橡果并没有点燃大火，但是贝蒂·戴维斯却可以将之转变为表演的舞台。一个人的天生的形象正好迎合了意外。性格即命运。

让我们再来看看早年两位美食界的行家吧。皮埃尔·弗雷尼（Pierre Franey），生于勃艮第的一个小村庄。他会徒手抓住正在溪水中休息的鳟鱼，径直把它拉出水面，然后用微温的水煮熟，佐以香草蛋黄酱。他会养兔子，也会杀鸡，会在清晨搜寻整个田野，寻找被鼹鼠丘盖住的泛白的蒲公英根茎，因为这样的根茎更为香甜。简而言之，在成长过程中，他是如此精通我们所吃的食物。这样的原始事件可能会发生在每一个生于这座小村庄的男孩子身上，但是弗雷尼的意象会将它们变成对厨艺的精通，并将自己变成专业的主厨。詹姆斯·比尔德（James Beard）是很多厨师的指导教授，厨艺书籍的作者，具有非凡的美食天赋。他出生时体重就有 14 磅，对于 40 岁才生他的母亲来说，他实在是一个超大号的意外。比尔德的身体似乎是被他的灵魂选中，要去充分迎合自己生命中的那些美味和香气。他的第一个“意外”，同样也是“我的第一次美食探险。我当时只有四岁，爬进了装着蔬菜的箱子里，抱着一颗巨大的洋葱啃了起来，连皮带肉吃了个精光。这次事件像一个标记，为我的人生定下了基调”。不论是弗雷尼还是比尔德，都是很好的例子，向我们证明了代蒙是如何利用这些偶然事件的。

18 岁那一年，在一场英雄战斗游戏的意外中，丘吉尔摔裂了自己的颅骨和肾脏。“在他恢复的期间……他发现了自己蕴藏的智慧。”自身形象不仅需要失败来补全，还需要从失败中汲取营养。

而在离家很远的学校里，詹姆斯·巴里的哥哥在结冰的池塘上因为摔破了颅骨而丧命。巴里的母亲因此多年与世隔绝，为丧失自己最心爱的儿子而哀恸不已。詹姆斯（当时只有六岁或是七岁）在病房中陪伴在母亲的左右，试着让她开心快乐。他们彼此讲故事，她会讲自己的人生经历，而他的故事更多是编造的。橡果塑造了这次意外，让悲痛和空间局限迎合了詹姆斯·巴里，这位科幻作家的意象。

当詹姆斯·瑟伯还是孩子时，不幸被他哥哥用箭射瞎了一只眼睛，这最终导致另一只眼睛也一并失明。这次意外既没有为他的人生定调，也没有让他一蹶不振。他开始去适应这一切，并从中寻找目的，比如他早期的写作技巧，比如他那些用别出心裁的比例和视角创作的自认为只有“业余水准”的超大号卡通漫画。

美国总统理查德·M. 尼克松格外喜欢《汤姆·索亚》。对于美国的小男孩来说，几乎很难忽略这本书的重要意义和影响，而尼克松从很早之前就是一名热心的读者和作者。“尼克松最喜欢汤姆戏耍本·罗杰并让他为自己粉刷围墙的片段，他是如此喜欢，以至于在心中记了下来。将近 50 年之后（在白宫）……尼克松甚至可以完美地背诵这一片段。”来自于童年的那些偶发的琐事都被灵魂赋予了重要的意义。

伟大的时尚设计师可可·香奈儿（Coco Chanel），曾在 1924 年发明了经典的“小黑裙”，但她的青年时期却是在一所严格的修道士办的孤儿院中度过。那是一段禁闭的时光，而其中的每一丝痕迹，她在那里度过的每一寸时光，都被从收养记录和回忆录中抹去。“别以为你能体会我的感受……要知道，那段时间真是生不如死。”她曾经这样说道。但是她所设计的套装中的简约风格，完美的对称，以及她对黑色、白色和灰色一如既往的喜爱，都是记忆中那些被压抑的事件的翻版，尽管她努力尝试将它们一并抹去。灵魂需要什么，就会运用什么。我们简直要惊讶于它的睿智，可以如此恰当地将不幸和意外加以利用。

在希腊语中，智慧被称为“sophia”，而“哲学”（philosophy）一词，正是热爱智慧之意。“sophia”还有一个更具实用性的含义，最初指的是操作某些事物的职业，特指那些掌管船只的舵手。聪明的舵手精于掌舵；舵手的智慧表现在只做出细微的调整就可以让海浪、风力和船重三者相契合，以应对各种意外。通过不断地评估每一件似乎想要让你偏离航向的事件，代蒙向你传授这种智慧。这同样也是一种哲学：热衷于对那些看似并不契合的事物进行微小的修正与整合。有时候这种对于某一具体事件的关注被哲学家们称为“保存现象”（saving the phenomenon），它来自于形而上学的理论系统。

这些意外事件既不会阻碍也不会促进我们的主旨计划。相反，它们重塑了我们的计划，仿佛整个航程和小船本身都得到了重构，而这只灵巧的手正是灵魂对生命中意外事件的反应。这是一种向下成长的技能，是一种在观察事物的同时，留下一只眼睛检视事件效果的智慧。

这种持续的、不断调整的观点并没有什么新奇或是古怪的地方。我们甚至可以追溯到亚里士多德的理念，认为灵魂由身体的结构和运动共同孕育。我们自身的形象一方面来自于你生命之初的命运意象，另一方面也随着我们的运动而不断变化。这个形象，不论我们使用多少可以互相替换的词汇——意象、代蒙、使命、天使、心灵、橡果、灵魂、模式、性格，仍然忠于形象本身。

有些意外可能会颠覆小船，打碎我们的形象。举例来说，第一次世界大战之后的“炮弹休克”，也就是一种创伤后应激障碍；被持刀者强奸；在高速公路遭遇车祸；不断遭受残酷的虐待。有些灵魂似乎可以“修通这一切”；其他灵魂似乎仍然在饱受煎熬，努力“解决”，就像在越战老兵身上反复出现的噩梦一样。橡果是否被这些意外事件损害得太过严重，以至于留下了无法治愈的损伤？原型是否再也无法被整合？无论舵手多么努力，船舵仍然会被毁坏？

宿命论的回答是：一切都掌握在上帝的手中。目的结局论则说：一切都拥有一个隐秘的目的，并且属于你成长的一部分。英雄主义认为：要么融入这些阴影，要么杀死它们；把灾难抛在脑后，掌控自己的人生。通过各种回答，不同种类的事件都可以融入进更宽泛的宿命论、结局论或是英雄主义的哲学观之中。

我仍然愿意将意外看作是一种真实的存在，促进我们对于存在的思索。后果严重的意外需要解答。它到底意味着什么，它为什么发生，它需要什么？不断地再评估也是余震后的一个重要组成部分。意外也许永远都无法被彻底整合，但是它却可以增强我们灵魂形象的完整性，为我们自身的形象注入更多复杂、敏感、脆弱和伤疤。

在发展性理论中，丘吉尔、香奈儿、瑟伯和巴里的意外事件，都可以被看作是一种典型的青少年创伤，这些创伤可以通过时间得到升华、转化和整合。时间可以治愈所有创伤。

橡果论认为，丘吉尔的摔伤、瑟伯的失去视力、巴里母亲的哀伤以及香奈儿苦行僧式的青春期，都正好属于他们自己的橡果。这些青年时代的意外事件并不会由橡果向人们预示，仿佛是神明刻意的安排；也不会彻底决定他们后来的事业，迫使命运走向一条事先安排好的道路。相反，它们是一种“必要的意外”，既是意外，同时也是必要的。它们为灵魂的召唤提供了渠道，是橡果展现自己形象并塑造人生的方式。在丘吉尔的生命中，它是一个突如其来的打击与缓慢的恢复；在巴里和香奈儿的生命中，它是一段长时间与世隔绝的经历。正是在孤儿院内，香奈儿学会了纪律，正如巴里学会了向自己生病的母亲讲故事，是尼克松的内在形象准确地选择了他所需要的故事，学会了汤姆·索亚的哄骗能力。

必然性

现在还剩下最后一个大人物，这个柏拉图将它放在自己著作中最中心位置的话题：必然性。正是它触碰着纺锤，旋动我们生命的丝线。

请记住下面这个故事：阿南科（Ananke）女神，或者说必然性女神，正端坐在她的宝座上，在一旁站立的，是她的女儿、伙伴与助手——命运。正是这位阿南科女神，确立了灵魂中的必然性所在——不是一次意外，也不分好坏，没人做出预言或担保，仅仅是一种必然。我们所经历的一切是我们必须经历的。这是谁的必然？什么必然？是她，必然性女神。因为必然，所以必然吗？这不是一个令人满意的答案。我们必须去思考。

谁是阿南科？首先，她是宇宙中十分有力量的一位女神。柏拉图只列举过宇宙中两种非常伟大的力量：理智（理性或者思维）与必然性（阿南科）。理智解释了那些我们可以理解的东西，那些遵循理性法则与模式的东西；必然性则作为那些“变数”的诱因而存在——这些“变数”有时也被翻译为“飘忽不定的”、“出格的”或是“错乱的”。

当某些事情发生得不太恰当，显得十分稀奇古怪，打破了常规的模式，那么很可能是必然性在背后主使。尽管它决定了你人生的命运，但是它的影响方式却是毫无理性可言的。这就是为什么人生是如此难以令人理解，即便是我们自己的人生。你灵魂的命运来自于一种非理性的准则。它所遵循的法则就是必然性，它错乱而又荒唐。如果读者还对此有些许怀疑，那么不妨去翻一翻书架上的传记和自传，从中可以了解必然性是如何向生命施加自己非理性的影响。尽管必然性法则是绝对的且不可逆转的，这种决定论仍然是悬而未决而又不可预期的。

在前几章中，我们已经提到过有关这种非理性的诱因的观点：建立在混乱理论上的遗传学解释（第六章）；那些忽然打破常规，去阅读拥有奇特而又古怪幻想的低俗小说的孩子们（第七章）；当埃拉·菲茨杰拉德本来打算登台跳舞，却忽然唱起歌来时，当芭芭拉·麦克林托克忘记了自己的名字时，一定有“某些别的什么”闯进了她们原本的意图。我们常常可以发现，一些古怪的理由，使学校拒绝或是开除某些学生，同样，也使导师忽然知觉到自己学生身上的魅力和潜能（第五章）。事实上，我们一直追随着必然性的蜿蜓轨迹来阅读这些文字，观察并体验她是如何行使自己令人费解而又无可否认的力量的。

远古的意象让这种无可否认的力量变得具象化，而“ananke”一词的古老词根则让它的意义更为深远。“ananke”一词的词根在古埃及语、阿卡德语、迦勒底语和希伯来语中都存在，意为“狭隘”、“颈部”、“扼住”和“盘绕”，指的是套在俘虏脖子上的枷锁和颈环。“ananke”抓住你的喉咙，让你成为俘虏，并像奴隶一样驱使你。

神话中的意象与病理学上的问题两者往往纠缠不清。荣格的一句名言很清楚地阐释了这一现象：“上帝已经成为了疾病。”还有什么能比疾病更强大而又精练地体现出上帝的力量呢？不正是那可怕的心绞痛和焦虑状态阻碍了你的自由行动吗？不论是“心绞痛”还是“焦虑”，都来自于“ananke”。

最关键的一点在于，我们无论如何都无法逃脱必然性的手掌。它绝不会放弃，也不会屈服：ne + cedere。康德为必然性给出了德语中的同义词：“Notwendigkeit”，意为“再无其他”。这使得我们可以无比轻松地理解自己的人生：我们只能是现在的样子，再无其他可能。没有懊悔，没有走错的路，也没有任何真正的错误。必然性的眼睛看到，我们所做的事情，是我们唯一可以做的事情。“应该怎样是一个抽象的理念 / 保持着恒久的可能性 / 只存在于思考的世界之中 / 应该怎样和已经怎样 / 全都指向同一个答案，那就是现在”（T. S. 艾略特）。

每当我们采取某种行动或是做出一个选择的时候，我们总是相信存在多种可能。选择、个人意愿、选项、决策——这些全都是自我喜欢的口号。但是如果我们暂时从自己从事的活动中抽身出来，并认真思考一下，就会看到必然性正冲我们满怀敌意地微笑，告诉我们不论做出什么选择，实际上都是必然性所需要的那个选择，再无其他可能。每做出一个决定，都是一种必然。而在决定之前，一切都是未知的。出于这个奇怪的原因，必然性似乎只确保了风险。每一种选择都存在风险，即使最终被选定的那个会立刻成为一种必然。

通过声明必然性参与了生命中的每一次决策，我可以为自己所做的任何事情进行辩护。这就好像我已经脱离了责任感的羁绊——一切都被塔罗牌和星象所确定。这位永不屈服而强势的女神又让我在每一次决策前忍不住颤抖，因为她的古怪和不理性，让我毫无预测的可能。只有在事情发生之后，我才能确信地说，一切都是必然。这是一件多么奇怪的事情，人生早已被预先注定，但却无法被预言。

如果是这样，那么哪里还有什么错误？一个人怎么会做错，又为什么会感到内疚？如果一切的发生都是必然，自责和懊悔又是什么？

既然必然性可以吸收我所做出的任何决定，那么必然性应该被想象为一种可以包容一切的原理，可以调整每一种人生意象，涵盖一个又一个行动而不管它们究竟是什么。我们虽然脖子上仍然套着项圈，但是这个项圈是可以调节的。必然性的枷锁让我们产生一种感觉，我们永远是被抓住的，是环境的受害者，渴望着自由和解放。我虽然知道事情只能如此，但是却仍然会感到懊悔与自责。必然性告诉我们，懊悔与自责，同样是一种必然产生的感受，也属于你自身的枷锁，但是它与你真正应该做什么或是本来应该做什么毫无关系。

以这种方式来理解必然性，使得错误成了一种悲剧，而不再是需要对自己的行为进行忏悔的罪恶或是进行补救的意外。事情无法也根本不可能变成其他样子。万事万物是那么残酷无情，必然性会一直发挥作用，直到公牛的犄角顶破你的肝肠。

唯有一颗包容的心能接受这样紧勒的枷锁。绝大多数时候，我们会拒绝那些降临在我们头上的古怪而又不合常理的事件。绝大多数时候，我们会试着去忽略那些扰动——直到心灵呼唤我们去关注它们，发现它们可能的重要性和必然性。理性是最后一个屈服的部分，而在心灵的召唤和理智的计划之间，常常会出现你争我夺的拔河场面。每个人内心中的这种冲突，都是在重复柏拉图的两个原则：“nous”和“ananke”，也就是理性与毫无理性可言的

必然性。

当然，理性可以推迟这种诉求，甚至去压抑和背叛它。你并不会因此必然受到惩罚和诅咒。代蒙并不是一个绝对不可违逆的魔鬼或一匹来自天堂的猎犬。报复也不是必然性的女儿。事实上，必然性仅仅指的是你别无它选，或者说，你无法逃脱。但逃避并不是一种罪孽，因为必然性并不涉及道德。逃避同样属于你灵魂中的命运和它的模式。

哈里·胡迪尼①就建立起了以逃脱为主题的伟大事业。这正是他灵魂的诉求。“他从未停止去创造”自己的人生，如此便能从“迂腐的真理”的禁闭中逃脱。他几乎绕开了自己前方的所有陷阱，包括那些真实的部分——比如他究竟在哪里出生（是威斯康星州还是匈牙利）；他的生日（3 月 24 日还是 4 月 6 日）；他的名字［欧立希（Ehrich）还是艾瑞克（Erik）］；最后，17 岁那年，在阅读了 19 世纪伟大的法国魔术师罗伯特–胡迪尼（Robert-Houdin）的传记之后，他逃开了自己的家族姓氏［威斯（Weiss）］，并用胡迪尼取而代之。

胡迪尼几乎战胜了无所不在的必然性，利用自己人生的每一次转折来实现这一点。不论是贫穷、失业、偏见，还是失败——没有一位刻薄的神灵能够奈何得了他。他每一次都可以从捆绑、监狱的单间，甚至银行的金库中逃脱，甚至能够让自己五花大绑地被密封在一个金属棺材里，沉入冰水之中，仍然可以逃离出来，仰头呼吸。一次又一次这样奇迹地逃离，让他的观众不由得兴奋颤栗。

但是，尽管他逃脱了外面的棺材，他那结实而又肌肉发达的躯体上却长期潜伏着炎症，最终使他不可避免地因阑尾穿孔而殒命。

胡迪尼的故事与马诺莱特的故事相似吗？还是很像我们自己的故事？橡果的眼睛会倒序地阅读这个故事。就像公牛在等待马诺莱特一样，阑尾炎也在等着胡迪尼，这是一种无法逃避的必然，它与胡迪尼的橡果中与生俱来的

---

① 译者注：哈里·胡迪尼（Harry Houdini，1874—1926），著名的魔术师，享誉国际的脱逃艺术家，能不可思议地从绳索、脚镣及手铐中脱困。

超凡努力和令人惊讶的英勇成就相伴在一起，如影随形——直到临终那天，在临终的病床上，胡迪尼这样对自己的妻子说：“我太累了，再也无法战斗下去了。”

即使是逃脱大师，也必须符合必然性的规则。“ananke”的锁链既是可见的又是不可见的。当“再无其他可能”的情况发生时，对于人生究竟是如何运作以及事情为什么会发生的最强有力的解释，也许就属橡果论了。

你越是对自己的代蒙保持真诚，就越能贴近属于你宿命的死亡。我们总是期待代蒙可以预见死亡，并在飞机起飞前或是某次忽然的疾病来临时召唤它。这是我的宿命吗，那么现在呢？当我们使命的召唤看似是一种无法否认的必然时，死亡也同样是一种必然：“如果我做自己必须要做的，那么它无疑会杀死我；而如果我不做，我也会死去。”是迎合还是放弃这一使命，仍然并且又一次成了问题所在。

或许使命与命运之间纠缠的亲密关系，正是我们为什么要回避代蒙以及为它的重要性提供支持的理论的缘故。我们总是喜欢创造和选择那些让我们与父母力量紧密相连的理论，那些阻止我们与社会条件化和基因决定论相联系的理论；因此我们选择逃避这样一个事实：我们命运中的那些深刻影响都比不上死亡的力量。死亡是唯一纯粹的必然，必然性女神的原型与她的女儿（命运）共同统治着我们生命线延展的模式。生命线的长度以及它不可逆转的单向性，同样是这种模式中的一部分，而且再无其他可能。

第十章

坏种子

杀戮的使命?

欺骗和犯罪，虐待狂和连环强奸犯——所有黑社会中大大小小的生命体——他们的灵魂都传承于必然吗？此外，普罗提诺在几个世纪以前提出过疑问:“邪恶的性格是如何被上帝赋予的？”一个人可否被召唤成为杀人犯？橡果里会孕育坏种子吗？或者，精神犯罪者根本没有灵魂？

回答有关坏种子的问题(无非是有关邪恶本质的问题),如果不追溯太远，如果调查的人物仅限于近现代那些有着极端精神病态犯罪心理的凶手，那么阿道夫·希特勒（1889—1945）自然是不二人选。

对希特勒开展的研究，其价值超过了对许多令人费解的虐待杀人狂和酷刑施暴者的比较研究。首先，它进一步推进了我们一直沿用的研究方法：研究极端情形以掌握更基础的情况。第二，我们能通过个案来揭示代蒙是如何出现在性格特征和习惯动作中的。第三，通过面对希特勒的暴行，我们得以直面他遗留给我们这个时代的暴行。希特勒现象对我们现在的文明生活有着深刻的影响。不同于查尔斯·曼森（Charles Manson)、杰弗瑞·达默（Jeffrey Dahmer)、约翰·韦尼·盖西（John Wayne Gacy）等人的犯罪，“相对于由集体共同信仰体系中超越自我的奉献而造成的大屠杀，……个别暴力导致的伤害便微不足道了”。

在西方后希特勒时代，作为一个有意识的公民，不仅需要记住希特勒时代的西方历史影像，并从中吸取20世纪上半叶的经验教训，还应该反思希特勒这样的恶魔在西方世界存在的潜在影响。对希特勒的反思不仅仅是为了提出精神病和暴政的案例研究，也不仅是为文学提供一个出发点，例如梅勒、卡波特和萨特对他们的精神病患者的记载。研究希特勒成为了心理学发现的一种仪式行为，这种行为对于呼吁人们有意识地铭记大屠杀和回顾“二战”是必需的。希特勒的研究的源起，其实是西方社会因为希特勒的行为而引起的集体无意识的心灵忏悔；也是因为选择了希特勒作为领袖这一行为而赎罪。

这种致命的模式一旦出现，恶魔将不必再费力来蒙住我们的双眼了。我们的研究也意在解释代蒙（天赋或恶魔）是如何以其特有的方式来展示其邪恶的一面的。

注意力集中在最坏的人身上导致的一个主要缺点是，那些宵小鼠辈就被遗漏了。太过密切地观察希特勒，我们可能会忽略我们周遭的坏蛋。无人知晓的董事会和政府官员所做的决策毁坏了社会，破坏了家庭，掠夺了自然资源。成功的精神病患者愉悦了群众并赢得了选票。电视显像管的厚玻璃和它变色龙般的多功能性（能够显示任何东西）传递着距离、冷漠和吸引力，就像许多衣着光鲜的政治、法律、宗教、企业的高层领袖一样。世界上任何崇拜成功并功成名就的人都应该被怀疑，因为这是一个精神异常的年代。如今的精神病患者不再像30年代黑白犯罪电影里过街的脏老鼠一样躲躲藏藏，他们坐在豪华防弹轿车里，行驶在林荫大道上，进行国事访问，管理整个国家，并派出代表去联合国。因此，希特勒是老派的，当我们在努力看穿恶魔在今天（以及未来）的面具时，他将我们的注意力引开。尽管如此，恶魔永远存在，它会用当代的装束来伪装自己，降临世界，为杀戮而整装待发。

根据可靠信息报道，并经过权威史学家和传记家评估，希特勒的习惯证明了他的确受代蒙驱使。本书提到的希特勒所拥有的和其他人所拥有的最大区别，在于他人格的天性和代蒙的本质——他人格里的那颗坏种子让他毫不怀疑、毫不反抗地服从了代蒙的驱使。

正如本人想证明的，橡果论为设想希特勒现象提供了一个很好的模式，在本章的后面部分我将总结其他理论。恶魔或邪恶天才的想法有助于理解他在日耳曼民族中的黑暗号召力，以及在表述由自身代蒙的愿景构成的民族信仰，并要求人民服从并执行时的号召力。从一个种子的方式来看，希特勒最迷人的力量在于把数百万人哄骗成妖魔化的集体，因此我们可以更好地理解像杰弗瑞·达默、安德烈·齐卡提洛（Andrei Chikatilo）、丹尼斯·尼尔森（Dennis Nilsen）、皮特·萨克利夫（Peter Sutcliffe）和胡安·卡罗纳（Juan

Corona）这些独特的精神病杀手是如何迷惑顺从的群众的。也许相对于邪恶而言，无辜是一个更大的谜团。

希特勒

我们应该揭露希特勒的性格，这是文明社会的命运。揭露分两个阶段：首先，列举某些特殊的性格特征，这些性格特征能代表传统描述中的恶魔、死亡和毁灭；然后，分析一些次要的性格特征，以便更明白地揭露希特勒传记中那些无形的事实。

1. 冷酷的心

在一切即将结束的时候，希特勒对他的区域指挥官作了最后一次讲话，他说："不管发生什么，我的心永远保持冷酷。"在一次全军会议上他高度赞扬了陆军元帅乔宁，他说："他表现出了他的冷酷……在困难的日子里一直陪伴我，他总是冷酷。不论何时，只要局面变得糟糕，他就能变得冷酷而不乱阵脚。"

但丁说过，地狱的最底层是冰的王国，那里居住着十恶不赦的该隐、犹大和路西法。传说、迷信和中世纪晚期文艺复兴时期宗教法庭的教义认为恶魔的阴茎是冰冷的，精液也是冷的。

从心理特征上讲，冷漠是刻板的，无法屈服的，无法流动的，无法释放的。韦特的证词描述了希特勒人生中四个不同的阶段，这四个阶段一致体现出"他天生性格坚定、不屈服、顽固、固执、死板……阿道夫几乎不可能改变他的思想或天性"。在"二战"的最后时期，1945年的柏林，"当一个副官提出有些任务本可以完成得更好时，阿道夫·希特勒极度痛苦地哭喊道，'难道你不知道吗，我不能改变'。"他所有的习惯——穿衣服穿到破、刷牙的程序、选择的音乐和电影、时间表等——都是一成不变的。他在每天的同一时间遛狗，始终在同一个地点向同一个方向对狗扔同一块木头。

2. 地狱之火

有关地狱，最为普遍的影像就是火。长期以来代蒙都让人联想到火。比如人的天赋被称为围绕在头顶的炽热光圈，就像天使的光环。希特勒的代蒙用火来进行罪恶的工作——国会纵火案，成为他登上权力舞台的垫脚石；利用燃烧的火把在黑夜里行军；他演讲中那炙热的影像；燃烧着的欧洲城市；死亡集中营的烤箱与烟囱；柏林那些被汽油浸泡着并燃烧着的尸体。在战争前几年（1932 年）与赫尔曼·劳施宁（Hermann Rauschning，当时纳粹的主要领导者，但后来叛变纳粹并在战争前发表声明）谈话时，希特勒早已知道他和德国的结局。他说："我们也许会被毁灭，但如果真的失败了，我们也要拉着整个世界一起走向毁灭——那将是人间地狱。"然后，他开始哼唱瓦格纳《诸神的黄昏》的主旋律——《上帝的曙光》。

火有很多象征意义：转化、洗礼和启蒙、温蕴和教化、给黑暗带来光明。对于希特勒来说，火的潜能被限制在毁灭性上了，他认为德雷斯顿（Dresden）的火焰炸弹是死神站在最高点对人类及文明的造访，是被代蒙召唤而燃起的文化。

3. 狼

希特勒早期称自己为"狼"先生，并且把他姐姐的名字也改为"狼"夫人。在地堡的最后日子里，他喂养并训练了一只叫"Wolf"的小狗，且不允许任何人碰它。这种狼的精神特质出现在他的孩童时期，那时他把自己的名字从 Athalwolf、Noble Wolf 改为 Adolf；他把三个军事总部分别命名为 Wolfsschanze、Wolfsschlucht 和 Werwolf；他最喜欢的狗是 Wolfshunde，即阿尔萨斯狼狗；"他称他的汽船为'我的狼窝'……他时常不自觉地吹'谁害怕大灰狼'的口哨"。

这只狼的原型能量至今影响着我们每一个人，它根植于冷战和现代欧洲东西部格局之中。美国情报机关开始相信希特勒手下有整整一支“狼人部队”，该部队装备有毒气监狱和秘密武器，他们在要复仇的目标上用古老的卢恩文刻上狼的符文，他们与希特勒及其副官坚守在巴伐利亚山脉的最后阵地里，部署可怕的战术。针对于此，不仅美国的奥马尔·布莱德雷将军把美国军队转移至德国南部以打破这群狼的幻想，而且出乎斯大林的意料，盟军的指挥官也把部队开进了柏林。

不去谴责真实的狼，也忘掉狼以母乳养育孤儿的象征性美德，我们也许会引用一个古老的传统——认为狼是诸多邪恶死神中的一员，这个传统并非主要存在于日耳曼文化中，它同样存在于众多别的文化中。

4. 肛门性欲

希特勒曾给自己做过灌肠，肠胃胀气曾给他造成极大的困扰；他非常在意抚摸和被抚摸、节食、消化和个人清洁问题。有确凿的证据表明，他性交的愉悦感包括被女性弄脏。

在这里，我们又找到一个与代蒙有关的联系。恶魔会选择肛门作为他身体的特殊部分——因此鸡奸被视为一种罪过，清洁意味着虔诚，硫磺的气味便是地狱的味道，恶魔的脸谱以中世纪木版画的风格刻画在他的臀部。暴力医疗通便从理论上可解释为：清除掉坏的东西。那些反基督性行为以及基督的爱的对立面，比如萨德侯爵，都主要集中于（描写）肛门性欲。而那些针对臀部的惩罚，从拍打到鞭打和烙印，包括那些最残酷的基督教所要求的对恶人的折磨，都可以判定为对恶魔在人身体上巢穴的攻击。

因此，对肛门性欲的想象越走越深远；肛门性欲不仅是希特勒性格的发展阶段，同时也解释了他的死板和虐待狂的性格。如果肛门是庇护坏思想的性感带，那么，痴迷于它便不仅传递了对排便训练的固着，通过给它所需要的仪式象征性场所，更会使代蒙恶魔一而再地出现。

5. 自杀的女人们

据一些关于希特勒的可靠报告，有几个女人曾是他的情妇，或与其关系暧昧，或曾与他“相爱”；其中大多数（六个）相继自杀或企图自杀。这其中包括十几岁的弥米·瑞特（Mimi Reiter），希特勒爱上她时已经是37岁，在希特勒突然与之分手后她企图上吊自杀。还有希特勒的侄女姬丽·劳巴尔（Geli Raubal），她曾是希特勒“一生的挚爱”。伊娃·布劳恩（Eva Braun）曾在1932年对着心脏开枪自杀，但死里逃生，只是为了履行地堡里与希特勒相伴死去的约定。

从心理学角度，我们可以推论希特勒执迷于精神上击打女人的行为解释了他毁灭性的冲动。同时，我们也可以推论他的性功能障碍和可能的嗜粪癖导致了女性对自己深恶痛绝，进而选择“在失去宠幸前死亡”。或者我们可以想象更邪恶的画面，问问她们是否因为与这个燃烧着地狱之火却内心冷酷的“狼”保持亲密关系使她们无法再生存下去？这些女人是否知道她们爱上了魔鬼？

6. 怪胎

马戏表演的气氛归功于服装、游行、仪式和特殊姿势（鸭子步和伸直手臂敬礼），同时也包括怪胎。希特勒的长期私人司机是一个身材矮小的人，他要在驾驶座上垫一些木块才得以看得见方向盘上面；纳粹冲锋队领袖只有一只眼睛，他取代了被谋杀的恩斯特·罗姆（Ernst Röhm）；约瑟夫·戈培尔（Joseph Goebbels）有一只畸形的脚；官方摄影师是一个背部畸形的酒鬼；希特勒的新闻出版经理麦克斯·阿曼（Max Amann）和他的第一任财务主管都是独臂；阿曼同时也是侏儒；新闻出版主任是个聋子；马丁·博尔曼（Martin Bormann）是个酒鬼；鲁道夫·赫斯（Rudolf Hess）有妄想症；赫尔曼·乔宁（Hermann Göring）吸毒（吗啡上瘾）；劳改所的管理人罗伯特·雷（Robert Ley）有言语缺陷。

“一战”后的二三十年代，有缺陷的人、身体畸形的人、盲人充斥着劳动力市场，欧洲的大街小巷随处可见他们乞讨的身影。表现主义艺术里、卡巴莱式幽默中和夜晚的妓院里都充满了怪人。然而希特勒的随从们却有不同的境遇，他们这群怪物组成了国家高层，而跟他们有类似身体残疾的人却被分门别类地送往死亡集中营。

也许这很平常，因为鬼神学的历史表明半人的形象代表野蛮，这野蛮就像幻想与电影中的铁钩手、独眼海盗、跛脚追捕者和驼背一样威胁着正常的世界。希特勒最喜欢并反复观看的两部电影都是怪物秀：《金刚》和《白雪公主与七个小矮人》。

美国民主政治最值得称道的成就，莫过于通过法制把残障者整合进社会，并让这样的合并充满活力。整合“奇特的人”不仅使社会更为充实，还提高了怜悯的姿态，同时还消除了残障人士的象征性诅咒，毕竟他们在一些文化中依然带来凶兆以及引起地狱的想象。

7. 缺乏幽默感

怪胎、戏服、剧院、盛会——却没有喜剧。“希特勒没有幽默感，”希特勒的建筑与武装大臣阿尔伯特·斯佩尔说。希特勒的贴身秘书说：“我得承认我从没听过他发自内心的笑。”他年轻时的同伴也说：“他完全没有自嘲的想法……他就是不能……对某些事情仅仅付之一笑。”在前线服役的士兵说“他从没笑过或开过玩笑”。他憎恨被嘲笑，从不说笑话，也不允许笑话存在。

恶魔也许会表现得像个魔术师，他展示智慧，扮演小丑，跳吉格舞，并成为一个爱开玩笑的人。但谦逊的幽默，绝不会有！幽默这个词意味着湿润和柔软，它让生活变得平易近人。浮夸是令人厌恶的，而幽默能培养自我反省的意识，让我们远离自负。把我们降到某个点，幽默是向下成长所必要的（第二章）。在人间喜剧中，笑声是因为我们发现自己的荒谬行为，同时笑声能像大蒜和十字架那样有效地遏制魔鬼。卓别林的《大独裁者》不仅仅是模仿了希特勒，他还揭示了那种荒谬、无意义的以及恶魔的思想在内心膨胀的悲剧。

恶魔的性格特征

现在，我想提供更多有关希特勒恶魔特质的证明，以便更好地理解坏种子是如何发挥作用并被认识到的。

奥古斯特·库比扎克（August Kubizek）曾是希特勒的同学，他说他母亲惧怕希特勒的那双浅蓝色、炯炯有神、没有睫毛的眼睛。希特勒的高中老师描述他的眼睛是“闪亮的”。库比扎克同样写过：“如果问我从哪里可以感知到这个人，这个年轻人特殊的气质，我只能回答‘从他的眼睛里’。”希特勒的眼睛像他的母亲，他最喜欢的画家弗兰兹·冯·斯塔克（Franz von Stuck）认为他的眼睛“让他想起美杜莎（蛇发女妖）”。希特勒曾经“对着镜子练习穿透性的目光”，并且和其他人玩“眨眼游戏”[①]。老英国法西斯休斯顿·张伯伦（Houston Chamberlain，瓦格纳的女婿）这样描写希特勒：“你的眼睛就像长了手一样，它们能紧紧地抓住一个人……一下子就改变了我灵魂的状态。”

大概在1909年，希特勒遇见了他的导师格奥格·兰茨（Georg Lanz），他是一位多产的反犹太幻想家，出版了大量的古怪小册子，比如《动物学理论》、《多玛城猿人的故事（罪恶原人）》以及《女权主义的危险和男性道德领导的必要性》。兰茨也同样写道：“作为高等物种的人类，最能激起性欲的就是眼睛……英雄的性冲动是对于眼睛的爱。”一位被希特勒“英雄式的性感”迷惑的人在报告中指出：“我看着他的眼睛，他注视着我的眼睛，那时我只剩一个愿望——回家独自享受这奇异、美妙、无与伦比的经历。”

“经验丰富的德国剧作家”格哈特·霍普特曼（Gerhart Hauptmann）终

① 译者注：与他人四目对视，直至某一方不敢对视下去。

于有机会见到希特勒。“领导人与他握手并看着他的眼睛。那强烈的凝视让每个人颤栗……霍普特曼后来对他的朋友说：‘那是我人生中最美妙的时刻！’”

如果真的如传统的描写那样，眼睛是心灵的窗户，那么希特勒目光中的压迫感是否来自魔鬼的凝视？他的目光是否透露出深处的空虚，你是否瞥见他那没有灵魂的冰冷的深渊？尽管没有人能回答，但至少我们不能把这双不同寻常的眼睛归咎于环境，尽管眼睛的颜色已被基因决定，但那美杜莎一样令人酥麻的力量也能简单地归因于染色体吗？

正如我们在很多传记中所注意到的，橡果想要迫切确定的是把自己的生命交到更强壮的手上。“我顺着天诏的喻示前行，真实地感觉到自己就像在梦游，”希特勒在他1936年的演讲中说。他节俭、刻薄，不同寻常。从1914年到1918年的整个战争前线（他在那里仅受过一次皮肉伤，还有一次轻微气体中毒，主要影响了他的眼睛），战士们把希特勒比喻成“白乌鸦”[①]，不可亲近并与众不同。他的同僚们认为他过着令人着迷的生活。“他的兵团战斗在36个主战场上……数千天里死亡都围绕着希特勒，但他都很离奇地逃离了死亡。”“他好似在不断地招惹死神，但当他的同事中弹时，他却能幸免于难。在一次著名的袭击中，整个团几乎被摧毁，有人对希特勒说：‘伙计，没有一个子弹上有你的名字。’”在“啤酒馆政变”（1923年）中未能夺取政权时，希特勒的保镖“跳到他面前挡住了射向他的半打子弹”。计划缜密和富于勇气的希特勒暗杀行动在1944年7月失败了；失效的（枪）撞针以及厚桌腿的阻挡，希特勒得救似乎是命运的安排。

曾经，在他17岁的时候，命运对他很不公。他购买彩票，并为中奖制定了宏伟的计划。但他没有中奖，因此他陷入狂怒。他曾被这种相同的“天意”所辜负，莫伊拉、福尔图那，或者其他的他所绝对信仰的幸运女神。莫伊拉，

① 译者注：比喻十分珍稀罕见。

会让你想起，曾是代蒙附体后的另一个名字。

他曾谈到命运女神、天命和历史。《我的奋斗》是他幻想的起航，开启了希特勒版的柏拉图神话。他认为是命运选择了奥地利的布劳瑙（Brunau），作为他进入这个世界的大门（希特勒出生于奥地利）。

希特勒的召唤给了他自我引导的权利，使他成为人类世界之外的梦游者。超越人类世界同样意味着卓越，在那里，有神聚集。希特勒的坚信证实了他的感觉总是对的，而他绝对的信念也完全说服了他的人民，并把他们引进了他的错误中。绝对的肯定、坚定的信念——这些，都是代蒙的信号。

七岁时，“希特勒很傲慢、易怒，而且不愿意听任何人的话，”希特勒的同父异母的兄弟阿洛伊斯说，正如他最后不肯听他的指挥官的建议一样。他也不会听任何女人的话；他只愿意听从他内心的代蒙，那是他唯一真实的伴侣。正如导引的细语变成魔鬼的声音盖过一切，我们开始明白权力是如何腐坏的。他的种子里包含了确凿的、不可思议的见识。既然说上帝是无所不知的，那么当希特勒也变得无所不知的时候，他就不需要与其他人交流了。他们已没有什么可教他的了。

为了展示自己的无所不知，他把大量细节都烂记于胸——兵团和后备队的位置、船的排水量和电枢、车辆的种类，所有的这些都用来回应并压制他的质疑者，也让他的指挥官们感到不安。这些信息证明了他的卓越，掩饰了他思考和反思能力的不足，以及在社交上的掌控能力的欠缺。魔鬼并不能保证面面俱到，他能做的，只是以尽可能深的细节与术语让人窒息。

我们的国家应该从希特勒身上吸取教训，因为也许有一天一个英雄要选举当政，他将在巨型的电视屏幕上从激烈繁冗的竞争中脱颖而出，并教育我们的孩子去相信电脑网络是通往知识的道路。如果你认为精神病就是用夸张的措辞表达自己粗浅的想法，那么，一个注重传授事实而非思想的教育，联合一个缺乏批判的只在政治和宗教层面上正确的爱国主义“价值观”，这样的背景将共同导致整个国家的年轻人在接受完高中教育后就成为精神病。

代蒙的超然存在使其置于时间之外，因此它进入的方式只能是向下成长。为了从编年体传记中更好地掌握代蒙的档案，我们必须“回溯生命”，也就是依靠直觉（第四章）。直觉能一眼看见一切并呈现出一个整体。时间把连续的事件串成一条链，引导事物走向终点。但是希特勒的计划与能力并不是以时间为线索来发展的，它们在他年轻时就有了，正如他死在瓦格纳剧院的废墟中，亦是年轻时就注定了的。

希特勒感觉自己陷入了时间的陷阱，他常说：“我没有时间。”“时间总是……与我们作对。”他从来不戴手表，带怀表时他会让表停止运转。他忽略白天黑夜的划分，白天躲在黑暗中，却又整晚亮着灯。我在地球上建立的王国能持续上千年，他说，那些被他认同的人物都是其他年代的：腓特烈大帝、俾斯麦、基督。失眠则是他最大的病症之一。

这个种子中的模式在一瞬间完全展示出来，并且变得清晰。你想要它的全部并且马上就要，因为你感到和看到它的全部也发生在刹那之间。这是一种卓越的洞察力，理应只有无处不在的上帝才有。就像老牧师所解释的：上帝创造了时间，所以所有事情不会同时发生。时间变慢，事件一件接一件发生，而对时间有着清醒认识的我们，相信前一件事导致后一件事情的发生。但对于代蒙而言，时间无法让任何不在它整个意象里的事情发生。时间只能减慢或者阻碍个体意识到这一点，从而进一步“向下成长”。

橡果不受时间的影响，橡果能推动所有事情在一瞬间发生，这显示了橡果是由代蒙所有，代蒙有了魔性。对所有事物的认识都需要时间，包括时间的获得、拥有和花费，但这些对于坏种子并不适用，它传播膨胀的狂躁且无法忍耐中途被打断（希特勒发明的闪电战，以及他对每一件阻碍他的事都感到愤怒），每一件事都要立刻执行，不容拖延。炼金术士说：“你的灵魂在你的忍耐中”，“所有的轻率来自于邪恶”。

以下是魔鬼侵入的直接证据，或者这就是魔鬼本身：

一个在日常生活中与他最亲密的人给我做出了如下描述：希特勒经常在晚上抽搐、惊叫。……他恐惧地颤抖，使整个床都摇晃。……希特勒摇摇晃晃地站在他的房间里，狂野地看着他。“是他！是他！他在这儿！”他气喘吁吁地说。他的嘴唇是蓝色的，满头大汗。他会突然一口气说出很多人物、怪词以及不完整的句子，完全没有实际意义。听上去很可怕。他怪异的构造出完全不是德语的构词。然后他静静地站着，只有嘴唇在动。随后，侍从们为他按摩，并递给他一些饮料，突然他会爆发出吼叫——

“那儿，在那儿！在那个角落！那是谁？”

他以熟悉的方式跺脚嚎叫。当别人向他证实屋里并没有特别的东西以后，他才逐渐恢复镇定。

八种解释

爱丽丝·米勒转述了一个故事，讲述了希特勒正在幻想一个严苛的父亲对他的折磨。她从常规视角推论出，希特勒看到的那个恶魔就是他所幻想的父亲。她相信他与玩伴们所导演的以受压迫的印第安人以及波尔人的身份进行战斗的战争游戏，同样也是与他那令人压抑的父亲的战斗。而且，米勒认为希特勒不仅反抗他那压抑的父亲，而且他还无意识地把自己等同于一个压迫者。对于爱丽丝·米勒来说，激发希特勒的暴力以及缠绕在他内心的魔鬼实际上根本不是代蒙，而是他内投的父亲形象。因此，是教养谬误驱除了魔鬼。

再说说查尔斯·曼森，他是一个在过去30年中常浮现在西方人脑海中的恐怖人物，堪比上世纪的开膛手杰克，同样也被归罪于不良的家庭教育。这些解释认为他的邪恶种子根植于母亲，她曾打算“为了一罐啤酒而将他卖给酒吧女招待”。曼森把这个故事告诉他的传记作者，来解释为什么“他总觉得自己是个局外人而受到排斥”。我们熟知的心理学除了从父母权威和发展的角度之外，没有其他的办法为代蒙召唤的原始孤独感以及孤立效应提供解释，而这种影响不仅发生在希特勒身上，也发生在其他的天生杀手身上。

伍迪·哈里森（Woody Harrelson），扮演了奥利弗·斯通（Oliver Stone）电影里的精神病患者，直率地说自己是个“天生杀人狂”，这让我们明白了他在影片中为何有如此出色的表演，这也成了这部电影的片名。而写这个剧本的昆汀·塔伦蒂诺，以及导演这部电影的奥利弗·斯通，仿佛都无法接受他们自己电影的暗示。他们以倒序性虐待场景来歌颂陈腐的心理学“推理”。这种不相干的铺垫不仅将精神病患者塑造成受害者的形象，而且模糊了这部电影本身的重要洞察力。电影的主题为“无意识行为”给出了三条无法抗拒的动机：美利坚情感的孤立与反社会膨胀；媒体推崇的幻觉中的卓越；召唤杀戮的天生坏种子。

这个天生的坏种子在英格兰纽卡斯尔的玛丽·贝尔（Mary Bell）的案件中展示得再清楚不过了。1968 年，这个十岁的女孩，手无寸铁，却在两个月中先后掐死了马丁（四岁）与布莱恩（三岁）。姬塔·赛瑞尼（Gitta Sereny）研究了玛丽·贝尔与母亲的早期生活，这个神经分裂的母亲极具危害性，并且从未想要这个孩子——确实，她曾多次想除掉玛丽。所以，在赛瑞尼看来，这两个被谋杀的小孩变成了玛丽·贝尔自身灵魂的牺牲品，而扼杀她灵魂的正是她的母亲。残暴来源于非人性的父母教育。赛瑞尼写书是为了改善社会环境并反驳橡果论，也就是坏种子理论。“难道我们还没超越那种称患病小孩为怪物以及相信恶魔诞生的阶段吗？”

玛丽·贝尔早年发生的一些事件可以用来解读她非同寻常的命运。她不被喜欢并且其他小孩都与她保持距离：“没人爱跟我玩。”她的小学老师觉得她狡猾、无耻、诡诈。她一直在讲故事，而且很难分辨她说的是真话还是假话。在旁观者的立场上，“她让人不由自主且毫无缘由地感到厌恶，不仅仅是那些跟她接触的人，也包括那些旁观者”。她身上的某些东西让人无法与之接近。

这些情况在她的婴儿期就表现出来。她的姑姑曾照看她一段时间，她说道：“她还只是个婴儿，但她不让别人对她做任何事。她不让任何人抱她或吻她，总是这样。她总是把脸转开。”赛瑞尼注意到这与她的母亲受到的待遇一样，“曾有很多人关心玛丽，但都被认为不可接受”。

然后就是被死亡所吸引：玛丽四岁前曾四次以不同的方式接近死亡。她找来了毒品、药片，还差点从窗户摔下去。是不是橡果已经知道她不该进入这个世界？拜她祖母（一个“非常负责的女人”）所赐，玛丽仅仅一岁大，就可以拿到这个老妇人的药片。“要做到这个，那个小婴儿必须找到编织针（用来打开那个隐蔽的地方），爬到一个放留声机的地方（这就是那个隐蔽的地方），打开它，拿出那个小心藏好的瓶子。拧开瓶盖，拿出并吃掉足够杀死她的危险的药片。”

说到勒死人，“‘死亡’、‘谋杀’、‘杀人’对于玛丽来说有不同的意义。……对于她来说，这些都是游戏”。

玛丽·贝尔把我们直接带到了谜团的起因。姬塔·赛瑞尼明确表示，如果玛丽的母亲接受了适当的精神病学治疗，如果当时有更好的校园心理咨询以及不那么凄惨的社会经济条件，布莱恩跟马丁就不会死。

爱丽丝·米勒一定同意赛瑞尼的观点，因为她清楚地说过：“所有荒谬的行为在童年早期都有它的根源。”她还说过：“希特勒实际上成功地将他的家庭创伤蔓延到了整个德国。”海尔姆·斯戴尔林（Helm Stierlin）的“心理历史学”书籍《从家庭视角看阿道夫·希特勒》也这么认为。似乎在说，如果早点对那个昏暗的奥地利家庭介入治疗，整个世界历史就该改写了。2000万俄国以及600万犹太遇难者，更别提所有其他地方的受害者，以及死去的德国人，他们都是阿道夫年轻时的暴力倾向以及他母亲的行为的牺牲品。

即便是赛瑞尼和米勒确实找到了一些事实，我们还是要问：是不是可能有基因因素在这些以及其他一些犯罪心理学案件中起作用，而这些基因还会“世代相传”？有没有某些人天生就是魔鬼，而且不受人类影响？莎士比亚的普罗斯彼罗[1]，听上去像个失意的临床医生，形容恶魔卡利班[2]为“一个魔鬼，一个天生的魔鬼，后天的养育不能改变他；我的痛苦啊，请人道地带走，所有，失去了所有，完完全全地失去啊！”（《暴风雨》，Ⅳ，i，189）。同样的，当我们读到玛丽与希特勒的冷酷，那种对死亡的冲动，看上去是由某些其他的东西导致，而不是由教育和遗传造成的，应该是他们灵魂中所缺少的什么东西，或者因为他们完全没有灵魂。

所以我们可以提出一些主要模型来解释坏种子。我按顺序一个个列出它们，使得它们清晰且独立地展现，毫无疑问，它们是相互作用的。每一个都可能为其他模型提出假设。没有哪一个模型可以被认为是唯一的事实。

相比于本书的其他部分，这一段更精确严格，这是因为它的主要对象是希特勒。这个人物是有毒的、爆炸性的，需要特殊处理的。每一点证据跟指控都必须分别予以标记。也许，我们可以理解这种费力的、强迫性的方法也同样在以色列调查审判阿道夫·艾希曼[3]、法国调查审判克劳斯·芭比（Klaus Barbie），以及纽伦堡审判中都被使用过。这种步步为营的理性主义是尤其谨慎的，它反对我们所讨论的代蒙的力量。让我们以审判的视角来看待坏种子，以下八种模型的每一种都为我们声讨的行为提供基本的解释。

1. 早期创伤条件

你之所以变成现在这幅模样，是因为你那充满虐待、残暴以及不被关注的婴幼儿与童年时期。也许你遭受了产期综合征、营养不良、早期头部创伤。而当你出生那一刻起，你就是多余的，并且要在严酷与暴力的环境下生存。传递给你的信息是双重封闭的；他们拒绝承认事实；而你又受制于他们不可预测的心境与一时兴起的念头。你生命中的每一分每一秒都是危机；在暴政

① 译者注：莎士比亚戏剧《暴风雨》中的主角，为其兄弟所逼，与女儿相依为命居住在一个小岛上。

② 译者注：莎士比亚戏剧《暴风雨》中丑陋、野蛮而残忍的奴隶。

③ 译者注：阿道夫·艾希曼（Adolf Eichmann，1906—1962），纳粹德国的高官，犹太人大屠杀中“最终方案”的主要负责人。

前软弱无力，尊严被剥夺，由此你习得了这早已确立的模式，随着人生继续发展，你从糟糕走向更糟。

2. 遗传变异

你是一个不良生理结构的承载者：睾丸素太多；血清素不足；荷尔蒙失衡；电传导失效；植物神经迟钝；基因异常。生理变异决定行为的想法在 19 世纪的精神病学中占据着重要位置。这个理论从纵向家庭史调查衍生出来，在几代人耳朵和手纹上显示出退化的迹象。精神病学的书籍成了那些奇装异服、行为乖张的“堕落者”的照片集，并认为这些人“身体”的活力与行为能力指标都呈下降趋势，因为他们的祖父辈酗酒或有奇怪的性癖好。导致精神病患者去犯罪的是一种生物物理能量，而且他们在生理方面有着与很多天才和艺术家同样的特殊之处，同时，性驱力（力比多）也对他们的犯罪行为有着显著的影响。这种状况无法根除，除非用物理方法，比如对那些“发疯的罪犯”终身监禁，并施以阉割、电击、脑白质切除，以及纳粹政权下的活体解剖和种族毁灭，诸如此类的“疗法”。如今的生理学模型则更巧妙地推荐药物方法来抑制你的行为：抛出漂亮的小药片。

3. 群体风俗

虽然生物基础和社会环境能打下一个基础，但最要紧的因素是你的特定社会环境，尤其是从你的青春期的开始到被延长的青春期末端。街道上的习惯，帮派暗语，监狱里不成文的规矩，军事化教化的特殊力量，民兵组织意识形态，集中营里的各种小团体，黑手党成员的“义气”[①]。这些你所认同的组织的传统惯例决定了你的价值体系和行为方式。这些模式反复灌输给你，

① 译者注：不向官方报告仅属于当事人之间的犯罪，即拒绝出庭作证。这种拒绝在西西里岛受法律保护，甚至是一种荣誉。

成了你受到威胁时的退缩反应，就像美莱村[1]事件后军方的反应或者在自己家附近被羞辱时你的反应。有时犯罪或者暴力属于一个群体——就像早期的街头帮派希特勒的暴风骑兵营——在胜利后烧、抢、强奸。这些都相对独立于生理以及早期的环境因素。当你到了罗马，你就会跟罗马军团所做的一样。

一部关于无情的芝加哥犯罪之王阿尔·卡朋（Al Capone）的传记中提供了一个一般性的犯罪解释，提到了他早期在布鲁克林的环境和群体风俗：

> 若非迫不得已，有什么样的男孩愿意在那里逗留？在那里，8个、10个或12个人在两三个潮湿昏暗的房间里吃饭、睡觉、洗漱、穿衣；在那里，排泄物的恶臭从腐烂的排水沟飘过来，充满整个走廊，害虫尽情享用着窗外的垃圾堆；在那里，你要么冻得不行，要么大汗淋漓；在那里，大人们处于贫困和迷惘中，不停地和你以及别人争吵，还会因为微小的冒犯而鞭打你。
>
> 加入黑帮是逃避现实的方式。……他们形成了自己的街头社会，独立于成人的世界并与之为敌。由某些大孩子、有力量的孩子带领，他们追求共同冒险的刺激、恶作剧、探险、赌博、偷盗、破坏、偷偷吸烟，或者玩火、喝酒，举行秘密仪式、下流的集会，与敌对帮派打斗。

4. 选择机制

你的行为是你选的，完全取决于你的抉择。你的选择本身取决于你的生理机能、你的早期教育、你青春期的群体习俗，但这些都不能决定你对正在进行的每一个谋杀行动进行的成本—收益分析。显然，这些犯罪行为对你有一定的好处。衡量的方法很简单，即痛苦与快乐之比，这是杰瑞米·边沁（Jeremy Bentham）提出的有效计算人类行为的微积分公式，类似的概念

---

① 译者注：越南村落，越战期间美军曾在这里进行大屠杀，事后军方的第一反应就是企图掩盖事实。

如詹姆斯·Q. 威尔逊（James Q. Wilson）与理查德·赫恩斯坦（Richard Herrnstein）提出的惩罚 / 奖励概念。如果你的人格类型觉得从冲动性行为及蓄意杀害中获得的奖赏要比预期的惩罚更有价值的话，你将自动地、机械地去执行（杀戮）。进一步说，如果每个选择都带来一点点的成功，就像希特勒整整十年的例子，那么那些成功将加强你的信仰，使你认为是命运让你走上了这条路。

5. 因果报应与时代精神

你的前世的某些部分决定了今生。遗传变异也许就存在于你的染色体内，但是将它植入的正是因果报应。坏种子反映了你个人所必须忍受的东西，以及一些属于世界历史的东西，那就是时代精神。不管你是堕入费根[①]之手的儿童盗贼帮，还是一开始就加入印度的暴徒帮，或者你的身体被塑造以制造不寻常的生理学反应——所有这些都是前世的报应。这有形而上学的奥秘在发挥作用，人类的思维太过局限而无法抓住其中的奥妙：即便是最坏的一颗种子，也要参与到整个宇宙时代精神的模式中。希特勒个人的因果报应是世界计划的一部分。

6. 阴影

除了生物和环境因素，心理上的一种破坏倾向存在于所有人类当中。暴力、犯罪、谋杀和残忍就像人类灵魂的阴影。《圣经》也给予这些阴影应有的尊重并公布了它们，正如十戒里面的五条：禁止偷窃、谋杀、通奸、说谎和嫉妒。这一倾向普遍存在于世界的任何地方，它潜伏于每个人当中，是保护社会形态、政党组织和道德约束的基础。如果人类的灵魂没有阴影，谁还需要律师、刑事学家或聆听忏悔的神父？阴影在任何时刻都会伺机而动，像

① 译者注：狄更斯的小说《雾都孤儿》中雇佣小孩儿为窃贼的老坏蛋。

《化身博士》（*Dr. Jekyll*）里的海德先生，或者像小说《苍蝇王》（*Lord of the Flies*）一样，阴影会在极端的情况下慢慢靠近。与生俱来的杀戮性是人的共性。既然人类的阴影可以深到触发集体杀戮的程度，人类的行为也就自然受到这股原型之力的推动。希特勒太了解阴影了，他沉迷于它，痴迷于它，努力去消除它；但他不承认自己身上的阴影，而把它投射到犹太人、斯拉夫人、知识分子、外国人、弱小和患病的人身上。

7. 缺陷

有些东西，在人类身上压根就是缺失的。你的性格，你的人格库存中会有个漏洞。你的罪行在很大程度上并非是由于阴影（因为每个人都从属于普遍原型）的影响，而是源于一种特定的缺失，缺失了人类的感觉。阿道夫·谷根布尔—克雷格（Adolf Guggenbuhl-Craig）的理论称之为基本性欲的缺失。天主教称之为“善的缺乏”①，善良被剥夺了，就像我们口头常说的，“那个男孩不大好”。

其他特征可能填补这些缺失：冲动（急性子、暴脾气），目光短浅（即刻满足胜过长期收益），因重复工作造成的行为僵化，情感的贫乏，智力发育不良，不懂得内疚和悔恨（Teflon 式的耸肩②），投射和否认——所有这些都被指出了，但其中最主要的和最基本的是性的缺失，冷漠的缺失，无法感受和触及（共情）其他生物。

当英国连环杀手丹尼斯·尼尔森把杀死的男孩放在自己的房间里和他一起睡觉、爱抚并做爱时，当杰弗瑞·达默吃搭他顺风车的人的肉时，他们就像基督教、藏传佛教和日本艺术画面中最底层世界的魔鬼。他们也许试图去寻找放逐空虚的出口，找到重回普通人性的方式。犯罪中与性有关的部分不

① 译者注：善的缺乏（privatio boni），即善被剥夺或挪开了，任何东西蓄意违反了固有的善，邪恶就产生了。

② 译者注：Teflon 为一种高度耐热性的塑料，表面光滑且不容易与其他物质发生化学作用。这里借喻一种事不关己、不知道、不关心、不予理会的态度。

是犯罪的原因，而是犯罪的征兆，它试图点燃死亡之火，唤醒生命力，触摸、连接并与人体交流。

8. 代蒙的召唤

有一种特殊的召唤让你无处可逃。它是怎样嵌入我们过去的生活、现在的身体以及延伸到世界大历史的时代精神中，这些问题超出了你的知识储备，也超出了我们的理论范围。这种召唤带来了卓越，它成为人类生活中的必需品，就像表演之于嘉兰、战场之于巴顿将军、绘画之于毕加索一样。正如艺术和思想的潜能可以用橡果论来阐述，代蒙罪恶的潜能亦是如此。

> ……人们不理解。……人生在世都在追求房子、带草坪的院子等东西。我们崇尚娱乐。我们是有魅力的人。坐豪车、拥美女、品美酒。听着人们谈论你。听当你走进酒吧之后的鸦雀无声。你甚至可以无中生有。

犯罪倾向就像卓越，超出了你的环境，充满力量或者说“魅力”，使你接触到来自召唤驱力的卓越之源。

在悲剧《奥赛罗》的最后一幕中，埃古的歹毒导致奥赛罗杀妻并摧毁了奥赛罗高贵和纯真的品格，当埃古的阴谋被揭穿时，奥赛罗问他：“为什么要这样摧毁我的灵魂和肉体？”莎士比亚让埃古这样回答道：“我什么都不需要：你知道什么，你都知道的。”这是埃古最后的话，它们留给后人去解释和猜想他的动机。但一个莎士比亚的反对者认为这一点都不具有神秘感。埃古实质上是在说：“你已经知道了，奥赛罗，在前面的台词里你已经两次称我为恶魔了。”埃古造成的悲剧并没有什么特殊的意义——就像一场运动，一场游戏。

坏种子喜欢蓄意害人，它享受破坏。当玛丽·贝尔被问及关于布莱恩的谋杀案时，她这么告诉她的女精神病医生：“那天我一直在笑。”唯一的目击

证人，一个13岁的小女孩陈述：“她说她很享受。”按代蒙的旨意行事让人感到很满足，喜悦会随着与青年男性做爱的愉悦而来，但这不足以构成犯罪的原因，就像玛丽·贝尔的案子。

唯物主义不能解释欲望。希特勒建立的以谋杀为基础的民族并不是出于经济利益的考量。事实上，随着战争向失败的方向发展，他建设屠杀营等娱乐公共基础设施的花费远远大于他缴获的财产和黄金。物质匮乏也无法解释坏种子——或者正如社会学家杰克·卡茨（Jack Katz）说的“驱动力导致异常行为”，即使难以忍受的条件也很可能成为影响坏种子的主要因素。

卡茨的解释依赖于哲学概念［有些来自法国思想家保尔·里克尔（Paul Ricoeur）的《罪恶的象征》（*Symbolism of Evil*）］，认为“无意识”行为也有其含义，而不仅仅是疯狂。这些“无意识”行为使凡人和神圣得以连接。破坏所有的戒律让你从人性的束缚中解放出来，打开通往仙境的大门，在那里魔鬼和神明难以区分。

激进的神秘主义（如黑弥撒的庆典、犹太法兰克主义、基督教唯信仰论和撒旦崇拜以及密宗练习）从仪式上打破了将神圣保留于道德专区的禁忌。大多数可想到的亵渎行为会提升亵渎的能量，直到这种冒犯神圣的能量与神圣本身无异。

精神病患杀人被称为是无意义的，这不仅是因为他们是非理性和武断的，他们的动机也令人费解。他们的无意义在于“异常混乱”，由犯罪引发的急剧跌落或上升的体验，而犯罪是一种变换，一种“神圣”。卡茨认为无意义的意义得从超凡脱俗的另一面去发现，无关乎你是谁，而在于你因此可以成为谁。

这种感官错乱是伴随行为而来的。布莱恩·马斯特斯（Brian Masters）总结心理变态杀人（他关注的是丹尼斯·尼尔森——杀了15个青年男子的人）时说：“在谋杀当时，凶手的理性被削弱了。”

一位德国的施虐且谋杀小男孩的凶手约根·巴奇（Jürgen Bartsch）表示：

“从一定年龄开始（大概十三四岁），我总是感觉我不再能掌控自己的行为……我祈祷，至少我希望是做一些好事情，但事与愿违。”他转而求助于神灵介入，因为他认为导致他这样行事的原因已经超越了人类领域。杰弗瑞·达默，杀死年轻男子并把他们的肉切了吃，他没有解释是什么驱使他这样做。他选择了接受审判，而不是申诉，因为他“想弄清楚造成我如此糟糕和邪恶的究竟是什么”。

在1992年的审判期间，他的父亲莱昂内尔·达默（Lionel Dahmer）在回忆自己年轻时候发生的一些事件和情景并将之与孩子的经历比较时被吓呆了：控制的“味道”和对力量的渴望；以破坏物品的方式实施这种诉求；疏远和冷漠的感觉；尝试诱奸小女孩——以及8岁到20岁那些可怕的关于犯下谋杀罪的梦。醒来之后，那些罪行看起来如此清晰：“我确实分不清幻想与现实，我会害怕我可能做过的事情。我会感到迷失了自我，就像失控了一般，然后就在那一瞬间，做了一些可怕的事情。”

莱昂内尔·达默认为自己是个不称职的父亲，“逃避而且没有洞察力”，并为此承担责任。不过，他超越了爱丽丝·米勒和其他人一直认为的，父母才是犯罪儿童的根源的谬论。他带来了一个不可思议的观念。这位父亲认为有一种参与的神秘性，他与儿子身上都蕴含着一种代蒙的潜能。他也知道代蒙的介入是不争的现实。坏种子在杰弗瑞四岁的时候就已经展现出了它的怒意。

当时家里正在为万圣节刻南瓜（万圣节之夜是一个希望让无形的恶魔、魔鬼、巫婆和死者有形地出现在我们中间的晚上）。他们在南瓜脸上雕刻笑容。杰弗瑞突然大叫一声：“我想要一张坏人的脸。”他们试图哄他转变思想改为微笑的脸，“他开始拍桌子，声音变得高且激烈，‘不，我就要一张坏人脸’！”

安德烈·齐卡提洛据说是杀人最多的一个连环杀手，在乌克兰南部被追捕到。他当时已经杀了50个青少年，主要是女孩，在接受审问时他说：“好像有什么东西指引我，是在我之外的超自然的某个东西。我犯罪的时候，当我捅人的时候，当我很残酷的时候，绝不是在自己的控制之下。”在他的供词中，他重复这样的话：“我像野兽一样狂热，我只依稀记得我的一些行动。……在犯罪的那一刻，我想撕碎任何事物。……我不知道自己发生了什么……有一种无法控制的欲望……完全被它吸引……我开始颤抖。……我剧烈地颤抖。……我完完全全地开始颤抖。……”

橡果的出现不仅是一个导向天使，向人发出警告、保护、劝告、敦促以及召唤。它还使用致命的武力，正如它恐吓希特勒让他在夜间颤抖，而这种恐惧并未在其他情境中出现——就算在战壕里，在1944年7月的暗杀事件中，在地堡的最后日子里都没有。唯一可对比的发作，就是他在演讲台上时，因愤怒扭曲了面孔或博得群众欢呼时，或是当他被顶撞而发怒的时候。

预防？

最终不可避免的现实问题是：如果希特勒就是恰如其分的坏种子的例证，那未来可能出现的希特勒能否被有效预防呢？

在童年时，种子就已经足够清晰了。不确定的祖先和杜撰的故事增强了他的代蒙的遗传特质。尽管他是奥地利人，但他在12岁的时候就表现出了强烈的亲日耳曼情结，这似乎预测了未来。即使在十岁的时候，他就带领学校的好友模拟波尔战役对抗英国。11岁的希特勒就成了“孩子头”，指挥更小的孩子，并且被评价为冷酷却不失狂热。他青春的浪漫主义固着于过于戏剧化的神话、歌剧和瓦格纳。

甚至更早（七岁）的时候，他在肩膀上绑上披风，“爬上厨房的椅子，进行长长的热切的演讲”。到十四五岁，他可以进行激昂的措辞华丽的演讲，好像在自说自话，又好像超越了自己的人格和可见的形体，“他看上去几乎是凶险的”，仿佛被另一个人的声音所控制。“他只是不得不说，”他童年时代的一个朋友如是说。

那本书，《我的奋斗》，是他三十出头的时候在狱中所写，勾画出他打算履行的富有远见的目标。概括来说，整场灾难就明摆在那里，谁都可以去了解。然而犹太人、西方政治家、知识分子和民主人士以及教会都没有看到代蒙的作用。那可以看到恶魔的黑暗之眸已经被人类历史进程中对光明的希望以及对善良与和平的信仰所蒙蔽。

没有对精神病学的深刻感触，没有对恶魔一定存在于我们中间的坚实信念——不仅是在这种极端的犯罪形式中，我们自欺欺人，一脸无辜，我们在开放的同时也打开了通向邪恶的大门。还是那句话：暴政使人民愚昧，愚民助长暴政。太天真就等于是向邪恶发出邀请。

希特勒的传记中关于他的童年和成年早期的记录给我们提供了一些可以诊断的线索：冷酷的双眼和冷酷的心；毫无幽默感；坚信、傲慢、死板、纯正；对阴影投射的着迷；超脱时间的控制；神秘的对好运的觉察力；封锁、交战或意见分歧时候的愤怒；对信任和忠诚的偏执要求；被“邪恶”（狼、火、天启）的神话和符号吸引；欣喜若狂、突然发作以及瞬间的疏离或被超自然呼唤；对平庸无权、无知、无能为力的恐惧。

关于这最后一条对无能为力的恐惧，我们需要明确地区分信心不足和没有能力。把希特勒的心理变态归因于他只有一个睾丸——好比把齐卡提洛、吉尔摩和尼尔森的罪行归因于性功能障碍——是本末倒置。这头驱动罪恶行为的野兽实则是一种恐惧，害怕自己无力完成代蒙那苛刻的诉求和愿景。当普通人接触到关于代蒙的不同寻常的论断时，都会受到这种恐惧的折磨。鬼神信仰的兴起，不是因为假定的或实际的性功能障碍，而是由于个体与代蒙的功能不健全的关系。我们力求满足它的愿景，拒绝被人类的局限所限制——换句话说，我们使得自己越发狂妄自大。

人格的可能性和代蒙需求的不对等产生了不满足感。这种自卑感缩窄成了性功能障碍，这在一般的心理病理学中是基础的具体化。（精神病理学可大致由如下标题定义：具体化，对于心理事件如妄想、幻觉、幻想、投射、感觉和实际愿望，确实是真实具体的。例如，希特勒在表面上一厢情愿地幻想在“一战”失败后加强国家的实力，用重整军备和死亡集中营等具体措施消除“软肋”。同样的具体化思想认为将恋童癖和系列强奸犯进行阉割就是治愈他们的方法，因为他们认为以性的形式表现出来的行为或现象就只和性有关。）

只有在西方心理学理论中才会出现“尾巴摇狗”的奇观。因为我们的理论倾向于使用和它想要阐释的病理学一样的假想。我们的理论也被文化中渗透的性幻想所迷惑，这种渗透甚至早于弗洛伊德，可能可追溯至圣保罗时代。由于我们的心理分析学理论本身就是色情的（因此我们的历史案例中都是窥淫癖和好色狂），他们必须像清教徒指责那些色情商业一样唾弃灵魂及与之相伴的代蒙。

将坏种子简单地归结为只有一个睾丸的不足——“一个睾丸”的真实性本身就值得怀疑，因为希特勒没有让他的医生检查过他腰部以下——这会丢失最深层次的不满足感，一种辜负了代蒙的感觉，认为自己没能实现它的召唤，配不上它无限的视野和狂热的欲望。“治愈”不是恢复性能力——不是有“更多的蛋蛋”,而是从具体化中恢复,因为具体化将橡果的潜力简化为“小囊泡和其中的物质”或弗洛伊德所说的阴囊。

这是难以抗拒的召唤，就像朱迪·嘉兰难以抗拒歌唱，尽管她会跑调会记不住歌词，也像马诺莱特难以抗拒进入那个怪圈，就算他已经预知了不祥之兆。嘉兰和马诺莱特的潜力是橡果赋予的，使代蒙犯罪的变态心理潜能也一样。犯罪不是生活必需的选择，它们可能会被转移、压抑、阻碍、升华，就像精神病学和犯罪学希望的并有时相信的那样。对精神病患者来说，召唤是通过你的眼睛、声音、魅力、谎言、顽强以及你的身体来向外输出能量的。它们掩盖了你人性的弱点。鉴于能量在于种子，而不在人，因此就人而言（比如希特勒），可能他们常常就是一个流浪汉，一个不能适应环境的人，半文盲而且没有什么追求，即使稍有艺术才华和稍高于常人的想象力（如卡波特、梅勒和萨特在他们对犯罪心理变态案例的讨论中所强调的），这些都不那么要紧。

人的人性和代蒙的种子之间的差异如此之大，简直要把整个人类社会都吸干才足以浇灌种子。人类，越来越狭隘而且“不人道”，寻求血液就像希腊黑社会祈求那些后裔（尤利西斯）的血。坏种子——或者往小了说，任何一个橡果——寄居于人的生命中，就已经选定了栖息地，这往往使当事人手忙脚乱，出现病症，变得无趣，缺乏爱，不能与他人建立关系。我们称这些人为独行侠。

但独行侠并不孤独。他 / 她可以和代蒙交流，被不可见的非人类的黑暗与人类分离开来，并试图创造一个模型，一个雄伟壮丽且充满诱惑力的只可想象却难以目睹的世界。独行侠与孤独的卓绝的上帝被混淆在一起，是偏执还是一神论变得难以区分，他拙劣地模仿了普罗提诺的《九章集》（*Enneads*）中最后也是最著名的一段：“这是神以及神谕之子们的生活……这世上的生活中没有快乐，只有孤独连着孤独。”

希特勒最大的热情，既不是德意志帝国，也不是战争，不是胜利，甚至也不是他自己，而是建筑设计。从尼布甲尼撒二世（Nebuchadnezzar）到埃及法老，从罗马统治者到拿破仑和希特勒，自大的皇帝们实实在在地搭建出了代蒙眼中的世界。出于这个原因，狂妄侵扰着那些真正的建筑师——就像《圣经》中巴别塔的故事发出的警告，故事不仅仅是关于语言起源，更是关于狂妄，它潜藏于所有想要将恢宏的幻想付诸实践的意图之中，尤其在建筑师之中。部落民族的人们总是小心地保持圣坛可以移动，他们的建筑是本土的，但幻想却是另一个世界的。

预防和仪式

预防的重心是如何使倾斜的天平重新恢复平衡，天平的两头是心灵的弱点和代蒙的潜能，是卓尔不凡的召唤和受到召唤的人格。建立人格并不是“强健自我”的心理学任务。心灵的建设也不是“Bildung”（德语中文化和道德的教育）的任务。约瑟夫·门格勒（Josef Mengele），集中营中最凶狠的医生，对囚犯施以残酷的实验，但他受过良好的教育，热爱音乐，还研习但丁。齐卡提洛是一名教师；希特勒一直到自己掌权的最后几天还在作画和建筑设计；曼森在狱中创作流行音乐和歌词；玛丽·贝尔则写诗；加里·吉尔摩作画，同时他的兄弟盖伦，一个长期反社会犯罪史和入狱史的人，也读过诸多名著并且自己写诗。正如我们已经了解到的，这个心理学任务就是“向下成长”。

向下成长将人格的重心从对代蒙的一心一意转移到了对普遍人性的关注中来，将对超越并扩展自我的召唤的曲解转移到对世界及其诉求的关注中来，正如我们所了解的约瑟芬·贝克的生活，以及卡耐基、爱因斯坦、梅纽因、伯恩斯坦的生活。

但这种向下成长不能强加给青年人。当希特勒被建议进入传统职业成为公务员的时候，他愤怒了。法国数学家埃瓦里斯特·伽洛瓦（Évariste Galois）不能遵守学校的规章。他的傲慢随着他的才气增长，增长了他与人们的隔阂，因此他遭到了强迫的限制，直到他 20 岁去世。

且不说去干涉，早在向下成长进入人们的视野之前，人们对天赋的充分肯定就是无条件的和必需的。这意味着承认橡果，甚至坏种子，是人生命中的最强驱力，特别是对于年轻的生命。通常这种认可来自一位孤独的伙伴（如希特勒的库比扎克，耐心地听他的长篇大论很多年；或者伊桑巴德，一直陪同和钦佩兰波），也可能来自一位敏锐的教师（像卡赞的老师尚克小姐），或一位教练（如马诺莱特的教练卡马拉）。认可源于那些看到代蒙并对它产生崇敬的人。这也许促使了向下成长的发生。

这些导师感知到的东西，理论上也必须有所认识。因此，对坏种子的阻挠始于一个充分认识它的理论。这就是这一章乃至这本书的全部内容。只要我们的理论拒绝了代蒙作为人类人格的引导者，而是坚持大脑结构、社会环境、行为机制、遗传禀赋的重要性，代蒙就不会悄无声息地侵入了。它指向光明；它会被世人看到；它要求在阳光下闪耀。“听到人们谈论你。……我们受万众瞩目。”迪克·希克考克（Dick Hickcock），冷血地杀死克拉特一家，他说：“我认为一个人可以通过杀人得到很多荣耀。荣耀这个词一直在我的脑海中。……当你打死人时才是你到达伟大的时刻。”电视给代蒙提供了光明，让它庆祝。如果电视可以被指责为严重犯罪，不是因为它展现了什么，而是仅仅因为它展现了，让全世界得到立即的、充分的认知。而那粒渴望进入世界的种子仍然被封装在一个幻想的世界里，装扮得像个明星。电视所呈现的，不过是向下成长的浮光掠影。

在幻想的世界里，M. 斯科特·佩克（M. Scott Peck）安置了他的病人们，他们的共同之处即都被佩克称为“邪恶”。他对邪恶的诊断如下：邪恶基本上是由自大、自私、自恋或者超级任性组成的。

邪恶这个概念很难算作一个惊人的发现——超级任性在古希腊被认为是“hubris”，在基督教的传统中则是“superbia”或唯我独尊。认为邪恶的人是自主选择其邪恶的道路，这一观点符合赫恩斯坦对犯罪行为的道德取向的解释（上文中的第四条）。至于佩克，尽管他是个心理医生，但他也是一个彻头彻尾的卫道士。

犯罪分子想要超越世俗界限的企图和对诸如名声、命运之类不可见力量的祈祷（“我们受万众瞩目。我们魅力无穷”），这些在佩克眼中都不存在。在佩克看来，邪恶使得人丑陋、粗鄙、庸俗、无能，而且心胸狭小，一直用浪漫的优越性哄骗着世人。因此，他“所见的地狱新景致”是但丁笔下的拉斯维加斯，“到处都是目光呆滞的人们……还有永不停息的骗人的机器”。

呆板的条条框框封闭了佩克的视野，因此他在罪犯身上看不见代蒙的力量。作为一个根深蒂固的摩门教徒，他的世界被分为神圣和罪恶、救赎和受罚、健康和病态。“邪恶是终极疾病……邪恶是最疯狂的存在。”通过精神病学诊断，卫道士可以将病人从地狱的罪人中筛查出来。

一种把事物绝对地分为好或坏的逻辑只能提供一个老旧的标准化的建议，这个建议我们已经在被基督教统治的西方世界听了数百年：来一场圣战吧。佩克称之为“战斗”。“我们最原始的数据显示，邪恶会从和邪恶本身的白刃战中胜利。”治疗师将处于这场战斗的前线，因为他们具有爱的能力和素养。“我认为只有通过爱的方式才能够安全地研究并且对付邪恶。”

自从基督教的上帝把自己定义为爱以来，“爱”无疑是现如今最万能的字。它可以做所有的事情。但我仍然坚持，除非这个“爱”首先承认坏种子中灵魂的召唤，否则对于“恶”，它可以做的很少。爱，正如我在本章试图阐释的，较少地作为意志的执行者直接参与战斗，而更多地用智慧去理解代蒙降临的必然性，即承认它会从世界之外对罪人和圣徒发出一视同仁的召唤。奇怪的是，就像一些圣人用殉道的方式融入世界，也许那些原始的行为（如杀戮）就是坏种子融入世界的方式——然而，我们必须清楚，这个说法并不能为他们的罪行开脱，也不能减轻犯罪行为该受的谴责。我认为，比起对邪恶的诊断模型，橡果论能够给坏种子提供更广阔的理解空间。

预防，就我看来，可能既不包括约束也不包括训诫。它必须应对相同的种子，相同的召唤，并祈求以生命为代价的同样的无形之物。这些无形之物中最直接的危险就是种子的爆发，它使人执迷，有一种令人信服的力量，就像希特勒的极端固执。拆除炸弹或隔离监禁之前，我们可能需要延长其导火线。我们需要鼓励一种缓和应对的方式，也就是“服刑”和“冷处理”的意图。

因此，有效的仪式从哀悼开始，其作用就像镇静剂一样。即使对恶行没有悔意，也会提高对促使恶行的魔鬼的警戒。希特勒只是遵循了恶魔，从未质疑过它，他的心灵被幻想奴役，而不是跟从于实证研究。

当堕落者变得不再用变换或新生的变革来伪装压抑，但在社区服务中我们可以目睹每一天那些骗局进入学校缩入孩子们的世界，这解释了坏种子是如何工作的，它想要什么，它花费了什么，以及它如何变得聪明。辅导青少年作为一项常规的重复性的奉献服务也是一种仪式。

最后，预防代蒙显露邪恶的一面必须基于“幻想世界”这一无形的基础，超越预防这个想法本身。预防需要的不是战斗，而是引诱，邀请橡果中的代蒙突破坏种子的坚硬防护，以恢复一个更全面的荣耀形象。使种子变坏的是它一门心思的沉溺，是它对一神论信条的执迷，以致无法倾听别的声音，这些都妨碍了种子中的恢宏形象，使其无法对相同的行为进行一系列重新制定。（一遍又一遍同样的行为也是仪式的一种表现。）

在我看来，仪式是对召唤所蕴含的力量表示尊重的方式。仪式里有超越人类价值观的戒律，这些仪式会因美丽、超越、冒险和死亡而共鸣。还是那句老话——知己知彼，百战不殆。我们必须找到种子源自何处，并尝试跟随其最深的意图。

社会必须有保护自己远离坏种子的驱魔仪式。然而，它也必须有认知和觉察的仪式，以便给代蒙一些空间——而不是监禁它，就像雅典娜给破坏之神找了一个神圣的地方，把热血狂暴的复仇三女神引入了文明雅典的中心。

这些保护性的仪式将恶魔引入了社会。他们在邪恶中看到代蒙。这些仪式与现存的预防思想形成鲜明的对比，前者会完全摧毁坏种子，就像希特勒按照自己偏爱的方法来创造纯净的社会。人们提出公共方案来测试学校儿童们的“遗传特质”，通过性格特征和人格来探查犯罪和暴力的潜在倾向，以“淘汰”这些展现了“早期易怒和难合作”因素的人。

正如我们在本书中已经看到的例子，这些特征并不总是导致犯罪，还会产生杰出的人，有赖于这些人，社会才会有领导力、创造力和文化传承。此外，若理清了头绪，这些“杂草”会被施以什么样的肥料呢？或者他们仅仅是“被改造”，在药物的作用下顺从地屈服，让你不能说不，或者被私人占有，被送进营利性的监狱进行劳作，以此便能逃避劳动法和最低工资标准的约束？

我们可以用合适有效的仪式取代僵化刻板的处理方式（如“三振出局”）。除了尝试分开魔鬼和代蒙的驱魔仪式，我们只能把两个都除掉。仪式不仅保护社会远离恶魔，也保护社会远离自己的偏执和妄想，避免堕入自己强迫性的邪恶的净化方式，就像一直以来的美国神话：纯洁的回归清教徒的天堂。

纯真是美国神秘的未知之云。我们被原谅仅仅凭借不知所措的美德。把我们自己包装好——是每个美国人的梦想，对于“别人”的噩梦保持宽容，我们可以对此进行诊断、治疗、预防和宣传。我们心中持有上述既定观念已有很长的时间了，这段历史被伊莲·帕格尔斯（Elaine Pagels，在她的重要研究《撒旦的由来》中）披露为灾难性的或邪恶的本质，在西方传统宗教派别中的一颗天生的坏种子，不懈的坚持的强制的对策就是“爱”。

若一个社会执意把天真作为最崇高的美德并且在祭坛上对它朝拜，就像在奥兰多和阿拉罕的芝麻街[①]中上演的那样，那么这个社会就不会看到任何类型的任何种子，除非它被糖衣包裹着。就像阿甘会吃巧克力，以及在与陌生人打招呼之前就给他们糖果，实在是蠢人做蠢事。坏种子的想法，有代蒙在召唤的想法，应该给我们的传统观念当头一棒，把它从美国式的天真论中叫醒，于是这个国家才能理解邪恶与天真的暧昧关系：天真被邪恶吸引，邪恶又从属于天真。然后，我们可能最终会认识到，在美国，天生杀人狂的秘密同伴和塑造者，就是很傻很天真的你我他。

① 译者注：20 世纪 60 年代末的一档寓教于乐的针对儿童早期教育制作的节目。

第十一章
平　庸

是否存在平庸无奇的守护神？召唤会指引人们走向平庸吗？毕竟，绝大多数人都挤在统计图表上那个正态曲线的中间部分，左右两端的优秀者和低劣者令我们投以羡慕与恐惧的目光。中间的这群多数人，在才能、机会、背景、运气、智力、容貌等各方面，都算不上出众。看上去也确实如此。

首先我们得承认，“平庸”一词包含了浓重的势利和偏见意味。使用这个词的时候，意味着我们将拉开和对象之间的距离。因为我远离平庸，不同于平庸，也不属于平庸的范畴，因此我就能对任何我称之为平庸的东西评头论足。

“平庸”往往意味着“没特征、不出色”，而自命不凡的人很享受自己与众不同的个性——如何穿衣、如何措词、去哪儿小聚闲聊。自 18 世纪以来，西方文学对平庸发起了自命不凡的评价，任何试图讨论这一主题的人都逃不出这一传统。其实，不论命运给你安排了什么条件和机遇，每个人都有自己的个性，这一事实为灵魂提供了保护，使其免受任何带有社会阶层色彩的论调的侵扰。不管你的品位是否符合传统，不管你有没有非凡的成就，没有哪个灵魂是平庸的。

有几句俗话说得很清楚。有人说灵魂是古老、智慧或甜美的。我们会说某人有一个美好的灵魂、受伤的灵魂、深邃的灵魂、博大的灵魂，或者是简单的、孩子气的、幼稚的灵魂。我们也可能说，“她有一个美好的灵魂”，但不会用“中产阶级”、“普通”、“常见”、“正规”、“平庸”等词来形容灵魂。代蒙并没有标准的参照点；没有所谓普通的守护神，也没有所谓正规的天赋。

让我们来试想一个平庸的灵魂，它会是什么样的？空洞乏味，乏善可陈，像变色龙一样随境而变？即便是墨守成规的艾希曼也不普通。我们不能因为修理工、前台接待、养路工人的普通工作而认定他们的灵魂是平庸的；他们的职业也许平常，但他们的表现未必平庸。无数人在早餐时吃玉米片，在看电影时吃爆米花，但这并不能说明他们的灵魂平庸。每个人因其风格而成为“自己”。如果真有平庸的灵魂，只可能是没有任何标记的、完全空白的、没有意象因而也无法想象的，是缺少代蒙、受责罚的生物。

西方文学中的确出现过没有灵魂的个体，但即便他们也是有意象的。他们被构想为石人①、丧尸②、机器人以及存在主义的“局外人”③，对存在者进行定义，必言其外形和风格。依照某种意象，你的灵魂得以塑造，你的命数形成模式；这意象是绝不会丢失的。人人都有标记，人人都与众不同。对于灵魂，不存在平庸之说。

我们不要把天资和灵魂的召唤混为一谈，比如梅纽因之演奏小提琴、特勒之研究氢弹、福特之制造汽车。才能只是意象的一部分；许多人生而具有音乐、数字、机械方面的才能，但这份才能必须用于丰满其意象，能被个人的性格所用，个体才会杰出。很多人都受到灵魂的召唤，却鲜有人被灵魂选择；很多人有天分，却很少有人能拥有发挥天分的性格。人的性格是个谜，且人人不同。

有些人天资平平。奥马尔·布莱德雷将军年少时擅长运动，尤其是棒球。决定命运的却是他的性格。布莱德雷和父亲在冬天的密苏里州乡村小路上跋涉，他陪父亲到一所只有一间教室的学校去教书，这段路长 17 英里，要走将近一小时，在途中他们会猎取些食物（六岁时他便有了自己的空气枪）。那时他便表现出勤奋、好学、服从和优良的身体协调性，他的命运就潜藏在个性之中。他日后不一定要走进西点军校，不一定要担任陆军参谋长，但从军确实让他活出了生命的意象。（在密苏里的冬天，他难道不是已经在经历阿登战役的严寒以及肩并肩的行军吗？）

相对于对杰出的召唤，对性格的召唤更像是成就卓越的决定性因素。后

① 译者注：石人（Golem），希伯来传说中用黏土、石头或青铜制成的无生命的巨人，注入魔力后可行动，但无思考能力。

② 译者注：丧尸（Zombie），也有活尸、活死人的说法，是传说中形如死人而能够活动的怪物，来自非洲的巫毒教信仰。

③ 译者注：此处所指为阿尔贝·加缪所著小说《局外人》，主人公莫尔索对一切都漠然置之，对身边发生的一切事情都漠不关心，对母亲的去世以及自己被判死刑都没有感觉。形象地体现了存在主义哲学关于“荒谬”的观念；由于人和世界的分离，世界对于人来说是荒谬的、毫无意义的，而人对于荒谬的世界无能为力，因此不抱任何希望，对一切事情都无动于衷。

者使你不能成为橡果禀赋以外的样子，必须忠实地追随这召唤，或是努力去实现它的梦想。20 世纪的许多英雄，像布莱德雷一样，他们都成长在平庸的环境里，几乎没有任何迹象表明他们冉冉升起的天赋。尼克松、里根、卡特、杜鲁门、艾森豪威尔等，都是我们投票选出来的人物，我们听他们的演讲，在电视上看到他们，但他们的生活可能与我们没什么不同，如果没有太阳的照耀，他们也将一直活在阴影下。但是，他们被选中了。

橡果论坚持认为，我们每个人都是被挑选出来的。事实就是，每个人都追寻各自独一无二的橡果，而橡果又塑造了每个与众不同的人。不论在阳光下还是在阴影里，每个人都有自己的性格。只有极少数人，在很小的时候就听到了橡果发出的响亮呼声。音乐家往往是最早听见召唤的，如大提琴家巴勃罗·卡萨尔斯六岁就会弹奏钢琴和风琴；玛丽安·安德森[①]八岁时完成了第一次有酬劳的演出（赚了 50 美分）；当然，莫扎特和门德尔松更是不用多说了；“马勒还没学会站稳的时候，就能哼出听过的曲调了”；威尔第[②]的父亲因为受不了他的百般要求，买了一架小型立式钢琴给他，那时他只有七岁；而柴可夫斯基四岁的时候就缠着大人要乐器了。

有一些例子表明，橡果论在演艺界得到了最好的诠释。但大多数时候，守护神并不大呼小叫，而是引导着个性慢慢地、静静地流露。投入演艺界的生命受橡果的召唤特别明显，朱迪·嘉兰、英格丽·褒曼[③]、伦纳德·伯恩斯坦等都有登峰造极的演艺生涯，这不仅仅是因为橡果在召唤他们投入演艺界，还有个性使他们的召唤得以响应。

有一种典型的错误需要我们澄清，即我们往往仅从一个人的工作来判定其使命，而忽略了他在这份工作上的表现。不幸的是，这个错误正是由柏拉图神话本身造就，灵魂被安置在职业中，如埃阿斯勇士，还有疲惫的旅行者和归乡的丈夫尤利西斯。在神话中，灵魂以职业来表示它选择的命运。屠夫

① 译者注：玛丽安·安德森（Marian Anderson，1897—1993），美国黑人女低音歌唱大师。
② 译者注：居塞比·威尔第（Giuseppe Verdi，1813—1901），意大利伟大歌剧作曲家。
③ 译者注：英格丽·褒曼（Ingrid Bergman，1915—1982），瑞典演员，代表作《卡萨布兰卡》。

所从事的工作（屠宰）和他的灵魂，并没有被明显地区分开来。你做的事就代表了你这个人，既然你在超市有了一份切肉的平庸工作，你就并未受到命运的召唤。

又一次犯了这个错误。人的个性并不等同于他做的事情，而要看他怎么做。屠夫和屠夫也各有不同，因为每个人都有自己的代蒙。电影《君子好逑》的主人公马蒂就是个“好屠夫”，尽管他在正态分布的钟形曲线下具有所有平庸的特征，但他的个性使这个角色独一无二，让人过目不忘。

史特斯·特凯尔（Studs Terkel）访问的对象，正是这种平常大众之中的独特性。谁的童年记忆中会少了这种难忘的人物呢？可能是某位邮递员、某位老师、当地糖果店、酒店或宠物店的女主人。从杂乱无序、平淡无奇的个案中捕捉独一无二的个人特色，也是社会工作者和心理治疗师的深层动力。心理治疗师在详细地记录个案时，不仅要写下个案的事实情况，还要努力进行更深层次的解读，以找到贯穿资料的模式。在玛丽·兜（Mary Doe）和乔·阿弗瑞奇（Joe Average）的标准化诊断数据中，记录着他们各自的症状以及各自独特的意象。在每一个个案里都有那么一个人，每个人都有那么一种性格，按希腊哲学家赫拉克利特所说，这就是命运。

我们很快会讲到赫拉克利特的名言：“性格即命运”。首先，我们需要回答本章开篇提出的问题：是否存在平庸无奇的守护神？召唤会指引人走向平庸吗？答案有以下四种。

1．否。只有杰出不凡者才有橡果。剩下的人则随遇而安，在招聘广告中碰到什么就做什么。

2．是。居中游的大多数人也有受到命运的召唤，却因以下种种缘故而错失：父母的阻挠、医生的诊断、家境贫寒、未遇伯乐，或是信仰动摇、遭遇意外。于是我们安顿下来将就凑合，平庸就像一双老鞋，穿在脚下走完一生。

3．是，但这双老鞋从来都不合脚；于是橡果（acorn）被磨成了一个鸡眼（a

corn)。走在平庸大道上，却一直觉得有些事情是注定的，我本可以，我本应该……所以希望并且等待着一股力量，能带自己走到路上被阳光照耀的那一边，走到真实的自己向往的那一边。如莎士比亚所言：“我们，出身贫寒，守护神早就关上了希望之门”（《终成眷属》，I，i，198）。于是，我们开始相信命运的平庸是上帝的黑色幽默。在痛苦中，我们相信自己被困在不真实的自我之中。

4. 是，但不尽然。许多人的召唤本来就是低调的，是为平庸之道服务的，是融于芸芸众生的。因此，这是一种“人和”的召唤，它不会把个人特色和特立独行当成一回事。它含蓄地引领生命走入不像本书列举的人物那么戏剧性的生命形式。所有的灵魂都被召唤，不必在乎只有少数人被选择。

第一个答案认为只有杰出的人物才有橡果，这常见于非凡人物的传记、有关创造力的研究报告，还有探讨天才的理论中。这个答案也把人区分为有橡果的和没橡果的，这种观点本书并不赞成。既然每个人都是单独由代蒙选定的，所谓少数人有幸被选择的说法是不能成立的。

第二个答案认为，多数人因故错过了命运的召唤，不得不退而求其次，这是社会学的说法。

第三个答案给心理治疗提供了用武之地。主张这个答案的人，可以让心理治疗帮他发现真正的自我或被压抑的本质，让被错待、被妨碍的天分重获自由，从而大大发挥一番。

第四个答案是本章我最关注的主题，它也引我们进入更深层次的思考。这个说法既相信平庸是灵魂的召唤，也在社会学和统计学常模之外重新定义平庸。

以当代女性主义视角看待个人传记（还有人生经历）的人是这种观点的主要拥护者，该观点认为个性与事业成就是同样重要的。探讨历史与历史人物的新进作品不再只以政治家和天才为主，而是更多地关注普通人。罗杰·诺思（Roger North，1653—1734）在《列传》（*Lives*）的“总序”（写于1720年）中已有了先见之明，他主张现代这种反英雄、反等级高下的传记观。这些传记作品关注人际关系的风格、社会习俗、推动文化价值观变迁的日常义举、道德上的考验、在社会中流传的理念等，以突显权力核心活动以外的微妙的个人特征。观察人物个性的时候，既要看将军大帐中的战略全图，也要看士兵在开战前夕写的家书和后方家人的活动。

这种对传记与历史写作的修正，意在呈现一幅被纷繁事件包围之下的个体灵魂的画卷。这种写作方式所依据的理论，正是我要在此提出的：不论生活如何不明朗，不论生命如何暗淡，决定命运的最终还是你的性格。

灵魂的召唤是让你走入生活，而不是沉浸在与生活冲突的想象中。不为追求成功，而为正直、为关爱、为陪伴、为服务社会、为生活而奋斗。这种观念不仅修正了女性的职业观，而且提供了另一种使命说：生活即工作。

过去的人们常会这样问：“为什么有人出类拔萃，有人却默默无闻？”“为什么有人永远居于陪衬地位？为什么中层经理永远都不能到有大窗户的大办公室工作？为什么推销员得不到回馈，一辈子不上不下，一直才能平平、成绩平平？”现在，这类疑问已不存在了。

平庸的人并非是受到平庸代蒙的连累，也不是因为他们的守护神碌碌无为。实际上，我们不能对他们评头论足。如果在评价一个人的时候，看到的只是他能赚多少钱，有什么专长，那么就没法看到他的性格了。我们的眼镜镜片是按照平均值视角来打磨的，带上它，最适合的就是挑人毛病了。

为什么我们会以为守护神更偏爱有天资的人？为什么我们会认为守护神只想与天才相伴左右？也许不可见的神灵之所以对我们感兴趣，只是因为我们会发自内心地自动自发地实现它们赋予的命运：每个人都会。神灵不承认所谓“平庸”的观念。代蒙不仅眷顾重要的人，它也重视每一条生命。进一步说，代蒙与人在同一个神话中相连，与每个人结为一神一俗的双胞生命，共同服务于同一个社会实体。因为这种关系的存在，守护神唯有通过我们才能进入公众的视野。在电影《柏林苍穹下》（*Wings of Desire*）中，守护神就爱上了普通人困顿的街头生活。

我们的社会学、心理学、经济学——也就是西方文明本身——似乎没有能力衡量普通人的价值，只把这些人归入才智中等的平庸之辈，以至于“成功”二字有了莫大的重要意义：只有“成功”能帮我们逃出平庸的境地。只有在你为伤心事而哭泣时，在舞台上慷慨激昂时，在为某个问题摆出姿态时，媒体才会来找你；这些一过，你又被抛回茫茫的平庸人海。媒体能谄媚、歌颂、夸大，却不会想象，所以看不见真正的你。

总之，灵魂没有所谓平庸之说。这两个词属于不同领域，没有交集。“灵魂”是个别的、独特的，“平庸”是按常模、曲线图、数据、比较等社会统计来评估个人。也许你各方面都落入社会学分类法的中等水平，连你的志愿、期望、成就都不能幸免。但你在各种具有平庸属性的社会生活中表现出的态度却可能在统计图的曲线上冲出一个箭头。二者不可同日而语。

性格即命运

论辈分，赫拉克利特比苏格拉底和柏拉图还要高。他的名言——Ethos anthropoi daimon，常被翻译成“性格即命运”，2500 年来不知被多少人引用过。大家都能诠释这三个单词，却没人确切地知道他的本意是什么。以下略举几个翻译过来的版本：

“人的性格即其天资。”

“人的性格即其代蒙。”

“人的性格即其守护神。”

“人的性格就是其不朽且蕴含神性的部分。”

“人本我属性即其代蒙。”

“人的性格即其命运。”

“性格即命运。”

“对人而言，性格即注定的命运。”

“秉性造就人。”

三个单词中，代蒙的意思我们已很清楚，代蒙即天赋（拉丁文中），即“守护天使”、“灵魂”、“范例”、“意象”、“命运”、“灵魂的双胞胎兄弟”、“橡果”、“禀赋”、“守护神”、“生命的伴侣”、“心的召唤”。被想象人格化了的代蒙，本来具有多义性且模糊不定，按古希腊的心理学来讲，即是个人的命运。你生而带有自己的命运；这命运要陪伴你一生。所以代蒙有时被称为“命运”，有时又被称为“禀赋”，却不能被称为“自我”。

北美大陆的土著人认为橡果是独立的精神或灵魂，并有一系列的不同名称：yega（科尤坎人）、猫头鹰（夸扣特尔人）、玛瑙人（纳瓦霍人）、守护神（中美洲和南墨西哥人）、tsayotyeni（圣安娜普埃布洛人）、sicom（达科他人）……这些神灵陪伴、指引、保护和告诫世人。它们也可能被赋予某人，但并不能与个体的自我合并。事实上，“土著”的橡果既属于祖先、社会、周围的动物，也属于“你”。为了农作物和打猎，或是集体的灵感和健康，为了这个真实的世界，人们可以乞灵于它的力量。橡果独立于现代人膨胀的自我，它是个别的、个人的、单独的。尽管被称作是你的橡果，但橡果却不是你，也不隶属于你。

在我们的日常语言中，“自我”的使用程度已经占到了极大的比重。《新牛津英语词典》用十列小字印刷来列举“自我”的复合词：自我满足、自我控制、自我挫败、自我赞许、自轻自贱、自鸣得意……足有500个之多，这还是简缩版的词典！这些复合词将大量的心理现象与“自我”连在一起，其中的大多数是伴随理性主义和启蒙运动进入英语用法的。理性主义和启蒙运动使现代人看不到无形世界，因此也就看不到天赋和代蒙之于自我的独立性。

古代世界所知道的代蒙非人非神，来自介乎人神之间的“中间地带”，这正是灵魂所在的领域。代蒙不是神，更像是个人最隐私的精神状态；它可

能到梦里来，或发出预感、直觉、情欲冲动等信息。爱神厄洛斯也存在于这个中间地带，既不是真正的神，也不能被称为人，因此希腊人很清楚与她有关的事件为何难以定位，既神圣又极为野蛮。赫拉克利特的名言译为“性格即命运”，便是将生命之路与为人处世之道紧密联结。说得简明点，意思是：如果你处事平庸，你的命运就是平庸的。

当然，对这一名言也有别的解读。一些人希望用赫拉克利特去反击流行的迷信，这些迷信认为代蒙具有决定命运的各种力量。他们将赫拉克利特解读为一位反对宿命论的道德学家，因为宿命论为个人的不负责任辩护。莎士比亚有句名言：“是神灵，我们头顶的神灵，左右着我们的一切”（《李尔王》，IV，iii，35）。赫拉克利特好像在反驳说，不，不是神灵，而是你的性格。但是，狡猾的莎士比亚还说：“亲爱的布鲁图，错不在我们的神灵，而是我们自身”（《尤利乌斯·凯撒》，I，ii，139）。

还有一些人从这一名言中找到先验的自我，找到祖先导师般的灵魂，它照看着个体，守护着他们的行为，就像苏格拉底的代蒙守护着他，让他远离错误。这种解读认为，追随代蒙有助于形成性格或正确的行为习惯。代蒙将成为根深蒂固的性格特征，抑制过分的行为，阻止膨胀的骄傲，促使你坚守自己的意象（天赋）模式。天赋模式将从你的行为举止中展现出来，因此，通过审视自己的生活你就能发现自己的天赋。你的可见的形象就是你内在真实的反映，当你评价他人时，你所看到的正是你身上所具有的。因此，视野开阔非常重要，否则你就只能得到你所看到的东西；目光锐利非常重要，否则你就只能看到模糊一团、无法辨别的特质；看透黑影也非常重要，否则你将被欺骗。

性　格

赫拉克利特名言的头一个单词“ethos”该怎么解释？它的读音和“ethics”很像，这使得“ethos”这一本来毫无负担的希腊词汇，背负上了希伯来、罗马和基督教过分虔诚的道德主义。但事实上其意义更接近习惯（habit）。赫拉克利特的本意也许指的就是惯常的行为。你面对人生的态度是什么样子，你就会是也应该是什么样子。坚持认为有一个与实际生活中的我不同的、更为私密、更为真实的我，这是一种非常虚幻的想法，是心理治疗提出了这一伟大幻想，并从中获利。事实上，赫拉克利特的态度是：你处世的方式就代表了你。具体是什么“方式”十分关键，因为这是联系你的生活（也就是习惯性的行为举止）和你意象的召唤的纽带。

赫拉克利特是第一个行为主义者吗？他是否说过，“改变习惯，你就改变了性格，也就改变了命运”？是否说过，“不用管背后的原因；改变你的习惯，命运就会随之改变”？

我认为赫拉克利特的话还有更深刻的含义。行为主义听起来太刻意、太像新教徒、太美国化，总之，太人本主义了。尽管赫拉克利特将性格（ethos）和道德与代蒙直接联系起来，但代蒙的命运确实吸引了我们的关切。人本主义的自我中心思想让我们以为，代蒙选择栖息于我们的身体，并将自己与我们的命运相关联。但是它自己的命运怎么办呢？或许人类的任务就是使我们的行为与代蒙的目的保持一致，去做它认为正确的事情，去实现它的目的。你的人生态度会影响到你的心灵，会改变自己的灵魂，会牵涉到代蒙。灵魂不是在天上形成的，是我们用行为完成的。降生时的灵魂只是一个意象，有待我们向下成长去实现它。

于是，代蒙变成了人类道德之源，幸福人生，也就是希腊人所说的“eudaimonia”，就是有益于代蒙的人生。代蒙不仅用召唤佑护我们，我们也用各自的方式去追随它、保佑它。

既然代蒙的“背后”是看不见的，取悦代蒙的道德也不可能是清晰的、标准化的。好习性造就好性格，因而好人生不可能总遵循童子军原则。道德规范反而可能是恶魔性的、无法理解的，可能包括为几个单词而拿斧子追逐他姐姐的伊莱亚斯·卡内蒂的性格，还包括试图用刀去刺那个将他的秘密幻想公之于世的叛徒校友的英格玛·伯格曼的性格，甚至还可能包括有着坏种子的人物的性格。代蒙的要求不一定总是合乎情理，但一定合乎他们自己的非理性需求。悲剧缺陷和性格障碍都有非人类的特质，好像它们都遵循着某种看不见的秩序。

这种个体身上言行一致性的无形之源，被我称为“习性”，当代心理学称其为性格。性格是指人格中难以改变的深层结构。如果它们对社会有害，则被称为人格神经症（弗洛伊德）和人格障碍。这种很难改变的命运轨迹就像是代蒙的指纹，每一个的纹路都与其他的不同。“性格”一词最初意指一种标记工具，能刻出不可磨灭的线条，留下痕迹。“风格”一词来自“stilus”（拉丁语），是一种锋利的刻写符号或字母的工具。从词源来看，难怪一个人的行事风格能揭示其性格，而它又很难改变。因此，也难怪人格障碍是精神病诊断和反社会诊断的核心课题。如果一个人能微笑也能感受到痛苦，却毫无悔意地去杀戮、去背叛、去欺骗、去否认，并且从来不知悔改，那么一定是深层次的人格结构中的某些东西出了问题或缺失了。连环杀手、冒名顶替的行骗者、侵吞公款者、恋童癖者背叛了风格的一致性。他们的坏习性开始重复；在这种性格结构的驱使下，他们通常不会改过自新，而会越陷越深。

然而，我们并不是要在此诊断精神病患者和他们的代蒙。下面我们要谈的，是三个著名的“美国梦”见证者。这三个人都表现了坚定不移的习惯，而且被人赞许为从不违背自己的性格。三人的生活环境均属中等，先后衔接起 20 世纪的美国历史。1902 年托马斯·E. 杜威（Thomas E. Dewey）州长诞生在密歇根的奥沃索；1995 年则是美国著名布道家比利·格雷厄姆仍在推动美国全面宗教运动，以及奥利弗·诺思（Oliver North）上尉被奉为民间英雄的时候。

接下来的任务是挑选出一个中心结构，他们三人的性格中都有的代蒙，三人的惊人相似之处，我们将据此了解在他们的习性中究竟是什么迎合了美国大众。通过它，我们可以瞥见那个对于美国人的性格至关重要的代蒙。

美国人的性格

乍看，这三个人似乎很不相似。杜威州长蓄着修剪整齐的小胡子，身高五英尺六英寸，穿着修身的黑色套装，一丝不苟，小心谨慎（“巡视州监狱时，他自己不会触碰任何一个门把手，而是等待其他人开门。如果没人懂他的暗示，他会从外衣口袋里拿出一个手帕，小心地盖住手掌，轻轻地擦过犯人每天抓握的门把手”）。格雷厄姆 18 岁刚从高中出来时，“系着孔雀色的领带，穿着酒瓶绿带细黄条的华达呢套装”。诺思“穿着迷彩服来到越南，准备打仗。他穿着一件高射炮夹克，眼睛上画着黑色油彩以减弱强光，在野外他总是扣好头盔。他一切就绪。除了发给每位将领的 0.45 口径的左轮手枪，他还决定携带一只 12 口径的猎枪作为额外火力。如果那还不算充足防护的话，他还戴着十字架”。

要细说这三个人的不同点是说不完的：时代背景不同；所受的教育不同；职业不同；年轻时的气质不同（格雷厄姆幼稚浮夸，诺思顽强正派，杜威聪明傲慢）。但是我们要看的是三个人的相同之处。

第一个相同点是他们饱和的天赋能量。杜威：一位献身工作、针锋相对、难以取悦的行政长官，被称作第一个“扫荡流氓的执法者”；在整个学生时代，他从未缺席一天课程，从未错过一场橄榄球训练。诺思：一个深受喜爱的人，“随时准备去做需要他做的任何事”，包括在越南的任务，他被授予“一枚英勇作战者的铜质奖章、一枚银质奖章、两枚紫心勋章和一枚海军突击队勋章”；指导进攻，不顾伤痛。格雷厄姆：“精力太充沛，以至于在他十一二岁时，父母不得不带他去找医生检查……他的一个亲戚说，他才刚学会蹬三轮车……就迫不及待地骑来骑去，他的脚转得飞快，你几乎都看不清。”而使他的能量得到控制的，是他与其他二人拥有相似的对信仰的坚持。

第二个相同点是自律。诺思选择海军陆战队是他自律一生的缩影。很小的时候，他就已经懂得服从命令了。诺思“不会花太多时间去玩儿……到了该回家的时间，他妈妈常用一声口哨就把他叫回来了……他总是穿得比我们干净”。格雷厄姆“在一种勤勉、虔诚的生活规则下长大，十岁时，他已经记住《简明教义问答手册》中所有的107条”。至于杜威，他的命运则直接把他扔到一种严格训练的生活中：“三岁时，他得到一辆自行车，并受到严厉警告，一旦他骑车时摔倒，自行车就会被收回。这孩子迅速爬上车……并迅速失去了这辆车，他妈妈不屈不挠地坚持掌管这辆车整整一年。”

在大学期间，杜威“似乎与年轻人的放荡不羁格格不入”。格雷厄姆常常触电，是一个女孩迷，到了“痴迷的地步”，“与女孩接吻直至嘴唇裂开”。但是“不知为何，我从未参与非道德的性行为。出于某种原因上帝保持了我的清白……我甚至从未摸过女孩的胸”。在高中时，诺思“不常约会”。十岁时，他和一个朋友下错站，看了一场碧姬·芭铎的电影。“当她在银幕上投来火热的目光时，他匆匆地避开眼神。据说，他跟朋友说，‘我们不该来看这场电影’……然后他们站起身，去了一家冰淇淋店。”

我认为，这三个人物最重要的一个共同特性是：信念坚定。

> 杜威七岁时，就拖着一个手推车到邻居家去收旧报纸来卖……九岁时，他开始推销报纸和杂志……他的极端热忱令人难以招架，一位认购者说：“汤姆跑来推销《星期六晚报》的时候，似乎是中了邪。”另一位购买者回忆说：“我跟他说我不要定这个杂志，他却只是用他那双看透人的黑色眼睛不服气地望着我，把杂志往我办公桌上一放。他举出十几个我该订阅的理由，我辩不过他；索性变成他的固定订户，省得伤脑筋。”

1936年夏天，美国南方遭受干旱与经济萧条期间，比利·格雷厄姆高中毕业，在南北卡罗莱纳州挨家挨户推销富勒牌刷具。

> 他在两三个星期内做出来的销售成绩，简直令区域推销经理佩服得

> 五体投地……经理想不通，单枪匹马的一个人怎么可能在这么短的时间内卖掉那么多刷子。比利自己表示：“我对这些产品有信心。销售这些小刷子变成我的奋斗目标。我觉得每个家庭本来就该有一个富勒牌刷具，我将这视为原则性的问题。”……“我发现，诚意是推销任何东西的最重要条件，这包括劝人接受救赎在内。”

他自己买了富勒牌的刷子给女朋友做礼物，并且时时认真地用富勒牌牙刷刷牙，以致“他的牙龈都开始萎缩了”。

令诺思信心十足的不是象征美国社会文化的牙刷和杂志，而是美国本身。他既深信美国的优秀，也热衷说服别人相信这一点。早在他开始在参议院和电视上公开推销之前，“美国”就是他的信仰。他的一位高中同学说：“有个同学说了一些指责美国陆军太笨的话，又说我们，也就是说美国，不该牵扯到国外的战争中去。奥利弗火了，他对那个同学说：‘不喜欢待在美国的话，你大可滚蛋。’”

他销售的产品，像刷子、杂志、爱憎分明的爱国心，或许表现出集体主义的平庸特质，但销售成绩却绝不平庸。习惯即性格，然后成就命运。诺思高中时代的这件事，揭示了他未来在自己执行的一切海外任务中所持有的橡果的信念。

有野心、志存高远、洁身自爱、工作勤奋，都是坚守职业道德的领袖人物的标记，他们肩负改革的重担勇攀高峰。这些人的价值观和实际作为，他们的品位与朋友，也许都没有超出中产阶级的圈子，但三个人都达到了顶峰。格雷厄姆三十出头就掌握了通俗福音的想象，引来大批迷惘的以及富有的群众争相皈依。杜威年方 35 岁就上任纽约曼哈顿的地方检察官，成为有史以来获此头衔最年轻的人；38 岁时，他差一点被共和党提名为总统候选人；42 岁时终于成为罗斯福总统逐鹿白宫的对手。当时他已经完成惩治黑帮老大、走私集团、诈骗集团的辉煌政绩。

诺思不到40岁就能从容地在华盛顿的核心权力圈走动了。众议员迈克尔·巴尼斯（Michael Barnes）说：

> 他常和亨利（基辛格）一起……他在博取重要人物的好感方面颇有一套。他和最高法院法官们、将军们、参议员们亲近往来，却一点也没有不自在……他更像是和他们平起平坐的同僚。他挟白宫的认可而来，经常伴随在亨利左右。

几年后，诺思就执掌了美国在加勒比海地区（格林纳达岛）、中美洲、中东（伊朗、利比亚和以色列）的大量外交事务。

格雷厄姆的所作所为也对全世界造成了重大影响。身为艾森豪威尔、约翰逊、尼克松、福特和里根的牧师，他也置身权力的核心。杜威联系的人物可能要少一些，但在现代共和党内，是他巧妙地策划了艾森豪威尔和尼克松的成功提名，这两人才得以在20世纪中期执掌美国政权。或欢欣鼓舞，或不堪其苦，在这个星球上几乎没人能免受这三个具有中产阶级美德的人的积极作为的影响。

他们坚守路线，坚持原则，保持节俭。32岁的杜威仍然"将每一笔开支，小到15分的鞋油和85分的午餐，井井有条地记在一本小便签上"。在他离开纽约州州长席位时，纽约的税赋比他刚入职时要低上百分之十。格雷厄姆的事业收到巨额的捐赠，他与富人们一起打高尔夫，他的妻子露丝说，他"花大量的时间，努力想如何能不收那些钱"。三人中的每一个人都与合适的女孩结婚，抚育子女，坚守诚信，并且自制，这些正是美国中产阶级的理想习性，使得他们长盛不衰。

赋予这三人共同特性的，也许正是自我克制的习惯。但这不是一般意义上的自制，而是指为了信念采取克制阴暗面的行动，具体而言，这种信念本身就是要制服阴暗面。

诺思在国会的听证会上把这个道理讲得很清楚：国际共产主义和削弱美国爱国精神的姑息主义是目前的大敌，我们必须整顿这种危险的情势。杜威要制服的乃是罪行：曼哈顿黑街的帮派分子，爱尔兰人的腐败政治，犹太人的诈骗集团，意大利人的强盗勒索。杜威在清除美国的污垢，要按他自己一丝不苟的作风重塑美国。格雷厄姆的大任是净化全世界的心灵，他的事业被称为改革运动。

要克制自己的弱点与劣势，也要克服别人之恶。杜威做的是把罪犯定刑送入监狱；诺思是轰炸萨瓦尔多、格林纳达岛、利比亚的坏蛋；格雷厄姆让罪人信基督而将撒旦与罪恶击败。即便各人对抗的阴暗不同，三个人都是基于信念而发挥克制力与对抗阴暗的热忱干劲。

这是对自己的目标和理想有信心，抑或是对自己的信心有信心？有人指责格雷厄姆犯了“理智迫害”之罪，他回答说：“我就是相信。我只知道这无疑惑、无保留的相信让上帝对我的生命做出指引……我决定了要相信。”诺思自辩的时候曾说，他之所以对国会说了谎话，是基于对美国和三军统帅有信心。信心强大到足以移山，而大山也会投下自己的阴影。随着信念的强化，高尚的理想也会变得空洞。哲学家桑塔亚纳（Santayana）说，狂热会看不清目标而事倍功半。

1948 年大选意外败给杜鲁门之后，杜威并不让败绩影响前程，他说：“落选的事到此为止，我现在要往前走。”果然，他运作权谋，拒绝接受选民不支持他的事实。诺思为了信念而加倍地付出，包括在海军军官学校期间曾因担心腿伤的记录让他进不了陆战队，而打算去偷改体检表。

这三个人因为全身心投入自己的信念，所以都曾经企图消灭那些可能阻挡他们的因素。这就是否认机制。格雷厄姆的妻子曾说：“他当然也有过疑惑，但时间不长，因为他从来没有真正存过那种心。”他的终极否认行为，是在尼克松下台并且丧失格雷厄姆的眷顾之后发生的。信念太坚定，从未有过疑惑之心，致使格雷厄姆经历尼克松阴影之后一直不曾恢复元气。“水门事件”

之后，他陷入一生中最沮丧的谷底，经历信心动摇的危机[1]。他坐立不安，吃不下，睡不着。为信仰而必须在理智上、道德上、感觉上扼杀内心的冲突，一时之间逼得他不知何去何从。他说："我确曾相信，尼克松是有史以来最有可能把这个国家带入伟大辉煌时代的人。他有那种品质。我从未听过他说谎。""那些录音带暴露出一个我从不认识的人：我从来没有看见过他的那一面。"

先是盲目不见真相，继而不能接受事实。后来格雷厄姆熬过这个难关，重新找回信心，回到纯真，他又继续向前进了。

三个人的信念都是不屈不挠的，尽管道德上都有瑕疵：格雷厄姆不能接受事实真相，诺思说假话，杜威好权谋，信念却使他们能经历污秽而不受腐化，不被自己的阴影遮蔽而保持纯真。我认为，正是这美国式的对信念的坚持受到了保守务实的平庸大众的欢迎。所以，同样是这份坚持——不论它被称为文学批评家口中的纯真，心理学家口中的否认事实，还是相信者口中的信念，必是美国性格的本质，杜威、格雷厄姆和诺思之所以是美国性格的出色代表，道理也在于此。

尽管先前我们反驳过心理学上使用的"平庸"一词，在此却不得不承认，我们发掘了美国平庸气质的心理条件。能拒绝接受事实，能保持纯真，能利用信念来防御如理智、美学、道德、心理等让美国性格沉睡不醒的所有形态的经验世故。而美国性格却始终未认识到，崇尚纪律、秩序、克己、正直、信仰等，它们既是平庸的优点，又是魔鬼的信使，因此它们本身也需要被超越。

在今天这个社会，我们必须强调杰出人物。在反势利主义[2]盛行的当今社会，人们都被努力工作、缴税、恪守道德、该受奖赏的中产阶级所吸引。社会正在遭受丧失灵魂、代蒙的启示、守护神和天赋之苦，在开始寻找它们之前，为什么不问问是什么赶走了它们？也许赶走它们的正是平庸：仅仅作

---

① 译者注：美国总统尼克松与白宫的高官海尔德曼之间关于利用中央情报局对联邦调查局就"水门事件"的调查进行阻挠的对话被录音。

② 译者注：势利主义，即一言一行中都流露出自己高人一等，理应进阶上层社会并受到更好待遇的观念。反势利主义，即反对上述观念，认为上流社会的典型作风都是不好的，应该被唾弃。

为团队的一员，完成还算过得去的工作，本本分分，恪守“家庭价值观”，参加沃尔玛会员俱乐部，保持冷静，畏惧极端分子和没有扎实基础的非主流观点。

为什么杰出会遭到质疑？对其抵触，是否源于我们对代蒙启示的畏惧，认为只有精英才能拥有与灵魂的优先对话权？那么，将启示视为反社会的文化又会是怎样一种文化呢？它会更加紧紧地依附于毫无灵感的平庸吗？

不要忘了，是那些受到灵感启示的人推动了社会的发展，给予社会回报。比如急救人员、年度教师、投出漂亮三分球的篮球后卫。灵感闪现的瞬间使团队免于黯然失色，这是属于整个团队及其家乡父老的。在最后一秒投篮中的，从而挽救一场关键的比赛，这不仅仅是一个孤胆英雄的作为。灵感在原型背景下使英雄恢复自身原状：所谓英雄，就是为城市和神的荣辱受到感召，并表现出神迹的人。西方文明主张的自我中心及竞争心态，使我们忽视了感召圣举服务社会的一面。所谓“灵感”，仅仅意味着“心灵的吸入”，而不是“精神饱满的愉悦”。

一些社会要求其成员为社会去寻求感召。例如，美国土著的灵境追寻、净化仪式、仙人掌仪式、舞蹈以及关注内在灵魂出现的教友派会议。这里蕴含的社会哲学是，只有当你真正有心奉献时，你才能提供最优质的服务。

我从未为名誉而奉承名誉，只是在用放大镜展现代蒙。以杰出人物为例，并不是说杰出才能只存在于杰出人物身上。本书中的人物是看不见的代蒙的力量的化身，是他们提升了天赋的可见度。这些杰出人物传达了一个普遍观点：所有生物都包含有杰出的成分，只是尚未能被心理学和生物学理论所解释。

例如，马诺莱特和英格玛·伯格曼的事迹是值得借鉴的。但他们并不是用来供后人模仿或克隆，而是作为代蒙的展示。展现在他们生命中的杰出天赋是一个普遍现象。你身上也有。他们是天赋的见证者，只不过因名声在外而被世人所知。

使用这种夸张的老办法，目的是激发软弱者和倦怠者重新感受到每一个人——不论男女，不论他们在统计上如何平庸——的橡果中蕴藏的伟大。但只有当我们废除平庸这一心理学概念之后，我们才可能正当地赞美杰出。否则，给读者介绍这么多名人并对他们进行赞美，就好像是在势利地奉承名人。因此，我们将“设定均值”、“测量均值”、“中间值”和“平庸”等概念踢出心理学，让其回到它们该在的领域（经济学、流行病学、社会学、市场营销学），读者们可以用更独特的词语来想象自己，这亦是本章乃至本书的目的。

即便有人势利地窃笑格雷厄姆的华达呢西装、杜威的奢华外表、诺思的一板一眼和平庸气息，然而他们都不是等闲之辈。事实上，这三个人都忠于自己的橡果，以一贯的行为证实自己包含缺点的独特性格。

在这样一个社会、一个时代，天赋异禀的人被搁置在庇护所里，注射血清素，引人注目的个性被群体治愈，任何太过不同的东西都变得边缘化，此时，对于民族意识来说，最重要的就是积极肯定人身上的非凡特性。如果杰出取决于命运，命运取决于性格，那么赫拉克利特的三字名言也可以被反过来：要去改善性格，光有道德教诲是不够的。我们可以忽略威廉·贝内特和艾伦·布卢姆的劝诫，只需看看命运——特别是杰出人物的命运即可。他们的形象包括他们的勇气、抱负、冒险精神等，都是我们的导师。前述的三个人都是美国中产阶层的典型代表，曾激起数以百万计的美国人的信仰与政治热忱。看看这三个人的性格，他们绝不是平庸之辈。

平凡之中的杰出形象显示，平凡也是一条路。我们可以藉此理解平凡的固有价值，不必讥讽小资产阶级的集体缺陷，更不必因为害怕被边缘化而躲入其中。尽管本章可能或多或少地流露出一些势利，但这是理想主义的一章，我尽力改变“平庸”的定义，使其在世人眼中由轻蔑变为有价值，因为代蒙也可能显现在平庸之中。这个词一直带有一些贬义色彩，直到我们用平庸的例子揭示了平庸所肩负的独特性格的价值，这也是每一颗独特橡果的价值。

一个民主主义者的柏拉图哲学

本章的潜在张力在于我已思考很久的一个问题。25年前，或许更早些，我与研究早期基督教灵知派和那个时代的其他教派的荷兰学者吉勒斯·奎斯贝尔（Gilles Quispel）一起坐在马焦雷湖边，他像一名从康拉德（Conrad）小说中走出的荷兰老船长那样，吸着烟斗，狡黠地笑着问我，“希尔曼，你怎么可能既是柏拉图主义者，又是民主主义者呢？”

奎斯贝尔曾经瞥见我的命运的代蒙，因此，这个问题好多年都没有得到回答。当然，这一问题是以柏拉图和柏拉图主义者的某个共同观念为前提的，即他们都推崇极权主义、精英统治、家长制，并为集权政治打下了权威的基础。奎斯贝尔的问题同样基于民主主义者的一个共同观念，即民主主义者是大众化的、世俗的、可以超越的。民主国家可能有建国之父，但不是守护神。因此，奎斯贝尔的问题是说，一个人怎么可能同时信奉精英主义和大众主义，既遵循永恒原则又允许信仰变换，或者用奎斯贝尔更熟悉的古典哲学语言来说，一个人怎么可能同时信奉绝对真理和个人观点。这一难题甚至从巴门尼德（Parmenides）起就开始让西方思想家头疼了。

在美国，真理与观点的区分被固化为横在教堂与政府之间、显露的真理与大众民意之间的高墙。然而，《独立宣言》坚称，美国的民主政权是建立在一个超验“真理”之上的：“人人生而平等。”

这一说法的基础是什么？一出生，不平等就已经存在，任何一个助产护士都可以证明这一点。婴儿个个都不相同。基因研究表明，技能、气质、强度都有先天差异。至于我们降临的环境，还有什么比我们的环境更不平等的呢？一些人处于不利境地，一些人则从一出生就在天性和养育上处处占优势。

既然养育和天性都不平等，我们从哪儿得到这一观念？不可能来自生活中的事实。平等也不可能被归结为如直立的身躯、符号语言或使用火等所有人类的共同特征，因为个体差异以成千上万种方式使这种共同特征变得复杂。

平等只能从个体的独特性、从经院哲学家所说的“个体原则”中得以推断。我认为这一独特性是天赋的“haeccitas”（中世纪拉丁语的“现实性”一词），是每个人出生时即带有的影响性格形成的因素，以使他成为他，而不是其他人。

所以说，平等必须是不言自明的，是既定的；如《独立宣言》所说，我们是平等的，这是一个不言自明的真理。从“每个”这一逻辑来说，我们是平等的。“每个”的定义就是每一个都不同于其他任何一个，因此每一个都是平等的。我们是平等的，因为每个人带着独特的使命来到世界。除了每个人都有独特天赋这一点，在其他任何方面，我们都是不平等的——比如每个人都会受到不公平、不公正、绝对不平等的待遇。因此，橡果才是民主依赖的基础。

橡果使人超越；它的主要激情是得到实现。使命需要被无障碍地追求的自由，一种“以到达为使命”的自由，而这种自由并不能被社会所保障。（如果自由的机会由社会裁定，那么社会就具有了更高的权力，自由就会变成社会权威的臣民。）由于民主的平等找不到除个人使命的独特性之外的其他逻辑根基，因此，自由取决于使命的完全独立。当《独立宣言》的起草者说所有人生而平等时，他们看到这一命题必然包含另一个命题：所有人生而自由。使命使我们平等，完成使命的行动需要我们拥有自由。此二者的原则守护者就是看不见的个人天赋。

我们不要再把柏拉图视为怀揣空想的令人厌恶的法西斯主义者，也不要再将民主想象成缺乏方向却又叫臣民深信的骗局。然后，我们也许会看到柏拉图主义者和民主主义者并不需要像磁铁的两级一样彼此排斥。相反，柏拉图主义和民主主义有一个共同的前提：承认个体灵魂的重要性。柏拉图的国家为了灵魂的利益而存在，并不为国家或其中的任何特定团体的利益而存在。事实上，相似的观点完全贯穿在其《理想国》中，那就是灵魂和国家的并行。如果给柏拉图主义加上期限，直到它的含义被完全实现方可中止的话，那么我们在国家中的所作所为也即是对灵魂的所作所为，我们对灵魂的所为也就是我们对国家的作为。

此外，正如我们在本章中所看到的，灵魂，是民主所需的个体独特性的理论保证，也是美国的民主之所以能够实现的原因。灵魂，在这里又被称作守护神、橡果、天赋等各种美好的名称。柏拉图主义和民主主义都看到了个体灵魂的重要性。

顺便说一下，灵魂，或者说代蒙、天赋，不仅看起来像是柏拉图主义者，而且像是民主主义者，因为它进入了一个相互作用的世界；它出现在世界各地，好像它进入世界穿上了当地的服装，好像它想要在这个世界坚守，并在这里栖身。只有神学家和萨满敢将无形之物与有形世界分开谈论。死亡和另一个世界绝不是橡果的目标，而是有形世界的目标，在有形世界中橡果提供指引。丧失代蒙将使民主社会坍塌，从而使一群群顾客在迷宫般的购物中心彷徨、徘徊，寻找出路。但是，如果没有个人方向的指引，出口也就无从谈起。

那么，奎斯贝尔教授，我们会在密林中再次相遇吗？我认为柏拉图主义和民主主义可以和谐共处。两者都以灵魂为基础。两者同样都关注灵魂如何在世界生存、如何以最佳的方式得到实现。关注最佳和实现并不会导致精英主义，也不会丢弃民主。

尾　声

方法学说明

该理论选择生物作为象征，是否不妥？“橡果”一词会不会马上让我们想起自然生长的生物模型，进而把这一理论依附于我们想要绕开甚至推翻的两种观念：基因决定论和进化论？不管愿不愿意，这个理论应该都不会被它的名字颠覆吧？

在对物种、天体、疾病进行命名时，总是逃不开使用那些具有根隐喻[①]内涵的事物，体现了人们对世界的一种看法，比如在殖民扩张时期对山脉和岛屿的命名。欧洲统治者和英雄的科学家的名字如殖民者一样占领了所有类别的自然现象：植物、行星乃至事物的发展或运作过程。解放运动解脱了代表旧秩序的词汇所带来的压迫。我们是否应该对“橡果”一词所带有的哪怕一点儿进化论和生物机能论的味道而有所芥蒂，转而把该理论改称为本质理论、意象理论、天赋理论，或者直接叫作守护者心理学理论？

我坚持使用“橡果”，因为它可教会我们读出生物意象，而又不至于成为生物机能说的牺牲品。如果能用违反自然的方式来运用自然的意象，那么就可以用“橡果”一词来表现我们原型观点的精髓，即不把生命看作是有机的、受时间限制的，而是反过来看，逆着时间之河来阅读生命。如果我们想修正人类本质的发展模型，不妨攫取一粒种子，以它的意象作为开端。

我们保留这个词，但是不用我们惯用的思维模式来看它。需要抛弃的不是橡果，而是认为橡果只具自然性和现时性的那种思维模式。

但是，既然我们把橡果想象为原型，想象为一种原型观念，那么就不能只把它放在自然规律和时间顺序的范畴中了。橡树的种子或果实是“橡果”狭义的、自然属性的定义，这只道出了一层含义，只是一个语义和植物学上的概念。这第一层含义会阻断其他含义的出现：橡果也具有神学、形态学、词源学的意义。

橡果也是一种神话象征，一种形象，一个具有祖先、实体、暗示、启示

① 译者注：根隐喻（root metaphor），是构成语言的基础，体现了人类对世界的原始看法，作为人类概念系统中深层次的核心概念，对人类日常的思维方式和话语表达起到了重要的作用。

意义的字眼。在不同方面对"橡果"进行扩展时，就像我们接下来要做的那样，我们会突破其标准含义的自然限制。通过改变人们脑海中对"橡果"的印象，通过扩展它的潜能，向大家展示，如何才能使具有生物属性的"人"超越其生物框架和背景。

让我们从橡树与橡果的神话象征讲起。在古地中海以及欧洲北部的日耳曼和凯尔特部族中，橡树是有魔力的祖先树。凡是和橡树有密切关系的东西，都能分享它的威力——巢居树上的鸟、树干里的瘿蜂、蜜蜂和蜂蜜、缠在树上的槲寄生[①]，当然还有橡果。橡树是父亲之树，能使雷霆从天而降，由宙斯[②]、多纳尔[③]、朱庇特[④]和沃坦[⑤]等主神掌管。橡树也是母亲之树（proterai materes，希腊文意为"始母"），在讲述人类最初是如何来到世间的各种神话故事中，都认为人类为其所生。我们为橡果所生，橡果为橡树所生。另外，"树"（tree）和"真理"（truth）是同源词，所以树也以橡果的形式蕴含真理。想象橡果如同中空如杯的小弹球，躺在森林中的地面上，这无疑就是一首狂想曲。

神话语言由意象组成，概念语言则由句子来陈述。橡果是原始人格的意象，因为橡果中住着传达神谕的灵魂人物。具体而言，橡树是灵魂树，因为它们是蜜蜂筑窝产蜜的常去之处；而在古代地中海和世界的很多其他地方，蜂蜜都被看作供众神饮用的神圣饮品，是超脱凡俗的原始的"灵魂食粮"。更意味深长的原因是，女神、占卜者、女祭司都生活在橡树上或橡树旁，她们用暗示或谚语来表达橡树对诸事的先见和理解。按西非教父马利多玛·索姆[⑥]的观点，所有高大的树木都是睿智的，它们的一举一动细微难察，地上地下紧密相连，外形丰茂而实用。橡树，如此高大、长寿、俊美而稳健，自然也尤其睿智，而橡果的小果仁中浓缩着橡树的所有知识，像是能在针尖上起

① 译者注：槲寄生，一种常用作圣诞节室内悬挂的植物。
② 译者注：宙斯（Zeus），希腊神话中的主神。
③ 译者注：多纳尔（Donar），北欧神话中的雷神。
④ 译者注：朱庇特（Jupiter），罗马神话中的主神，罗马统治希腊后将宙斯之名改为朱庇特。
⑤ 译者注：沃坦（Wotan），北欧神话中的主神。
⑥ 译者注：马利多玛·索姆（Malidoma Somé，1956— ），西非作家。

舞的无所不察的无数天使。无形之物需要最小的空间。但对某些人，它们能洪亮清晰地表达，若仔细倾听，那声音正是来自橡树。

这些话语是否能被听到，在风吹树叶的沙沙响声中，在树枝的吱吱嘎嘎声中，在树干的摩擦声中，或者没有任何可觉知的外部感觉，它能够被天赋异禀的女祭司所解释，例如希腊西北部的多多纳（Dodona），这解释在荷马史诗中也出现过。人们来找神树，祈问自己的命运。橡树身上都是命运的信息，来人可能会问："格里奥顿求问宙斯，娶妻之事，是否吉利？""卡里克莱特问天神，我的妻子奈基是否会为我生育后代，我已向神祈求过。""克里奥塔斯求问宙斯与戴奥妮[①]，是否养羊更好，更有利可图？"或请求揭示更简单然而也是生活中令人紧张的秘密："多克罗斯是否偷了我的布匹？"

在多多纳及别处的这些神树习俗中，有两个事实与我们的论题有关。首先，橡树知道凡人看不到的事情；其次，这些消息会示予某些人（多是女人），她们能"听到"，通过她们之口转述给众人。罗伯特·格雷夫斯[②]指出，毫不夸张地说，多多纳的女祭司以及高卢德鲁伊教士，会通过咀嚼橡果的方式，来进入一种先知附体的状态。帕克[③]收集证据，却没有记录祭司的回答。祭司从树那里所听到的信息对于求问者来说极为重要，但就祈问这件事而言，关键的是他们能听到。

从植物学来说，橡果属于被子植物，天生就有胚芽，橡树的精髓全在里面。从理论上讲，橡果就像奥古斯丁说的种源理性[④]的一种。最早可追溯到斯多亚学派、诺斯替教派以及费罗等柏拉图学者，一些古代的思想认为世界充满了逻各斯种子[⑤]——词根或原初观念。这些本质要素从创世之初业已存在，

① 译者注：戴奥妮（Dione），一女巨人，曾与宙斯私通而生阿佛洛狄忒。

② 译者注：罗伯特·格雷夫斯（Robert Graves，1895—1985），20世纪英国著名诗人、作家。这段描述来自其神话研究作品《白仙女》（1947年）。

③ 译者注：帕克（Parke），主要研究多多纳那些奥利匹亚神谕。

④ 译者注：拉丁词"rationes seminales"，源自希腊语"logoi spermatikoi"，英文为"seminal reasons"，意为"初始原则"或"原始要素"，斯多亚派、新柏拉图主义者及奥古斯丁的术语，通常译为"种源理性"或"种源德性"。

⑤ 译者注：斯多亚派哲学家称宇宙理性为神圣的逻各斯，人在思想中有逻各斯的种子（logoi spermatikoi），形成人们的道德意识，人只要服从他里面的道德意识，就可以有高尚的道德生活。

以原初的先验赋予万物以形态。这些种子词汇使得万物的本质得以区分——通过耳朵听到而辨识。大自然所讲述的想法，尤其是通过能言的橡树之口得以传达的，虽经年累月仍让人们存留了栩栩如生的幻想，时至数百年前仍是画家所描绘的主题。

被自己灵魂的原始种子唤醒，并聆听其诉说，这也许并不容易。我们如何辨识它的声音？它发出了什么信号？回答这些问题之前，我们需要注意到自己的耳朵还不够聪颖，我们所谓的常识所强调的简化主义、写实主义、科学主义阻挡了我们，让我们充耳不闻。这声音难以抵达我们的榆木脑袋，但是除了通信科技和互联网，还有来自别处的信息，更关乎我们的人生。其中的含义不会让我们轻快、自由、顺畅地就能获得，而是以特殊的方式编码在痛苦的异常事端中，也许这才是神灵唤醒你的唯一的途径。

雅各布·格林[①]所著的《德国神话》中有一则来自斯堪的纳维亚[②]的故事，用神话语言表达了这一观点。

> 大巨人斯克里米尔来到一棵巨大的老橡树下面睡觉。雷神托尔过来用锤子敲打了一下他的头。斯克里米尔醒了过来，以为是树叶掉了下来。他又睡着了，打着怪异的呼噜。雷神又打了他一下，这次更用力了；巨人又醒了过来，问是不是有橡果掉在自己头上了，然后又继续睡去。雷神再次用神锤更用力地打他的头，但是巨人从睡梦中醒了过来却说："一定是树上的鸟；它们一定拉屎在我头上了。"

橡果论对于这个巨人来说只是鸟粪。巨人都是出了名的反应迟钝，被人们说成是头脑简单、四肢发达、目光短浅的，总是在叫肚子饿（是否因为他们太空了）。斯克里米尔永远都不会明白神谕，他正象征了我们的一板一眼

① 译者注：雅各布·格林（Jacob Grimm，1785—1863），与其兄弟威廉·格林共著《格林童话》。
② 译者注：即现在的丹麦、挪威、瑞典、冰岛地区。

和简单化一。所以巨人在神话故事里面尽是些陪衬，边上总是机智的角色，比如小精灵或地精，聪明的女仆或是小裁缝。这些角色绝不会将橡果想成落叶或是鸟粪。他们会从看到的事情中提取象征意义，而巨人只能简单思维，把什么都降到最低水平，这样自己就不必离开山洞，或者从山响的鼾声和麻木中醒来。难怪我们小时候都害怕巨人，而当我们看到那些能杀死他们（如大卫和杰克[①]）或是以智取胜（如尤利西斯）的故事人物的时候会感到很兴奋。因为自己入骨的愚钝，巨人吓跑了孩子的想象，以及孩子与奇妙世界的生态联结。所谓蠢钝，就是看不到小事的巨人。毕竟，是豌豆救了杰克，是鹅卵石把大卫从歌利亚[②]那里救了出来。“心理上的巨人”正是柏拉图所谓的“无知洞穴”的别名，因而尤利西斯正是在洞穴中遇到了基克洛普斯（Cyclops），基克洛普斯是个独眼巨人，他一板一眼地看待尤利西斯的机智言语，从而被愚弄了。

能言的橡树是通过女人来传递神谕的；因为能够为人提供庇护、给予养分，活动具有周期性，还因为它们为众多人类行为提供基础物质（hyle），所有的树都被归为母性象征。尽管如此，橡树和橡果却被想象成男性。这不仅是因为从神话上来说，橡树是伟大的父神树（欧洲罗马的朱庇特以及北欧的多纳尔）；还因为在形态学上，橡果被叫作“juglans”，也就是朱庇特的龟头。

许多其他语种为我们揭示了一些被英语隐瞒的信息：阴茎光滑的头部和翻下来的杯状的包皮呈现的正是橡果的形状。德语中，“Eichel”既是橡果又是龟头；而法语用“gland”指代了两者；拉丁文用的是“glans”；希腊文是“balanos”；西班牙语是“bellota”。塞耳萨斯等医学作者、普林尼等博物学家以及亚里士多德都把橡果和龟头等同起来，还有一些繁殖仪式把果实的形态学表现和对橡树的神话理解联结起来。

---

① 译者注：英国民间传说“巨人捕手杰克”专门以猎杀巨人为生，这里指的巨人多半是科摩兰巨人。

② 译者注：歌利亚，被牧羊人大卫杀死的非利士巨人。

从词源学上来说，在解释的第三层，“橡果”（acorn）一词与“英亩”（acre）、“动作”（act）和“动因”（agent）有关。“acorn”的来源最接近古高地德语中的“akern”（果实），不仅仅是种子，而是已经丰满的果实。“actus”（行为 action、活力 activity、行动 agency）与“acorn”相关，所以橡果应该理解为已完成的结果，不仅是新树的开始（具有发展性的意味）。整个思维的顺序被逆转了。

再往前，“acorn”可追溯至梵文，后成为希腊语中的“ago”、“agein”，以及这些词的各种变体字和衍生字，意思是推动、往前、领导或导引（在荷马史诗中，头领就是 agos）。祈使态的“age”和“agete”意思是移动、出发、走。从同一古语词干衍生而成的“议程”（agenda）和“痛苦”（agony），成为这个爱出风头的“acorn”留在我们每个人生命中的普遍经历。

发现橡果中埋藏着如此丰富的语言宝藏，能不令人惊讶吗？这还没完呢，因为希腊单词的龟头和橡果（balanos）源自“ballos”和“bal”，意味着被投掷或落下，就像坚果从树上掉下来，或是投掷，就像掷骰子那样，也有“使劲扔”的含义。在词根“ballos”和“case”的词源之间有个相似之处，对于“ballos”来说，落下或投掷可以决定你的“case”，而对于“case”来说，它的源头是拉丁文“caere”，也是落下。你的个案（case）只是降临你的命运，你的个案史讲述的就是你的生命之签是怎样被摇出落地的。决定性的要素都浓缩在“橡果”这个词中，你的人生就是它的投射。

“balanos”、“ballizon”、“balletus”三者为同源词，均来自单词“ballistic”（弹道的），经罗马文借用，形成了指代大型舞会的“ballet”（芭蕾舞剧）和“ball”（舞会）。驻留在词源学的橡果中的，有一种原生的美；橡果与生命共舞，充满了投射；橡果像龟头一样敏感。而且，行动具有冲击性。这些均是从其神话、形状、词源收获而来，准确地表达了我们在本书论述的橡果论的意象。

传记故事中也有橡果论，其源起和谈论的内容似乎都是“puer eternus”，即永恒青春的原型，包含了与无形来世的永恒、不朽而又脆弱的联结。在人们的生活中，这个原型可以解释那些早熟的孩子和不容否认的命运的召唤，正如我们在梅纽因和嘉兰身上看到的。永恒青春尤其会在那些敢于幻想的人物身上显现耀眼的原型，他们年少成名、不甘平凡、化身传奇，比如詹姆斯·迪恩[①]、克莱德·巴罗[②]、科特·柯本[③]，比如莫扎特、济慈和雪莱，比如查特顿[④]、兰波和舒伯特[⑤]，比如亚历山大大帝（死时 30 岁）和耶稣（死时 33 岁），比如机灵鬼亚历山大·汉密尔顿在 18 岁的时候就有了开国元勋的派头。查理·帕克[⑥]35 岁辞世，巴迪·霍利[⑦]活到 22 岁，吉米·布兰顿 23 岁；还可以想想年轻画家的死，比如让-米切尔·巴斯奎特[⑧]和基思·哈林[⑨]。任何人都可以列出一串名字——不只是名流和恶人，也包括那些形形色色的年轻男女，他们用自己的希望触碰我们的生活，继而消失无踪。

永恒青春作为原型，理应是超越性别的：珍·哈露（Jean Harlow）死于 26 岁，卡洛尔·隆巴德[⑩]死于 34 岁，佩西·克莱恩[⑪]死于 31 岁。还有詹尼斯·乔

---

① 译者注：詹姆斯·迪恩（James Dean，1931—1955），美国电影演员，代表作《背德者》、《伊甸园之东》。

② 译者注：克莱德·巴罗（Clyde Barrow，1909—1934），与邦妮·派克（Bonnie Parker，1910—1934）是美国历史上有名的鸳鸯大盗，20 世纪 30 年代在美国中部犯下多起枪案，其中克莱德至少杀害了九名警察，1934 年两人被警方埋伏并射杀身亡。

③ 译者注：科特·柯本（Kurt Cobain，1967—1994），美国著名摇滚歌手，父母离异后学会了用音乐作为逃避的武器，组建了震惊世界的 Nirvana 乐队，代表作 *Smells Like Teen Spirit*、*Come as You Are*、*Lithium*、*About a Girl* 等。1994 年开枪自杀，时年 27 岁。

④ 译者注：托马斯·查特顿（Thomas Chatterton，1752—1780），英国浪漫主义诗人的先驱者之一，28 岁自杀。

⑤ 译者注：弗朗茨·舒伯特（Franz Schubert，1797—1828），奥地利作曲家，古典主义音乐的最后一位巨匠，31 岁时病逝。

⑥ 译者注：查理·帕克（Charlie Parker，1920—1955），爵士乐史上最伟大的中音萨克斯管演奏家，35 岁时因吸毒而死。

⑦ 译者注：巴迪·霍利（Buddy Holly，1937—1959），美国当代著名摇滚歌星，22 岁时死于空难。

⑧ 译者注：让-米切尔·巴斯奎特（Jean-Michel Basquiat，1960—1988），又有译为尚-米榭·巴斯奇亚，是一位美国艺术家。20 世纪 70 年代末，他先是以纽约涂鸦艺术家的身份获得大众认识，后来成为一位成功的 80 年代新表现主义（Neo-expressionist）艺术家。巴斯奎特的作品至今仍深深影响着当代的艺术家，而且价值不斐。

⑨ 译者注：基思·哈林（Keith Haring，1958—1990），通常被认为是一个“涂鸦”画家，同时也是一名成功的企业家。32 岁时死于艾滋病。

⑩ 译者注：卡洛尔·隆巴德（Carole Lombard，1908—1942），美国电影演员，代表作《20 世纪快车》、《闺女怀春》，1936 年获奥斯卡最佳女主角奖提名。

⑪ 译者注：佩西·克莱恩（Patsy Cline，1932—1963），美国歌手，死于空难。

普林[①]、伊娃·海瑟（Eva Hesse）、莫伊拉·德韦尔（Moira Dwyer）、阿梅莉亚·埃尔哈特[②]……

在这些知名人物身上，我们能找到神话人物的背景。伊卡洛斯[③]和何露斯[④]，都比各自的父亲飞得更高；亚特兰大舰队；小兰斯洛特[⑤]和高文[⑥]；非凡的忒修斯[⑦]；圣塞巴斯蒂安[⑧]被乱箭穿胸；男孩大卫，圣歌的甜美颂者；加尼米德[⑨]，奥林匹斯山上为神伺食的侍者；以及所有耀眼的爱神，阿多尼斯[⑩]、佩瑞斯[⑪]。

口语中把明亮的新星叫作“geniuses”。天赋（genius）与青春（puer），龟头（glans）与橡果（acorn），与这两对联系尤为密切的是罗马语中“genius”的原始含义——强大的生殖力。因此阴茎的自主自发性就代表了“pars pro toto”，即“genius”本身。基于这个原因，男人可以说男性成员有自己的直觉之眼、自己的意愿，并感觉它们在自己的命运中扮演了主要的角色。男人会盲目迷恋这个器官，并为它神秘的举动赋予无形而神圣的意义。对于阴茎的妄想的、自恋的、强迫的、高估的观念（谈话治疗的专业说法），最好的解释是：用这种形式对青春进行生殖器崇拜，以此挑战神话的背景。

青春的形象——巴尔德尔[⑫]、搭模思[⑬]、耶稣、克利须那（Krishna）——将

① 译者注：詹尼斯·乔普林（Janis Joplin，1943—1970），美国歌手，被称为最伟大的白人摇滚女歌手和伟大的布鲁斯歌手，死于过量吸食海洛因。

② 译者注：阿梅莉亚·埃尔哈特（Amelia Earhart，1897—1937），美国著名女飞行员和女权运动者。

③ 译者注：伊卡洛斯（Icarus），希腊神话中巧匠达罗斯之子，与父亲一起用蜡做的翅膀飞离克里特岛，因离太阳太近，翅膀融化溺海身亡。

④ 译者注：何露斯（Horus），古埃及的太阳神。在一场战争中，使用父亲俄塞里斯给予的神奇力量，变成带双翼的太阳圆盘，飞上天空，用王权和连枷将恶神赛特杀死。

⑤ 译者注：兰斯洛特（Lancelot），亚瑟王传说中亚瑟王领导的圆桌骑士中的传奇人物，被誉为“第一骑士”，勇敢强大且乐于助人。

⑥ 译者注：高文（Gawain），亚瑟王圆桌骑士之一，与兰斯洛特齐名。

⑦ 译者注：忒修斯（Theseus），传说中的雅典国王。

⑧ 译者注：圣塞巴斯蒂安（Saint Sebastian），圣经人物，年轻貌美。在文艺作品中被描绘成捆住后用乱箭射穿的形象。

⑨ 译者注：加尼米德（Ganymede），神话中的一名美男子，宙斯化为老鹰将其掳上奥林匹斯山命其为侍酒，后化为宝瓶座的一颗星辰。

⑩ 译者注：阿多尼斯（Adonis），希腊神话中的人物，爱神阿佛洛狄忒所爱的美少年。

⑪ 译者注：佩瑞斯（Paris），希腊神话中的特洛伊王子。

⑫ 译者注：巴尔德尔（Baldur），掌管光明的古斯堪的纳维亚神。

⑬ 译者注：搭模思（Tammuz），古巴比伦异教的神。

神话带进了现实。这信息是神奇的，讲述的是容易受伤、容易消亡却总在重生的神话是想象活动的生殖结构。这些形象，和神话本身一样，似乎不“真实”。他们感受不到真实的存在；关于他们的故事讲述的都是流血、跌落、衰退、消失。他们是卓越的传教士，从未放弃过对另一个世界的投入。在某处，飞跃彩虹。在影片《天堂的孩子》（*Les Enfants du Paradis*）中，那白脸的小丑说：“月亮，这是我的国度。”癫狂而孤独，可爱而苍白——这就是青春，战战兢兢地接触大地，当然它也是性欲旺盛的，通过阴茎的龟头，希求大地的接纳。

对更迭后的心灵状态投以热情，这会点燃叛逆之火，继而推动青春幻想，从而改变现有状态的心灵。来自永恒世界的召唤要将这世界颠倒过来，将亲近藏于月亮；癫狂、爱、诗歌。花粉、伍德斯托克、巴克利以及1968年巴黎学生的哭号[①]，它们都传达了同一个声音：“想象的权力”。没有渐变，没有妥协，因为永恒和时间无关。启示和愿景自己造就了自己。然后呢？不朽的观念跌向了死亡：肯特州事件[②]；然后是婴儿潮以及商业迅速发展。“金色女郎[③]和梯子一起，去打扫烟囱，走向灰尘。”马诺莱特，却倒在沙地上流血。

触及生活经历的不仅仅是原型形象，还有理论的原型风格。青春影响下的任何理论都显示出对指导实践的充沛活力，对非凡的诉求，对唯美的炫耀。这真理永恒而无垠，无需费力来证明。青春将在此起舞，尽情地想象，对抗传统和规定。受青春感召的理论也将在现实中跛行，当遭遇所谓的现实质问时甚至会灰飞烟灭，就是有着衰老的硬鼻子、硬屁股、硬帽子的灰脸国王（或萨杜恩[④]）——作为青春的传统对手所持的信念。他想要的是统计、范例和研究，不是意象、愿景和故事。认识它们，并了解它们是如何影响我们的所见所闻以及我们对这些见闻的反应，有助于读者找到自己在原型地图上的位

① 译者注：1968年5月在巴黎掀起的一股大规模的学生运动浪潮，时称“五月风暴”，影响了法国乃至整个欧洲的历史进程。

② 译者注：1970年，美国数百所高校举行全国性的联合大罢课，以此抗议美军入侵柬埔寨。当局派国民警卫队镇压，肯特州立大学有19名学生被打伤，其中数人当场毙命。

③ 译者注：金色女郎（golden girls），指受人喜欢的女孩、有成就的女人。

④ 译者注：罗马神话中掌管农业，是朱庇特之前黄金时代支配世界的主神。堪比希腊神话中的克罗纳斯。

置——在一瞬间通过观念的解放而进入这个地图，在另一瞬间又对这个狗屁不通的东西产生彻头彻尾的怀疑。

这一类的自我反思属于心理学的方法。与其他学科提出自己观点的方法不同，原型心理学有责任展示其神话前提，以及如何祈问第一个问题，在本书中，即橡果的神话。因为理论不是仅凭拍脑门就能得出的，也不是来自冷冰冰的数据，理论用观念术语来表现神话的剧情，剧情在范式变迁的争论中铺展。

我们方法中的青春已露出庐山真面目，接下来继续来看橡果。渊博而多产的医学作家盖伦[1]认为，橡果自古就被当作原始的食物，这是在以神话式的口吻告诉你，你从自己的内核中获得滋养。使命是你心理上首要的营养品。盖伦说，阿卡迪亚人即使在学会种植谷物之后，仍食用橡果。这又从另一个侧面证实了，橡果先于自然母亲的文明进程，在以狄美特[2]和塞丽丝（Ceres，提供滋养和教化的女神）为母亲的世界里，谷物以她们的名字命名。橡果是农耕之前的自然礼物，但是这自然是神秘而纯洁的（即不可知、抓不住）；所以按照詹姆斯·乔治·弗雷泽爵士[3]所说的，橡果属于主管生育的阿耳忒弥斯的领域。

然后，从当代英法的诗歌和绘画来说，食用橡果的阿卡迪亚地区有着原初自然的意象风景，类似于伊甸园或天堂，自由的灵魂与自然为伴居于那里。在治疗中，我们把阿卡迪亚移植到童年；自然地生活，食用橡果，为内在小孩洗礼。如果在治疗中，不是回到满是动物、蛇虫、原罪和知识的伊甸园，也没回到居住着吃橡果的原始人的阿卡迪亚，而是在内心置入一个被虐待的理想化的小孩，这个过程本身就是一种滥用。因为在无神论者眼里，你并没

① 译者注：盖伦（Galen，129—199），古罗马时期最著名的医学大师、解剖学家。

② 译者注：狄美特（Demeter），希腊神话中掌管农业、婚姻、社会秩序的女神，相当于罗马神话中的塞丽丝。

③ 译者注：詹姆斯·乔治·弗雷泽爵士（James George Frazer，1854—1941），英国古典人类学家，神话学和比较宗教学的先驱。

有“返回童年”，也没有去崇拜纯真，找回自由自在的田园生活；你去往的是阿卡迪亚，那是一片想象的疆土，在那里我们受守护天使的眷顾。

存在于橡果之中的，不仅有等待我们去实现的完整人生，也有未能实现的遗憾挫折。橡果洞悉一切，它努力催促，但无济于事。种子与树木之间的差异，天上女神手中的纺锤与人间家庭中的互动之间的差异，使得橡果因无能为力而大为光火，也使其产生可及而不可控的遗憾。因为不能按照自己的意志来行事，橡果气得满脸通红，像个小孩。

橡果的果仁虽能滋养生命，且能与甜美的天使共鸣，但其味依旧苦涩。橡果原本酸而且涩。橡果会退缩，会否认，就像苏格拉底的代蒙仅发出否定警告的时候那样。也许正因如此，橡果必须经由一次又一次的浸泡、滤洗、煮沸和过滤，经历长时间的软化过程，其果肉才能研磨成美味可口的粉末。正如食用说明写的那样：“苦味消失时方可食用。”美丽的“永恒青春”也有令人害怕的苦涩，甚至有毒。看巴斯奎特的画作，听柯本、亨德里克斯[①]、乔普林的音乐，都有这种苦涩，一种因等不及长成橡树而想要自杀的绝望。所有理论都躲不开这阴影。因此，橡果论，以及它带给生命不凡的鼓舞——愿景、美、命运——多少也有些令人难以下咽。

本章是对方法学的必要和最后的补充。尾声联结了橡果论及其基础意象，也进一步联结了基础意象和被称为永恒青春的神话架构。这个补充能够说明，如何将带有生物色彩的隐喻，从其本来的领域移植到有机体的哲学中来；而后者本已将橡果论限定在了人生的发展模型之中。

生命不只是自然过程，更确切地说，也是个奥秘。如果认为人的灵魂生命遵从的是诸如进化论或遗传学等提出的自然定律，那就好比是将生命暗藏的意义与自然界作类比，犯了“自然主义的谬误”。人类一直想破译灵魂的密码，想要一窥它的本质。但是，若它的本质既不顺乎自然又不合乎人情，

① 译者注：亨德里克斯（Hendrix，1942—1970），美国吉他演奏家。

又该如何是好？或者说，我们寻找的不仅是一个东西，而且是一个地方，而事实上根本不存在这么一个地方，尽管召唤一直示意我们去寻找。因此，除了召唤本身，我们不必再去寻找什么。这时候，与其去寻找召唤从何而来，不如直接听从召唤。

事物隐而不见的一面，拉丁文称之为“deus absconditus”，即隐蔽之神，只能用喻义、象征、矛盾费解的谜语、埋在群山之中的珍贵宝石、可能燎原的星星之火来阐述。按照古老传统的说法，最重要的往往是最不明显的。橡果便属于此种隐喻，而橡果论也沿用了这个古老传统，其可追溯到布雷克[①]和华兹华斯、德国浪漫主义，以及文艺复兴时期的马西里奥·费西诺[②]和库萨的尼古拉斯[③]。

橡果隐喻中有“小”的意思，代蒙和灵魂亦然。它们甚至比“小”还要小，因为它们根本看不见。灵魂不是可以衡量的实体，不是物质，不是一种力——虽然我们在它的召唤声中感受到一股力量。代蒙和灵魂根本没有实体，费西诺如是说，因此，代蒙的本质和灵魂的密码不是有形方法所能涵盖的，它只在好奇的念头、热忱的感情、暗示的直觉、大胆的想象之中，而每一样都为青春所知悉。

为与青春的特殊原型保持一致，橡果论意在启发、突破和激起一种浓烈的情感；它的主旨，即让你善待自己的人生故事，充分想象你的生命。因为，你会如何教养子女，用什么心态面对青春期的困扰，怎样与人相处、适应衰老、接受死亡，这些都取决于你用什么方法来看待自己的生命。这种设想生命的方式对你的影响，还包括如何实施教育、进行心理治疗、撰写传记故事，以及作为一个人该如何走完一生。

① 译者注：布雷克（Blake，1757—1827），英国诗人、艺术家。

② 译者注：马西里奥·费西诺（Marsilio Ficino，1433—1499），文艺复兴时期意大利哲学家、美学家，佛罗伦萨柏拉图学派最负盛名的代表。

③ 译者注：尼古拉斯（Nicolas，1401—1464），文艺复兴时期德国哲学家，有新柏拉图主义倾向。

参考文献

Abram, David. *The Spell of the Sensuous: Perception and Language in a More-than-Human World.* New York: Pantheon, 1996.

Abt, Samuel. *LeMond.* New York: Random House, 1990.

Aigremont, Dr. *Volkserotik und Pflanzenwelt.* Halle, Germany: Gebr. Tensinger, n.d.

Ainslie, Ricardo C. *The Psychology of Twinship.* Lincoln: Univ. of Nebraska Press, 1985.

Ambrose, Stephen E. *Nixon: The Education of a Politician., 1913-1962.* New York: Simon and Schuster, 1987.

American Psychiatric Association Staff. *Diagnostic and Statistical Manual of Mental Disorders,* 3d ed., vol. 3. Washington, D.C.: American Psychiatric Press, 1987.

Aristotle. *Nicomachean Ethics.* Trans. Martin Ostwald. Indianapolis: Bobbs-Merrill, 1962.

——. *Physics II,* Trans. R. P. Hardie and R. K. Gaye. In *The Works of Aristotle*, W. D. Ross, ed. Oxford: Clarendon Press, 1930.

Armstrong, A. Hilary. "The Divine Enhancement of Earthly Beauties." *Eranos-Jahrbuch 1984.* Frankfurt a/M.: Insel, 1986.

Astor, Gerald. *The "Last" Nazi: The Life and Times of Dr. Joseph Mengele.* New York: Donald I. Fine, 1985.

Athens, Lonnie H. *The Creation of Dangerous Violent Criminals.* Urbana: Univ. of Illinois Press, 1992.

Baker, Jean-Claude, and Chris Chase. *Josephine: The Hungry Heart.* New York: Random House, 1993.

Bauer, Jan. *Impossible Love—Or Why the Heart Must Go Wrong.* Dallas: Spring Publications, 1993.

Bell, E. T. *Men of Mathematics.* New York: Simon and Schuster, 1937.

Bergman, Ingmar. *The Magic Lantern: An Autobiography.* Trans. Joan Tate. London: Hamish Hamilton, 1988.

Bergson, Henri. *Creative Evolution.* London: Macmillan, 1911.

Berscheid, Ellen, and Elaine Hatfield Walster. *Interpersonal Attraction.* Menlo Park, N. J.:

Addison-Wesley, 1983.

Bloom, Lynn Z. *Doctor Spock: Biography of a Conservative Radical.* Indianapolis: Bobbs-Merrill, 1972.

Blumberg, Stanley A., and Gwinn Owens. *Energy and Conflict: The Life and Times of Edward Teller*. New York: Putnam, 1976.

Bosworth, Patricia. *Diane Arbus: A Biography*. New York: Alfred A. Knopf, 1984.

Bowlby, John. *Child Care and the Growth of Love,* 2d ed. Abridged and edited by Margery Fry. Harmondsworth, England: Penguin, 1965.

Bradlee, Ben. Jr. *Guts and Glory: The Rise and Fall of Oliver North*. New York: Donald I. Fine, 1988.

Bradley, Omar N., Jr., and Clay Blair. *A General's Life: An Autobiography.* New York: Simon and Schuster, 1983.

Branagh, Kenneth. *Beginning*. London: Chatto and Windus, 1989.

Branden, Nathaniel. "A Vision of Romantic Love." In *The Psychology of Love,* Robert J. Sternberg and Michael L. Barnes, eds. New Haven: Yale Univ. Press, 1988.

Brandon, Ruth. *The Life and Many Deaths of Harry Houdini*. New York: Random House, 1993.

Breggin, Peter R., and Ginger R. Breggin. *The War Against Children: The Government's Intrusion into Schools, Families and Communities in Search of a Medical "Cure" for Violence.* New York: St. Martin's Press, 1994.

Brome, Vincent. *Havelock Ellis: Philosopher of Sex.* London: Routledge and Kegan Paul, 1979.

Burnet, John. *Early Greek Philosophy.* London: Adam and Charles Black, 1948.

Canetti, Elias. *The Tongue Set Free: Remembrance of a European Childhood.* London: André Deutsch, 1988.

Caro, Robert A. "Lyndon Johnson and the Roots of Power." In *Extraordinary Lives: The Art and Craft of American Biography.* Boston: Houghton Mifflin, 1988.

Chantraine, Pierre. *Dictionnaire étymologique de la langue grecque.* Paris: Klincksieck, 1968.

Charles-Roux, Edmonde. *Chanel: Her Life, Her World—And the Woman Behind the Legend She Herself Created.* Trans. Nancy Amphoux. London: Jonathan Cape, 1976.

Chasins, Abram. *Leopold Stokowski: A Profile.* New York: Hawthorn Books, 1979.

Citron, Stephen. *Noel and Cole: The Sophisticates.* Oxford: Oxford Univ. Press, 1993.

Clarke, Gerald. *Capote: A Biography.* New York: Simon and Schuster, 1988.

Cobb, Edith. *The Ecology of Imagination in Childhood.* Dallas: Spring Publications, 1993.

Cohn, Roy, and Sidney Zion. *The Autobiography of Roy Cohn.* Secaucus, N.J.: Lyle Stuart, 1988.

Coles, Robert. *The Spiritual Life of Children*. Boston: Houghton Mifflin, 1990.

Colette. *Earthly Paradise: An Autobiography.* Trans. Herma Briffault, Derek Coltman, and others. Robert Phelps, ed. New York: Farrar, Straus and Giroux, 1966.

Colford, Paul D. *The Rush Limbaugh Story: Talent on Loan from God.* New York: St. Martin's Press, 1993.

Colin, Sid. *Ella: The Life and Times of Ella Fitzgerald.* London: Elm Tree Books, 1986.

Collingwood, R. G. *An Autobiography.* Oxford: Oxford Univ. Press, 1939.

Congdon, Lee. *The Young Lukács.* Chapel Hill: Univ. of North Carolina Press, 1983.

Conrad, Barnaby. *The Death of Manolete.* Boston: Houghton Mifflin, 1958.

Cook, Albert. "Heraclitus and the Conditions of Utterance." *Arion* 2(4) (n.d.).

Cook, Blanche Wiesen. *Eleanor Roosevelt,* vol. 1, 1884-1933. New York: Viking Penguin, 1992.

Cornford, Francis MacDonald. *Plato's Cosmology: The "Timaeus" of Plato Translated with a Running Commentary.* London: Routledge and Kegan Paul, 1948.

Covitz, Joel. "A Jewish Myth of a Priori Knowledge." *Spring 1971: An Annual of Archetypal Psychology.* Zurich: Spring Publications, 1971.

Cox, Patricia. *Biography in Late Antiquity:* A Quest for the Holy Man. Berkeley: Univ. of California Press, 1983.

Crozier, Brian. *Franco: A Biographical History*. London: Eyre and Spottiswoode, 1967.

Cullen, Robert. *The Killer Department: The Eight-Year Hunt for the Most Savage Serial Killer of Modern Times.* New York: Pantheon, 1993.

Dahmer, Lionel. *A Father's Story*. New York: Avon, 1995.

Daniel, Oliver. *Stokowski: A Counterpoint of View.* New York: Dodd, Mead, 1982.

Davis, Bette. *The Lonely Life: An Autobiography.* London: MacDonald, 1963.

Day, Sebastian J. *Intuitive Cognition: A Key to the Significance of the Later Scholastics.* St. Bonaventure, N.Y.: Franciscan Institute, 1947.

Deans, Mickey, and Ann Pinchot. *Weep No More, My Lady.* New York: Hawthorne, 1972.

Demos, John. "The Changing Faces of Fatherhood." In *The Child and Other Cultural Inventions,* Frank S. Kessel and Alexander W. Siegel, eds. New York: Praeger, 1983.

Dietrich, B. C. *Death, Fate and the Gods: Development of a Religious Idea in Greek Popular Belief and in Homer.* London: Athlone Press, Univ. of London, 1965.

Dodds, E. R. *The Greeks and the Irrational.* Berkeley: Univ. of California Press, 1951.

——. *Proclus: The Elements of Theology,* 2d ed. Oxford: Oxford Univ. Press, 1963.

Dunbar, Janet. *J. M. Barrie: The Man Behind the Image.* Newton Abbot, England: Readers Union, 1971.

Dunn, Judy, and Robert Plomin. *Separate Lives: Why Siblings Are So Different.* New York: Basic Books, 1990.

Edel, Leon. *Writing Lives—Principia Biographica.* New York: W. W. Norton, 1984.

Eells, George. *The Life That Late He Led: A Biography of Cole Porter.* London: W. H. Allen, 1967.

Eliot, T. S. "Burnt Norton." In *Four Quartets*. London: Faber and Faber, 1944.

——."The Dry Salvages." In *Four Quartets*. London: Faber and Faber, 1944.

Emerson, Ralph Waldo. "Self-Reliance." In *Essays: First Series*, vol. 1. New York: Harper and Bros., n.d.

English, Horace B., and Ava C. English. *A Comprehensive Dictionary of Psychological and Psychoanalytical Terms.* New York: David McKay, 1958.

Epstein, William H. *Recognizing Biography.* Philadelphia: Univ. of Pennsylvania Press, 1987.

Eyer, Diane E. *Mother-Infant Bonding: A Scientific Fiction.* New Haven: Yale Univ. Press, 1992.

Fest, Joachim. *Hitler.* Trans. Clara Winston. New York: Harcourt, Brace and Company, 1974.

Fisher, Helen E. *Anatomy of Love: The Natural History of Monogamy, Adultery, and Divorce.* New York: W. W. Norton, 1992.

Flexner, James Thomas. *The Young Hamilton: A Biography.* Boston: Litde, Brown, 1978.

Flood, Charles Bracelen. *Hitler: The Path to Power.* Boston: Houghton Mifflin, 1989.

Forrest, D. W. *Francis Galton: The Life and Work of a Victorian Genius.* London: Paul Elek, 1974.

Frady, Marshall. *Billy Graham: A Parable of American Righteousness.* Boston: Little, Brown, 1979.

Franey, Pierre. *A Chef's Tale: A Memoir of Food, France, and America.* New York: Alfred A. Knopf, 1994.

Freeman, Kathleen. *Ancilla to the Pre-Socratic Philosophers: A Complete Translation of the Fragments in Diels, Fragmente der Vorsokratier.* Oxford: Blackwell, 1948.

Friedländer, Paul. *Plato,* vol. 1, Bollingen Series 59. New York: Pantheon, 1958.

Friedman, Maurice. *Encounter on the Narrow Ridge: A Life of Martin Buber.* New York: Paragon House, 1991.

Gantner, Joseph. "L'Immagine del Cuor." In *Eranos-Yearbook,* 35-1966. Zurich: Rhein Verlag, 1967.

Gilmore, Mikal. "Family Album." *Cranta* 37 (Autumn 1991): 11-52.

Gleick, James. *Genius: The Life and Science of Richard Feynman.* New York: Vintage Books, 1993.

Goertzel, Victor, and Mildred G. Goertzel. *Cradles of Eminence.* Boston: Little, Brown, 1962.

Goldman, Albert. *The Lives of John Lennon: A Biography.* New York: William Morrow, 1988.

Gombrich, E. H. *Art and Illusion: A Study in the Psychology of Pictorial Representation,*

Bollingen Series 35. Princeton: Princeton Univ. Press, 1961.

Grant, James. *Bernard M. Baruch: The Adventures of a Wall Street Legend.* New York: Simon and Schuster, 1983.

Graver, Neil A. *Remember Laughter: A Life of James Thurber.* Lincoln: Univ. of Nebraska Press, 1994.

Graves, Robert. *The White Goddess: A Historical Grammar of Poetic Myth.* London: Faber and Faber, 1948.

Greene, William Chase. *Moira: Fate, Good, and Evil in Greek Thought.* New York: Harper Torchbooks, 1963.

Grimm, Jacob. *Teutonic Mythology.* Trans. from 4th ed. by James S. Stallybrass. London: George Bell, 1882-1888.

Gubernatis, Angelo de. *La Mythologie des plantes,* vol. 2. Paris: C. Reinwald, 1878.

Guggenbühl-Craig, Adolf. *The Emptied Soul: The Psychopath in Everyone's Life.* Woodstock, Conn.: Spring Publications, 1996.

Guthrie, W. K. C. *A History of Greek Philosophy,* vol. 1. Cambridge, England: Cambridge Univ. Press, 1962.

Hadamard, Jacques. *The Psychology of Invention in the Mathematical Field.* Princeton: Princeton Univ. Press, 1945.

Hanson, Elisabeth. *My Poor Arthur: A Brography of Arthur Rimbaud.* New York: Henry Holt, 1960.

Harding, Rosamond E. M. *An Anatomy of Inspiration.* 2d ed. Cambridge, Mass.: Heffer and Sons, 1942.

Haule, John R. *Divine Madness: Archetypes of Romantic Love.* Boston: Shambhala, 1990.

Heilbrun, Carolyn G. *Writing a Woman's Life.* New York: W. W. Norton, 1988.

Hendrick, Susan S., and Clyde Hendrick. *Romantic Love.* Newbury Park, Calif.: Sage Publications, 1992.

Herakleitos and Diogenes. Trans. Guy Davenport. San Francisco: Grey Fox Press, 1979.

Herrnstein, Richard J., and Charles Murray. *The Bell Curve: Intelligence and Class Structure in American Life.* New York: Free Press, 1994.

Herzog, Edgar. *Psyche and Death: Death-Demons in Folklore, Myths and Modern Dreams.* Dallas: Spring Publications, 1983.

Highfield, Roger, and Paul Carter. *The Private Lives of Albert Einstein.* New York: St. Martin's Press, 1993.

Hillary, Sir Edmund. *Nothing Venture, Nothing Win.* New York: Coward, McCann and Geoghegan, 1975.

Hillman, James. "Archetypal Psychology: Monotheistic or Polytheistic?" In *Spring 1971: An Annual of Archetypal Psychology and Jungian Thought.* Zurich: Spring Publications, 1971.

——. *The Dream and the Underworld.* New York: Harper and Row, 1979.

——. *Egalitarian Typologies Versus the Perception of the Unique.* Eranos Lecture Series. Dallas: Spring Publications, 1986.

——. "Oedipus Revisited." In *Oedipus Variations: Studies in Literature and Psychoanalysis.* Dallas: Spring Publications, 1991.

——. "What Does the Soul Want—Adler's Imagination of Inferiority." In *Healing Fiction.* Dallas: Spring Publications, 1994.

——, ed. *Puer Papers.* Dallas: Spring Publications, 1980.

Holmes, Richard. *Coleridge—Early Visions.* London: Hodder and Stoughton, 1989.

Holroyd, Michael. "Literary and Historical Biography." In *New Directions in Biography,* A. M. Friedson, ed. Manoa: Univ. of Hawaii Press, 1981.

Hultkrantz, Åke. *Conceptions of the Soul Among North American Indians.* Stockholm: Statens Etnografiska Museum, 1953.

Irving, David. *The Trail of the Fox.* New York: E. P. Dutton, 1977.

Isaacson, Walter. *Kissinger: A Biography.* New York: Simon and Schuster, 1992.

Jaeger, Werner. *Paideia: The Ideals of Greek Culture,* vol. 1. Trans. Gilbert Highet. Oxford: Oxford Univ. Press, 1965.

James, William. "On a Certain Blindness in Human Beings." *Talks to Teachers on Psychology: And to Students on Some of Life's Ideals.* London: Longman's, Green, 1911.

Jayakar, Pupul. *Krishnamurti: A Biography.* New York: Harper and Row, 1988.

Jones, Evan. *Epicurean Delight: The Life and Times of James Beard.* New York: Alfred A. Knopf, 1990.

Jung, C. G. *Psychological Types.* London: Routledge and Kegan Paul, 1923.

Jung, Emma. *Animus and Anima.* Dallas: Spring Publications, 1979.

Kagan, Jerome. *Galen's Prophecy: Temperament in Human Nature.* New York: Basic Books, 1994.

Katz, Jack. *Seductions of Crime: Moral and Sensual Attractions of Doing Evil.* New York: Basic Books, 1988.

Katz, Robert. *Love Is Colder Than Death: Life and Times of Rainer Werner Fassbinder.* London: Jonathan Cape, 1987.

Kazan, Elia. *Elia Kazan:A Life.* New York: Doubleday Anchor, 1989.

Keller, Evelyn Fox, and W. H. Freeman. *A Feeling for the Organism: The Life and Work of Barbara McClintock.* New York: W. H. Freeman, 1983.

Kirk, G. S., and J. E. Raven. *The Presocratic Philosophers: A Critical History with a Selection of Texts.* Cambridge, England: Cambridge Univ. Press, 1957.

Kittel, Gerhard, ed. *Theological Dictionary of the New Testament,* 3d ed., vol. 3. Grand Rapids, Mich.: Eerdmans, 1968.

Kobler, John. *Capone: The Life and World of Al Capone.* New York: Putnam, 1971.

Koenig, Josef. *Der Begriff der Intuition.* Halle, Germany: Max Niemeyer, 1926.

Koestler, Arthur. *The Ghost in the Machine.* New York: Viking Penguin, 1990.

Kovecses, Zoltan. "A Linguist's Quest for Love." *Journal of Social and Personal Relationships* 8(1) (1991): 77-97.

Krafft-Ebing, Richard von. *Psychopathia Sexualis: A Medico-Forensic Study.* New York: Pioneer Publications, 1946.

Kunkel, Thomas. *Genius in Disguise: Harold Ross of The New Yorker.* New York: Random House, 1995.

Kurth, Peter. *American Cassandra: The Life of Dorothy Thompson.* Boston: Little, Brown, 1990.

Lacey, Robert. *Ford: The Men and the Machine.* Boston: Little, Brown, 1986.

Lax, Eric. *Woody Allen.* New York: Alfred A. Knopf, 1991.

Leamer, Laurence. *As Time Goes By: The Life of Ingrid Bergman.* London: Hamish Hamilton, 1986.

Leeming, David. *James Baldwin: A Biography.* New York: Alfred A. Knopf, 1994.

Levinson, Daniel J. *The Seasons of a Man's Life.* New York: Alfred A. Knopf, 1978.

Liddell, Henry George, and Robert Scott. *A Greek-English Lexicon,* 7th ed. Oxford: Clarendon Press, 1890.

Lindeman, Bard. *The Twins Who Found Each Other.* New York: William Morrow, 1969.

Lombroso, Cesare. *The Man of Genius.* London: Walter Scott, 1891.

Lykken, D. T., M. McGue, A. Tellegen, and T. J. Bouchard. "Emergenesis: Genetic Traits That May Not Run in Families." *American Psychologist* 47(12) (December 1992): 1565-1566.

Marcovich, M. *Heraclitus: Editio Maior.* Merida, Venezuela: Los Andes Univ., 1967.

Marek, George R. *Toscanini.* New York: Atheneum, 1975.

Maser, Werner. *Hitler: Legend, Myth and Reality.* Trans. Peter and Betty Ross. New York: Harper and Row, 1973.

Masters, Brian. *Killing for Company: The Story of a Man Addicted to Murder.* New York: Random House, 1993.

McCullough, David. *Truman.* New York: Simon and Schuster, 1992.

Meir, Golda. *My Life.* New York: Putnam, 1975.

Menuhin, Yehudi. *Unfinished Journey.* New York: Alfred A. Knopf, 1976.

Meyers, Kate. "Tarantino's Shop Class." *Entertainment Weekly* (October 14, 1994): 35.

Miller, Alice. *For Your Own Good: Hidden Cruelty in Child-rearing and the Roots of Violence.* New York: Farrar, Straus and Giroux, 1983.

Miller, David L. *Hells and Holy Ghosts: A Theopoetics of Christian Belief.* Nashville: Abingdon Press, 1989.

Monson, Karen. *Alban Berg.* London: MacDonald General Books, 1980.

Mullan, Bob. *Mad To Be Normal—Conversations with R. D. Laing.* London: Free Associations Books, 1995.

Naifeh, Steven, and Gregory W. Smith. *Jackson Pollock: An American Saga.* New York: Clarkson Potter, 1989.

Neubauer, Peter B., and Alexander Neubauer. *Nature's Thumbprint: The Role of Genetics in Human Development.* Reading, Mass.: Addison-Wesley, 1990.

The New Oxford English Dictionary, corrected ed., Leslie Brown, ed. Oxford: Clarendon Press, 1993.

Nitzsche, Jane Chance. *The Genius Figure in Antiquity and the Middle Ages.* New York: Columbia Univ. Press, 1975.

Norris, Joel. *Serial Killers: The Causes of a Growing Menace.* New York: Doubleday, 1988.

Ortega y Gasset, José. *On Love: Aspects of a Single Theme.* London: Victor Gollancz, 1959.

Oxford Latin Dictionary. P. G.W. Glare, ed. Oxford: Clarendon Press, 1982.

Pagels, Elaine. *The Origin of Satan.* New York: Random House, 1995.

Pangle, Thomas L. *The Laws of Plato.* New York: Basic Books, 1980.

Parke, H. W. *The Oracles of Zeus: Dodona, Olympia, Ammon.* Oxford: Basil Blackwell, 1967.

Payne, Robert. *The Life and Death of Mahatma Gandhi.* New York: Dutton, 1969.

Peck, M. Scott. *People of the Lie: The Hope for Healing Human Evil.* New York: Simon and Schuster, 1983.

Penrose, Roland. *Picasso: His Life and Work,* 3d ed. Berkeley: Univ. of California Press, 1981.

Perlman, Michael. *The Power of Trees: The Reforesting of the Soul.* Dallas: Spring Publications, 1994.

Petrova, Ada, and Peter Watson. *The Death of Hitler: The Full Story with New Evidence from Secret Russian Archives.* New York: W. W. Norton, 1995.

Peyser, Joan. *Leonard Bernstein.* London: Bantam, 1987.

Plato. *Phaedrus.* Trans. R. Hackforth. In *Plato: The Collected Dialogues,* Edith Hamilton and Huntington Cairns, eds., Bollingen Series 71. New York: Pantheon, 1963.

——. *Republic.* Trans. Paul Shorey. In *Plato: The Collected Dialogues,* Edith Hamilton and Huntington Cairns, eds., Bollingen Series 71. New York: Pantheon, 1963.

Plomin, Robert. "Environment and Genes." *American Psychologist* 44(2) (1989):105-111.

Plomin, Robert, J. C. De Fries, and G. E. McClearn. *Behavioral Genetics: A Primer.* New York: W. H. Freeman, 1990.

Plotinus. *Enneads.* Trans. A. H. Armstrong. Loeb ed. Cambridge, Mass.: Harvard Univ. Press, 1967.

Pokorny, Julius. *Indogermanisches etymologisches Wörterbuch.* Bern: Francke Verlag, 1959.

Ponce, Charles. *Kabbalah.* San Francisco: Straight Arrow Books, 1973.

Porteous, Alexander. *Forest Folklore, Mythology, and Romance.* London: George Allen and Unwin, 1928.

Radin, Paul. *Monotheism Among Primitive Peoples.* Basel: Ethnographic Museum, Bollingen Foundation, Special Publ. 4, 1954.

Rauschning, Hermann. *The Voice of Destruction.* New York: Putnam, 1940.

Raymond, John. *Simenon in Court.* New York: Harcourt, Brace and World, 1968.

Reich, Howard. *Van Cliburn: A Biography.* Nashville: Thomas Nelson, 1993.

Reiss, David, Robert Plomin, and E. Mavis Hetherington. "Genetics and Psychiatry: An Unheralded Window on the Environment," *American Journal of Psychiatry* 148(3) (1991): 283-291.

Rilke, Rainer Maria. *Selected Poems of Rainer Maria Rilke.* Trans. Robert Bly. New York: Harper and Row, 1981.

Rodríguez, Andrés. *The Book of the Heart: The Poetics, Letters and Life of John Keats.* Hudson, N.Y.: Lindisfarne Press, 1993.

Roiphe, Anne. In *An American Family.* Ron Goulart, ed. New York: Warner Books, 1973.

Roosevelt, Eleanor. *You Learn by Living.* New York: Harper and Bros., 1960.

Rothenberg, Albert. *Creativity and Madness: New Findings and Old Stereotypes.* Baltimore: Johns Hopkins Univ. Press, 1990.

Rowe, David C. *The Limits of Family Influence: Genes, Experience and Behavior.* New York: Guilford, 1993.

Sardello, Robert, ed. *The Angels.* Dallas: Dallas Institute of Humanities and Culture, 1994.

Sawyer-Laucanno, Christopher. *An Invisible Spectator: A Biography of Paul Bowles.* London: Bloomsbury, 1989.

Schilpp, Paul Arthur. *The Philosophy of Alfred North Whitehead.* New York: Tudor, 1951.

Scholem, Gershom, ed. *Zohar—The Book of Splendor: Basic Readings from the Kabbalah.* New York: Schocken Books, 1963.

Schreckenberg, Heinz. *Ananke.* Munich: C. H. Beck, 1964.

Secrest, Meryle. *Frank Lloyd Wright.* New York: Alfred A. Knopf, 1992.

Sereny, Gitta. *The Case of Mary Bell.* New York: McGraw-Hill, 1973.

Seroff, Victor. *The Real Isadora.* New York: Dial Press, 1971.

Shakespeare, William. *The Tempest.* In *The Complete Works of William Shakespeare,* W. J. Craig, ed. London: Oxford University Press, 1952.

Shipman, David. *Judy Garland: The Secret Life of an American Legend.* New York: Hyperion, 1993.

Smith, Richard Norton. *Thomas E. Dewey and His Times.* New York: Simon and Schuster, 1982.

Stevens, Wallace. "Notes Toward a Supreme Fiction." In *The Collected Poems of Wallace Stevens.* New York: Alfred A. Knopf, 1978.

Sweeney, Camille. "Portrait of the American Child." *The New York Times Magazine,* October 8, 1995.

Szulc, Tad. *Fidel: A Critical Portrait.* New York: William Morrow, 1986.

Toland, John. *Adolf Hitler.* New York: Doubleday, 1976.

Turnbull, Andrew. *Thomas Wolfe.* New York: Scribners, 1967.

Turner, Tina, and Kurt Loder. *I, Tina: My Life Story.* New York: William Morrow, 1986.

Tylor, Edward B. *Primitive Culture,* vol. 1. London: 1871.

Ventura, Michael, and James Hillman. *We've Had a Hundred Years of Psychotherapy—And the World's Getting Worse.* San Francisco: Harper, 1993.

Waite, Robert G. *The Psychopathic God: Adolf Hitler.* New York: Basic Books, 1977.

Walker, Margaret. *Richard Wright: Daemonic Genius.* New York: Amistad, 1988.

Waller, Niels G., and Phillip R. Shaver. "The Importance of Nongenetic Influences on Romantic Love Styles: A Twin-Family Study." *Psychological Science* 5(5) (1994): 268-274.

Ward, Maisie. *Robert Browning and His World: The Private Face (1812-1861).* London: Cassell, 1968.

Warren, Howard C., ed. *Dictionary of Psychology.* Boston: Houghton Mifflin, 1934.

Watkins, Mary. *Invisible Guests: The Development of Imaginal Dialogues.* Hillsdale, N.J.: Analytic Press, 1986.

Weinstein, Edwin A. *Woodrow Wilson: A Medical and Psychological Biography.* Princeton: Princeton Univ. Press, 1981.

Westcott, Malcolm R. *Toward a Contemporary Psychology of Intuition: A Historical, Theoretical, and Empirical Inquiry.* New York: Holt, Rinehart and Winston, 1968.

Wheelwright, Philip. *Heraclitus.* New York: Atheneum, 1968.

Wild, K. W. *Intuition.* Cambridge, England: Cambridge Univ. Press, 1938.

Wilson, James Q., and Richard J. Herrnstein. *Crime and Human Nature.* New York: Simon and Schuster, 1985.

Wilson-Smith, Timothy. *Delacroix—A Life.* London: Constable, 1992.

Wind, Edgar. *Pagan Mysteries in the Renaissance.* Harmondsworth, England: Penguin, 1967.

Wordsworth, William. "The Prelude." In *The Poems of William Wordsworth.* London: Oxford Univ. Press, 1926.

The World Almanac and Book of Facts. New York: Pharos Books, 1991.

Woroszylski, Wiktor. *The Life of Mayakovsky.* London: Victor Gollancz, 1972.

Wright, Lawrence. "Double Mystery." *The New Yorker* (August 7, 1995): 52.

Wylie, Mary Sykes. "Diagnosing for Dollars?" *The Family Therapy Networker* 19(3) (1995): 23-69.

Young, Desmond. *Rommel: The Desert Fox.* New York: Harper and Bros., 1950.

Young-Bruehl, Elisabeth. *Hannah Arendt: For Love of the World.* New Haven: Yale Univ. Press, 1982.

Zeldin, Theodore. *An Intimate History of Humanity.* New York: HarperCollins, 1994.

Zolotow, Maurice. *Shooting Star: A Biography of John Wayne.* New York: Simon and Schuster, 1974.

主题词对照表

accidents　意外
acorn theory　橡果论
　as methodology　方法学
　see also calling; daimon　参见使命；代蒙
Adler, Alfred　艾尔弗雷德・阿德勒
Adolf Hitler: A Family Perspective (Stierlin)　《从家庭视角看阿道夫・希特勒》（斯戴尔林）
aha *Erlebnis*　顿悟
Ajax　埃阿斯（希腊传说中的人物）
Allen, Woody　伍迪・艾伦
All's Well That Ends Well (Shakespeare)　《终成眷属》（莎士比亚）
Amann, Max　麦克斯・阿曼
American Family, An　《美国家庭》（一档电视节目）
anality　肛门性欲
Ananke, *see* Necessity　阿南科（希腊神话中的必然性女神），参见必然性
ancestors　祖先
Anderson, Marian　玛丽安・安德森
anima and animus　阿尼玛（灵气、内在自我、男性人格中的女性基质）和阿尼姆斯（敌意、外在人格、女性人格中的男性基质）
Anthony, Susan B.　苏珊・B. 安东尼
apeiron　不确定
Aphrodite　阿佛洛狄忒（爱与美之女神）
Aquinas, Thomas　托马斯・阿奎纳
Arbus, Diane　黛安・阿勃斯
Arendt, Hannah　汉娜・阿伦特
Aristotle　亚里士多德
Arnold, Matthew　马修・阿诺德
Astaire, Fred　弗雷德・阿斯坦
astrology　占星术
Atalanta　阿塔兰忒（希腊神话中的女猎手）
Atropos　阿特洛波斯（希腊神话“命运三女神”之一，负责切断生命之线）
attention deficit disorder　注意力缺失症
Auden, W. H.　W. H. 奥登
Augustine, Saint　圣・奥古斯丁

Bad Seed, *see* Hitler, Adolf; psychopathy, criminal　坏种子，参见阿道夫・希特勒；精神病学；犯罪
Baker, Josephine　约瑟芬・贝克
Baldwin, James　詹姆斯・鲍德温
Barbie, Klaus　克劳斯・芭比
Bardot, Brigitte　碧姬・芭铎
Barnes, Micheal　迈克尔・巴尼斯
Barrie, James M.　詹姆斯・M. 巴里
Bartsch, Jürgen　约根・巴奇
Baruch, Bernard　伯纳德・巴鲁克
Beard, James　詹姆斯・比尔德

beauty 美
Beethoven, Ludwig van 贝多芬
Bell, Mary 玛丽·贝尔
Bella Coolas 贝拉库拉人
Bennett, William 威廉·贝内特
Bentham, Jeremy 杰瑞米·边沁
Berg, Alban 阿尔班·伯格
Bergman, Ingmar 英格玛·伯格曼
Bergman, Ingrid 英格丽·褒曼
Bergman, Justus 贾斯特斯·褒曼
Bergson, Henri 亨利·伯格森
Berkeley, George 乔治·贝克莱
Bernstein, Leonard 伦纳德·伯恩斯坦
Bible 《圣经》
biographies 传记，一生
　disguise in 伪装
　mentors in 导师，前辈
　mothers in 母亲
　of ordinary lives 普通人的生命
　schooldays in 学校时光
Bloom, Allan 艾伦·布卢姆
body symbolism 躯体象征
bonding, mother-infant 母婴联结
Borgnine, Ernest 欧内斯特·博格宁
Bormann, Martin 马丁·博尔曼
Bowlby, John 约翰·鲍尔比
Bowles, Paul 保罗·鲍尔斯
Bradley, Omar 奥马尔·布莱德雷
Branagh, Kenneth 肯尼斯·布拉纳夫
Braun, Eva 伊娃·布劳恩
Brazelton, T. Berry T. 贝里·布雷泽尔顿
Breggin, Peter and Ginger 彼得·布雷金和金格·布雷金
Browning, Robert 罗伯特·勃朗宁
Bruckner, Anton 安东·布鲁克纳
Buber, Martin 马丁·布伯
Buck, Pearl 赛珍珠
Buddha 佛陀

Caliban 卡利班
calling 使命
　in adolescence 在青春期
　childhood manifestation of 童年表现
　democratic equality and 民主平等
　demonic; *see also* psychopathy, criminal 代蒙的；参见精神病学，犯罪
　efforts of attachmet required by 需要努力去依附
　as incommensurable with life 不能与生活相比
　innate image and 先天意象
　mediocrity as 平庸
　mystery of 神秘
　Platonic concept of 柏拉图式的理念
　psychology vs., *see* psychology, recovered sense of 心理学，参见心理学，重持的意识
　romantic love and 浪漫之爱
　terms for 术语
　see also daimon 参见代蒙
Camará, José Flores 何塞·弗洛雷斯·卡马拉
Camus, Albert 阿尔贝·加缪
Canetti, Elias 伊莱亚斯·卡内蒂
Capone, Al 阿尔·卡朋
Capote, Truman 杜鲁门·卡波特
Casals, Pablo 巴勃罗·卡萨尔斯
case histories 个案史
Castro, Fidel 菲德尔·卡斯特罗
Cather, Willa 薇拉·凯瑟

Cézanne, Paul　保罗・塞尚
Chamberlain, Houston　休斯顿・张伯伦
Chanel, Coco　可可・香奈儿
chaos theory　混沌理论
Chaplin, Charlie　查理・卓别林
character　性格
　American　美国人
　in psychopathy　精神病学
character disorders　性格障碍
"Character is fate"　"性格即命运"
Chekhov, Anton　安东・契诃夫
Chikatilo, Andrei　安德烈・齐卡提洛
Child Care and the Growth of Love (Bowlby)　《儿童关爱和爱的成长》（鲍尔比）
childhood　童年
　abuse in　虐待
　calling manifested in　使命表现
　genetic factors in　遗传因素
　loneliness in　孤独
　psychopathy manifested in　精神病学表现
　traumas of　创伤
children　儿童
　American neglect of　美国式的忽视
　drug treatment of　药物治疗
　dysfunctional symptoms in　功能失调征兆
　happiness of　快乐
　hope perceived by　感知到的希望
　imaginations of　想象
　IQ in　智商
　multiple influences on　多重影响
　prodigies　奇迹
　suicide rate among　自杀率
　World War Ⅱ and　第二次世界大战
　see also fathers; mothers　参见父亲；母亲
choice mechanism　选择机制
Christianity　基督教
Churchill, Winston　温斯顿・丘吉尔
Cliburn, Van　范・克莱本
Clock, The　《时钟上》
Cobb, Edith　伊迪丝・科布
Cohn, Roy　罗伊・科恩
coldness, emotional　情感冷酷的
Coleridge, Samuel Taylor　柯尔律治
Coles, Robert　罗伯特・科尔斯
Colette　科莱特
Collingwood, R. G.　R. G. 科林伍德
compensation theory　补偿理论
concreteness　具体性
　misplaced　误置的
coprophilia　恋粪癖
cosmologies　宇宙论
　contemporary　当代的
　mythical parents in　神话中的父母形象
Crane, Stephen　斯蒂芬・克莱恩
creation myths　创世神话
creativity　创造
Crick, Francis　弗朗西斯・克里克
Croce, Benedetto　贝奈戴托・克罗齐
Crosby, Bing　平・克劳斯贝
Curie, Marie　居里夫人

Dahmer, Jeffrey　杰弗瑞・达默
Dahmer, Lionel　莱昂内尔・达默
daimon　代蒙
　of animals　动物
　dignity of　尊严
　in disguise　伪装

evil, *see* Hitler, Adolf; psychopathy, criminal　邪恶，参见阿道夫・希特勒；精神病学，犯罪
of father　父亲
fire associated with　与火相关
full recognition of　完全承认
functions of　功能
happiness of　快乐
individuality and　个性
intuition of　直觉
mediocrity and　平庸
mentors and　导师
of mother　母亲的
Native American terms for　美洲印第安人术语
nature of　性质
parents selected by　选择父母
prescience of　预知、先见
romantic love and　浪漫之爱
snake as symbol of　作为……象征的蛇
timelessness of　永远
as transcendent　卓越
see also calling; soul　参见使命；灵魂
Daniel, Oliver　奥利弗・丹尼尔
Dante Alighieri　但丁・阿利盖利
Darwin, Charles　查尔斯・达尔文
Davis, Bette　贝蒂・戴维斯
death　死亡
Necessity of　必然性
psychopathy and　精神病学
romantic love and　浪漫之爱
of Socrates　苏格拉底的
Declaration of Independence　《独立宣言》
Delacroix, Eugène　欧仁・德拉克罗瓦
Della Santa, Roland　罗兰・德拉・桑塔
democratic equality　民主平等
demonism, *see* Hitler, Adolf; psychopathy, criminal　信仰魔鬼，参见阿道夫・希特勒；精神病学，犯罪
denial　否认，拒绝
Descartes, René　笛卡尔
deus absconditus　隐蔽之神
Dewey, Thomas E.　托马斯・E. 杜威
Dickens, Charles　查尔斯・狄更斯
disguise　伪装
in autobiography　在自传中
in biography　在传记中
censorship in　检查机制
daimo in　代蒙
dopplgänger in　幽灵
in names and nicknames　姓名和绰号
Dodona, oracle of　多多纳，神谕
doppelgänger　幽灵
drug treatment　药物治疗
Druids　德鲁伊教
Duncan, Isadora　伊莎朵拉・邓肯
Dunn, Judy　朱迪・邓恩
Durkheim, Émile　埃米尔・涂尔干

Ecology of Imagination in Childhood, The (Cobb)　《儿童期想象力生态学》（科布）
Edel, Leon　利昂・埃德尔
Edison, Thomas　托马斯・爱迪生
Egyptians, ancient　古埃及人
Ehrlich, Paul　保罗・埃尔利希
Eichmann, Adolf　阿道夫・艾希曼
Einstein, Albert　阿尔伯特・爱因斯坦
Eisenhower, Dwight D.　德怀特・D. 艾森豪威尔
Electra complex　恋父情结

Eliot, George 乔治・艾略特
Eliot, T. S. T. S. 艾略特
Ellis, Havelock 哈夫洛克・霭理斯
emergenesis 源起涌现
Emerson, Ralph Waldo 拉尔夫・沃尔多・爱默生
Enneads (Plotinus) 《九章集》(普罗提诺)
environmental factors 环境因素
 all-inclusive 包括一切的
 in psychopathy 精神病学
 shared vs. unshared 共享和非共享的
 see also parental fallacy 参见教养谬误
epistasis 异位显性
Eskimos (Inuits) 爱斯基摩人(因纽特人)
ethics 道德规范,伦理学
eudaimonia 有益于代蒙的
exceptional people 杰出人物
 individuality of 个性
 inspirations of 启示
 IQ scores of 智商分数
 mediocrity vs. 平庸
 pathology linked to 与病理学相关
 see also biographies 参见传记
exile, sense of 放逐感
existentialism 存在主义
Eyer, Diane 黛安・艾尔

factitious disorders 人为障碍
Fadiman, Clifton 克利夫顿・法迪曼
family 家庭
 changing patterns of 改变模式
 extended 延伸的
 fictional 虚构的
 Loud, documentary on 劳德,纪录片
 see also parental fallacy 参见教养谬误
family romance 家庭浪漫史
family system 家谱(家庭系统)
family systems therapy 家庭系统治疗
"family values" "家庭价值观"
fantasy 幻想
 disciplined education vs. 严格教育
 extraordinary personages and 不同寻常的人物
 in love map 爱情地图
 in obsessions 强迫性迷恋
 of omnipotence 无所不能
 of omniscience 无所不知
 parental, *see* parental fantasy in pulp fiction 父母的,参见低俗小说中的父母幻想
 withdrawal into 退缩到
Fassbinder, Rainer Werner 赖纳・维尔纳・法斯宾德
fatalism 宿命论
fate 命运
 accidents as 事故
 analysis of 分析
 nature of 性质
 teleology as 目的论
 see also calling; daimon; Necessity 参见使命;代蒙;必然性
Fates (Moira) 命运(莫伊拉)
fathers 父亲
 absence of 缺度
 child as daimon of 孩子的代蒙
 conventional image of 传统形象
 daimon of 代蒙
Faulkner, William 威廉・福克纳
Feynman, Richard 理查德・费曼
fire 火

Fitzgerald, Ella　埃拉・菲茨杰拉德
Fitzgerald, F. Scott　F. 斯科特・菲茨杰拉德
Flaubert, Gustave　福楼拜
fontanel　囟门
Ford, Henry　亨利・福特
Ford, Margaret　玛格丽特・福特
Fortuna　福耳图娜（罗马神话中的命运女神）
Franco, Francisco　弗朗西斯科・佛朗哥
Franey, Pierre　皮埃尔・弗雷尼
Frazer, Sir James George　詹姆斯・乔治・弗雷泽爵士
freaks　怪胎
Freud, Anna　安娜・弗洛伊德
Freud, Sigmund　西格蒙德・弗洛伊德
Friedländer, Paul　保罗・弗里特兰德
Froebel, Friedrich　弗里德里克・福禄贝尔

Gall, Franz Josef　弗朗兹・约瑟夫・高尔
Galois, Évariste　埃瓦里斯特・伽洛瓦
Galton, Francis　弗朗西斯・高尔顿
Gandhi, M. K.　M. K. 甘地
Garland, Judy　朱迪・嘉兰
genetic factors　遗传因素
　chaos theory and　混沌理论
　in childhood　在儿童时期
　in creativity　在创造中
　emergenesis in　源起涌现
　epistasis in　异位显性
　in individuality　个性
　in IQ　智商
　in psychiatric disorders　精神障碍
　in psychopathy　精神病学
　in romantic love　浪漫之爱
　in traditionalism　传统主义
　see also environmental factor; twins　参见环境因素；双胞胎
genius　守护神
　see also daimon　参见代蒙
Gibson, J. J.　J. J. 吉布森
Gilmore, Gary　加里・吉尔摩
Gilmore, Gaylen　盖伦・吉尔摩
Glasgow, Ellen　埃伦・格拉斯哥
Goebbels, Joseph　约瑟夫・戈培尔
Göring, Hermann　赫尔曼・乔宁
Graham, Billy　比利・格雷厄姆
grandiosity　宏伟、堂皇、夸张
Graves, Robert　罗伯特・格雷夫斯
Greeks, ancient　古希腊
Grieg, Edvard　爱德华・格里格
Grimm, Jacob　雅各布・格林
group mores　群体风俗
growing down　向下成长
　ascensionist model vs.　上升模式
　in astrology　占星术
　body symbolism of　躯体象征
　in creation myths　创世神话
　by Josephine Baker　贝克・约瑟芬
　by Judy Garland　朱迪・嘉兰
　in Kabbalistic Tree　卡巴拉之树
　loneliness of　孤独
　sense of exile in　放逐感
　in soul's descent　灵魂的下降
Guggenbuhl-Craig, Adolf　阿道夫・谷根布尔－克雷格

Hamilton, Alexander　亚历山大・汉密尔顿
Hamilton, William Rowan　威廉・罗文・哈密顿
Hardy, G. H.　G. H. 哈代

Harrelson, Woody　伍迪·哈里森
Hauptmann, Gerhart　格哈特·霍普特曼
Hearst, William Randolph　廉·伦道夫·赫斯特
Heidegger, Martin　马丁·海德格尔
Heilbrun, Carolyn　卡罗琳·海尔布伦
hell　地狱
Hendrick, Susan and Clyde　苏珊·亨德里克和克莱德·亨德里克
Heraclitus　赫拉克利特
heroic mentality　英雄意识
Herrnstein, Richard　理查德·赫恩斯坦
Hess, Rudolf　鲁道夫·赫斯
Hickcock, Dick　迪克·希克考克
Hillary, Sir Edmund　埃德蒙·希拉里爵士
Hitler, Adolf　阿道夫·希特勒
absolute certainty of　绝对确定
anality of　肛门性欲
architectural construction by　建筑设计
charmed life of　令人着迷的生活
childhood of　童年
cold heart of　冷酷的心
compelling eyes of　具有压迫感的眼神
daimon of　代蒙
direct demonic intrusion on　魔鬼的直接侵入
freaks in entourage of　怪胎随从
hellfire and　地狱之火
humorlessness of　缺乏幽默感
karma of　因果报应
omniscience fantasies of　无限的幻想
powerlessness feared by　无能为力的恐惧
rigidity of　刻板
sexuality of　性欲
shadow projected by　投射的阴影
suicides of women involved with　与……有关的女人的自杀
supposed monorchidism of　被认为只有一个睾丸
time and　时间
wolf motif favored by　狼意念
Holroyd, Michael　迈克尔·霍尔罗伊德
Homer　荷马
Houdini, Harry　哈里·胡迪尼
Hudson, W. H.　W. H. 哈德森
Hughes, Charles Evans　查尔斯·埃文斯·休斯
Huldra, myth of　胡杜拉，神话
Hultkrantz, Åke　阿克·哈尔特克兰兹
humorlessness　缺乏幽默感
Husserl, Edmund　埃德蒙德·胡塞尔

Iago　埃古（莎士比亚悲剧《奥赛罗》中狡猾残忍的反面人物）
individuality　个性
of exceptional people　杰出人物
genetic factors in　遗传因素
mediocrity vs.　平庸
romantic love and　浪漫之爱
in twins　双胞胎
innate image　先天意象
intuition　直觉
characteristics of　特点
definition of　定义
fallibility of　不可靠
tuition vs.　教学
Inuits (Eskimos)　因纽特人（爱斯基摩人）
invisibles　无形
bridges to　桥梁
of everyday life　日常生活

mythical thinking and　神话思维
in solids　实体
visible vs.　有形
see also intuition　参见直觉
IQ　智商
Isaacson, Walter　沃尔特·艾萨克森
Izambard　伊桑巴德

James, Henry　亨利·詹姆斯
James, William　威廉·詹姆斯
Japan　日本
Jesus Christ　耶稣基督
Johnson, Lyndon　林登·约翰逊
Johnson, Sam Houston　萨姆·胡斯顿·约翰逊
Judaism　犹太教
Judgment at Nuremberg　《纽伦堡的审判》
Julius Caesar (Shakespeare)　《尤利乌斯·凯撒》（莎士比亚）
Jung, C. G.　C. G. 荣格

Kabbalah, Tree of　卡巴拉之树
Kagan, Jerome　杰罗姆·凯根
Kant, Immanuel　伊曼纽尔·康德
karma　因果报应
Katz, Jack　杰克·卡茨
Kazan, Elia　伊利亚·卡赞
Keats, John　约翰·济慈
Kelly, Gene　吉恩·凯利
Kelly, Grace　格蕾丝·凯利
Kierkegaard, Søren　索伦·克尔凯郭尔
King Lear (Shakespeare)　《李尔王》（莎士比亚）
Kissinger, Henry　亨利·基辛格
Kissinger, Paula　葆拉·基辛格
Klein, Melanie　梅拉妮·克莱因
Klotho　克罗托（希腊神话中纺织生命之线的女神）
Korsakoff's syndrome　科尔萨科夫综合征
Krishnamurti　克里希那穆提
Kubizek, August　奥古斯特·库比扎克

Lachesis　拉切西斯（主宰人类寿命的女神）
lacuna　缺陷
La Farge, John　约翰·拉·法吉
Laing, R. D.　R. D. 莱恩
Lanz, Georg　格奥格·兰茨
Lawrence, D. H.　D. H. 劳伦斯
LeMond, Greg　格雷格·莱蒙德
Lennon, John　约翰·列侬
Lethe　忘川
Levinson, Daniel J.　丹尼尔·J. 莱文森
Ley, Robert　罗伯特·雷
Limbaugh, Rush　拉什·林堡
Lincoln, Abraham　亚伯拉罕·林肯
lip, upper　上唇
Lives (North)　《列传》（诺思）
Lombroso, Cesare　切萨雷·龙勃罗梭
loneliness　孤独
loners　独行侠、独行者
lot in life　命数
Loud family　劳德一家
love　爱情
styles of　风格
love maps　爱情地图
Lukács, George　乔治·卢卡奇

MacArthur, Douglas　道格拉斯·麦克阿瑟
McClellan, George　乔治·麦克莱伦
McClintock, Barbara　芭芭拉·麦克林托克

Mahler, Gustav　古斯塔夫・马勒
Malcolm, Janet　珍妮特・马尔科姆
Mann, Thomas　托马斯・曼
Manolete, Manuel　曼纽尔・马诺莱特
Manson, Charles　查尔斯・曼森
Marty　马蒂
Marx, Karl　卡尔・马克思
Mason, James　詹姆斯・梅森
Masters, Brian　布莱恩・马斯特斯
Matisse, Henri　亨利・马蒂斯
Mayakovsky, Vladimir　符拉基米尔・马雅可夫斯基
mediocrity　平庸
　American character and　美国性格
　beliefs in　信仰
　as calling　使命
　character and　性格
　and "Character is fate"　"性格即命运"
　and democratic equality　民主平等
　ethics and　道德
　exceptionality vs.　例外
　individuality vs.　个性
　of job vs. performance　工作与表现
　snobbish prejudices against　针对……的势利和偏见
　of soul　灵魂
　style vs.　风格
　talent and　才能
megalomania　狂妄自大
Mein Kampf (Hitler)　《我的奋斗》（希特勒）
Meir, Golda　戈尔迪・梅厄
Melanchthon, Philipp　菲利普・梅兰克森
Mencken, H. L.　H. L. 门肯
Mengele, Josef　约瑟夫・门格勒
mentors　导师
　books as　书本
　breakups with　破裂
　imaginary　想象
　parents vs.　父母
Menuhin, Yehudi　耶胡迪・梅纽因
Michelangelo　米开朗琪罗
Mill, John Stuart　约翰・斯图亚特・米尔
Millay, Edna St. Vincent　埃德娜・圣・文森特・米莱
Miller, Alice　爱丽丝・米勒
Miller, David　大卫・米勒
Miller, Orilla　奥利拉・米勒
Minnelli, Liza　丽莎・明尼里
misplaced concreteness　误置的具体性
Moira (Fates)　莫伊拉（命运）
Montessori, Maria　玛丽亚・蒙特梭利
Moore, Thomas　托马斯・摩尔
moral theology　道德神学
Morgan, J. P.　J. P. 摩根
mothers　母亲
　in biography　传记中的
　of charismatic leaders　有魅力的领导者
　child's daimon and　儿童的代蒙
　child's opposition to　儿童对……的反抗
　conventional　传统的
　daimon of　代蒙
　disparate children produced by　培养出的异类孩子
　infant bonding with　与……联结的婴儿
　myth of　神话
　neglectful　忽视的
　in psychological theories　心理学理论
　psychopathy and　精神病学
motivation theory　动机理论

Mozart, Wolfgang Amadeus 莫扎特
Munchausen's syndrome 明肖森（氏）综合征
mysticism 神秘
  radical 激进
myth 神话
  cosmic parents in 天下的父母
  creation 创造
  of Huldra 胡杜拉
  modern apocalyptic 现代预示灾祸的
  of Mother 母亲
  oak tree in 橡树
  origin of 起源
  timelessness of 永远
mythical thinking 神话思维
Myth of Er 厄洛斯神话

Nabokov, Vladimir 纳博科夫
names and nicknames 名字和绰号
Nasser, Gamal Abdel 迦玛尔· 阿卜杜尔·纳赛尔
Native Americans 美国土著
Natural Born Killers 《天生杀人狂》
Nazis 纳粹
  see also Hitler, Adolf 参见阿道夫·希特勒
Necessity(Ananke) 必然性（阿南科）
  of death 死亡
  derivation of term 词根
  escape from 逃脱
  nature of 性质
Neoplatonists 新柏拉图学者
Nietzsche, Friedrich 尼采
nihilism, existential 存在主义的虚无论
Nilsen, Dennis 丹尼斯·尼尔森
Nixon, Richard M. 理查德·M. 尼克松
Nkrumah, Kwame 克瓦米·恩克鲁玛
North, Oliver 奥利弗·诺思
North, Roger 罗杰·诺思

oak tree 橡树
obsessions 强迫性迷恋
omnipotence, fantasies of 无所不能的幻想
omniscience, fantasies of 无所不知的幻想
"On a Certain Blindness in Human Beings" (James) "论人类的某种视而不见症"（詹姆斯）
O'Neill, Eugene 尤金·奥尼尔
oracles, ancient 神谕，古代的
Origin of Satan, The (Pagels) 《撒旦的由来》（帕格尔斯）
Original Sin 原罪
Ortega y Gasset, José 何塞·奥尔特加·加塞特
Othello (Shakespeare) 《奥赛罗》（莎士比亚）

Pagels, Elaine 伊莲·帕格尔斯
paradeigma 范式
parental fallacy 教养谬误
  act of coneption and 怀孕
  ancestors and 祖先
  love styles and 爱情风格
  psychopathy and 精神病学
  reactive causality in 因果作用
  vertical causality in 纵向因果关系
  see also fathers; mothers 参见父亲；母亲
parental fantasy 父母幻想
  absence of 缺席

in collective social code 集体的社会准则中

rebellion against 反对

parentalism 父母权威

parents 父母

deconstruction of 解构

goal of 目标

mentors vs. 导师

misallied 不相称、不般配

mythical 神话的

as selected by daimon 由代蒙选择的

Parry, Sir Charles Hubert 查尔斯・休伯特・帕里爵士

patriarchy 父权制

Patton, George S. 乔治・S. 巴顿

Paul, Saint 圣保罗

Peary, Robert 罗伯特・皮尔里

Peck, M. Scott M. 斯科特・佩克

perception, imaginative 感知，创造性的

see also mentors 参见导师

perfection, goal of 完美的目标

Persinger, Louis 路易斯・帕辛格尔

personal ads 私人广告

phrenology 颅相学

Picasso, Pablo 巴勃罗・毕加索

Plato 柏拉图

democratic equality vs. 民主平等

Myth of Er related by 相关的厄洛斯神话

Plomin, Robert 罗伯特・普洛闵

Plotinus 普罗提诺

Plutarch 普鲁塔克

Poincaré, Henri 亨利・庞加莱

Pollock, Jackson 杰克逊・波洛克

Ponce, Charles 查尔斯・庞塞

Porter, Cole 科尔・波特

powerlessness, fear of 无能为力的恐惧

prodigies, child 奇迹、天才、神童

projection 投射

Proust, Marcel 马塞尔・普鲁斯特

providence 天意

pseudologia fantastica 幻想性谎言癖

psychology 心理学

anxiety raised by 由……引起的焦虑

beauty neglected by 忽视的美

calling vs., *see* calling 使命，参见使命

case histories of 个案史

childhood traumas emphasized 童年创伤

children and 儿童

compensation theory in 补偿理论

concretistic theories of 具体化理论

contemporary language of 现代语言

deadening effect of 麻木、死气沉沉

developmental frameworks of 发展架构

deviations feared by 非常规的行为

diagnosis in 诊断

drug treatment in 药物治疗

exceptional people and 杰出人物

father in theories of 理论上的父亲

French rationalism in 法国的理性主义

imaginative perception vs. 创造性感知

interpretations in 解释

intuition in 直觉

methods of 方法

mother-based theories of 以母亲为基础的理论

motivation theory in 动机理论

polarities in 两极

soul ignored by 忽视的灵魂

statistical emphasis in 统计学重点

time and　时间
victim mentality engendered by　产生的受害心理
withdrawal into fantasy and　退缩到幻想
see also environmental factors; genetic factors; parental fallacy; symptoms, dysfunctional　参见环境因素；遗传因素；教养谬误；征兆，功能失调
psychopathy, criminal　精神病学，犯罪
charater traits in　性格特质
childhood manifestation of　童年表现
childhood trauma in　童年创伤
choice mechanism in　选择机制
concreteness of　具体性
conventional explanations of　常规解释
cultural attainments present in　提出的文化素养
death and　死亡
demonic call in　代蒙的使命
derangement of senses in　精神错乱
emotional coldness in　情感冷酷
fear of powerlessness in　无能为力的恐惧
general characteristics of　大致特征
genetic factors in　遗传因素
group mores in　群体风俗
information vs. knowledge in　信息与知识
karma in　因果报应
malicious pleasure experienced in　体验恶意快感
parental fallacy and　教养谬误
prevention of　预防
rituals and　仪式
sexual component of　性欲成分
shadow in　阴影
society affected by　受……影响的社会
see also Hitler, Adolf　参见阿道夫·希特勒
Puccini, Giacomo　乔柯摩·普契尼
puer eternus　永恒的青春
pulp fiction　低俗小说

Quispel, Gilles　吉勒斯·奎斯贝尔

Radin, Paul　保罗·雷丁
Raubal, Geli　姬丽·劳巴尔
Rauschning, Hermann　赫尔曼·劳施宁
Reiter, Mimi　弥米·瑞特
religion　宗教
monotheism　一神论
Republic (Plato)　《理想国》（柏拉图）
Revelation of St. John　圣约翰启示录
rhesus monkeys　恒河猴
Ricoeur, Paul　保尔·里克尔
Rilke, Rainer Maria　赖纳·马利亚·里尔克
Rimbaud, Arthur　阿瑟·兰波
Rime of the Ancient Mariner, The (Coleridge)　《古舟子吟》（柯尔律治）
Roiphe, Anne　安妮·罗伊非
Romans　罗马人、罗马语
Romanticism　浪漫主义
romantic love　浪漫之爱
Rommel, Erwin　埃尔温·隆美尔
Roosevelt, Eleanor　埃莉诺·罗斯福
Roosevelt, Franklin D.　富兰克林·D.罗斯福
Roosevelt, Sara Delano　萨拉·德拉诺·罗斯福

Roth, Philip 菲利普・罗斯
Rothenberg, Albert 艾伯特・罗滕伯格
Rousseau, Jean-Jacques 让－雅克・卢梭
Rowe, David 大卫・罗
Rowe, James H. 詹姆斯・H. 罗
Royce, Josiah 罗伊斯

Sackville-West, Edward 爱德华・萨克维尔－韦斯特
Sade, Marquis de 马奎斯・德・萨德
Salinger, J. D. J. D. 塞林格
Sallust 塞勒斯特
Saroyan,William 威廉・萨洛扬
Schelling, Friedrich 弗里德里希・谢林
schizophrenia 精神分裂症
schooldays 学生时代
"self" "自体"
Self-Consciousness (Updike) 《自我意识》（厄普代克）
Sereny, Gitta 姬塔・赛瑞尼
Seroff, Victor 维克多・塞勒夫
shadow 阴影
Shakespeare, William 威廉・莎士比亚
shamanism 萨满教
Shank, Anna B. 安娜・B. 尚克
Shaw, George Bernard 萧伯纳
sibling rivalry 同胞争宠
Simenon, Georges 乔治・西默农
snake, symbolism of 作为……象征的蛇
Socrates 苏格拉底
Somé, Malidoma 马利多玛・索姆
soul 灵魂
  conceptualization of 构想
  descent of 下降
  lack of 缺乏
  location of 定位
  lot chosen by 选择的命数
  mediocrity of 平庸
  postnatal forgetting by 出生后遗忘
  spirit- 精神
  see also daimon 参见代蒙
soul trees 灵魂树
Speer, Albert 阿尔伯特・斯佩尔
spermatikoi logoi 逻各斯种子
Spinoza, Baruch 斯宾诺莎
Spitz, René 勒内・斯皮茨
Spock, Benjamin 本杰明・斯伯克
Stefansson,Vilhjalmur 菲尔加摩尔・斯蒂芬森
Stein, Gertrude 格特鲁德・斯泰因
Steiner, Rudolf 鲁道夫・斯坦纳
Stevens, Wallace 华莱士・史蒂文斯
Stevenson, Robert Louis 罗伯特・路易斯・斯蒂文森
Stierlin, Helm 海尔姆・斯戴尔林
Stokowski, Leopold 利奥波尔德・斯托科夫斯基
Stone, Oliver 奥利弗・斯通
Stravinsky, Igor 伊戈尔・斯特拉文斯基
sublimation 升华
Suetonius 史维都尼亚斯
Sweden 瑞典
Symbolism of Evil (Ricoeur) 《罪恶的象征》（里克尔）
symptoms, dysfunctional 征兆，功能失调
  in children 童年
  as compromise formation 妥协作用

Tagore, Rabindranath 拉宾德拉纳特・泰戈尔

Tarantino, Quentin　昆汀·塔伦蒂诺
Tarnas, Richard　理查德·塔纳斯
Tchaikovsky, Peter Ilyich　柴可夫斯基
teleology　目的论
Teller, Edward　爱德华·特勒
telos　目的
Tempest, The (Skakespeare)　《暴风雨》（莎士比亚）
Terkel, Studs　史特斯·特凯尔
Teutonic Mythology (Grimm)　《德国神话》（格林）
Thackeray, William Makepeace　威廉·梅克皮斯·萨克雷
Thompson, Dorothy　多萝西·汤普森
"throwness"　"掷"
Thurber, James　詹姆斯·瑟伯
time　时间
Tolstoy, Leo　列夫·托尔斯泰
traditionalism　传统主义
traumas, childhood　童年创伤
Truman, Harry　哈里·杜鲁门
Turnbull, Andrew　安德鲁·特恩布尔
Turner, Tina　蒂娜·特纳
Twain, Mark　马克·吐温
twins　双胞胎
　doppelgänger and　幽灵
　individuality in　个性
　shared vs. unshared environments of　共享和非共享的环境
　sibling rivalry in　同胞争宠
Tylor, E. B.　E. B. 泰勒

Ulysses　尤利西斯
unconscious mind　潜意识心理
Undset, Sigrid　西格丽德·温塞特
Updike, John　约翰·厄普代克

Van Fleet, James　詹姆斯·范佛里特
Vasari, Giorgio　乔尔乔·瓦扎里
Ventura, Michael　迈克尔·文图拉
Verdi, Giuseppe　居塞比·威尔第
victim mentality　受害者心理
Voltaire　伏尔泰

Waite, R. G. L.　R. G. L. 韦特
War Against Children, The (Breggin)　《向儿童开战》（布雷金）
Washington, George　乔治·华盛顿
Watkins, Mary　玛丽·沃特金斯
Watson, James　詹姆斯·华生
Watznauer, Hermann　赫尔曼·沃兹纳尔
Wayne, John　约翰·韦恩
Wells, Herbert George　赫伯特·乔治·威尔斯
Welty, Eudora　尤多拉·韦尔蒂
West, Rebecca　丽贝卡·韦斯特
Whitehead, Alfred North　阿弗烈·诺夫·怀海德
Whitman, Walt　沃尔特·惠特曼
Wilson, James Q.　詹姆斯·Q. 威尔逊
Wilson, Woodrow　伍德罗·威尔逊
Wind, Edgar　埃德加·温德
Wings of Desire　《柏林苍穹下》
Winicott, D. W.　D. W. 温尼科特
Wizard of Oz, The　《绿野仙踪》
Wolfe, Thomas　托马斯·沃尔夫
wolf motif　狼意念
Wood, Catherine　凯瑟琳·伍德
Woollcott, Alexander　亚历山大·伍尔科特
Wordsworth, William　威廉·华兹华斯

World War Ⅱ 第二次世界大战
see also Hitler, Adolf 参见阿道夫·希特勒
Wright, Frank Lloyd 弗兰克·劳埃德·赖特
Wright, Richard 理查德·赖特
Zeitgeist 时代精神
Zohar 《佐哈尔》(犹太神秘主义对摩西五书的注疏)
Zola, Emile 埃米尔·左拉

灵魂、性格和使命
——詹姆斯·希尔曼访谈录

加诸詹姆斯·希尔曼身上的名号有很多，非主流心理学家、空想者、奇想家、老巫师以及当今时代的哲学王。诗人罗伯特·布莱（Robert Bly）曾经将他描述为“美国自威廉·詹姆斯之后最活泼、最有原创性的心理学家”。

他曾经在20世纪50年代师从瑞士最伟大的心理学家卡尔·荣格，之后又成为苏黎世荣格研究所的系主任。在20世纪80年代回到美国之后，他又先后执教于耶鲁、雪城、芝加哥和达拉斯大学。他还是春天出版公司的编辑，这家小公司位于德克萨斯州，主要从事当代心理著作的出版。他还写书，前后有20本。

尽管有以上这些成就，希尔曼在心理学界却并没有获得一个稳固的地位。他更多地被心理学界同行视为深刻却极具颠覆性的思想者，一根插在值得尊敬的心理学家们旁边的刺。

希尔曼是原型心理学的创始人，该学派的主要意图是“修正”或者说“重新想象”心理学。希尔曼相信，心理治疗应该超越还原论者关于人类发展“先天遗传”、“后天养育”的思想。从20世纪60年代早期开始，他就通过写作、授课和讲座的形式将心理治疗从咨询室中解放出来，并将其推向现实世界。按照他的说法，传统心理学已经失去了同“灵魂的密码”之间的联系，却让“如何清理储藏间、克制性高潮的心理学研讨班”泛滥成灾。按照他的说法，心理学逐渐变得“琐碎、陈腐、追求利己主义，却放弃了探索人性的神秘”。

人性神秘性中最宝贵的一个方面，在希尔曼看来，就是性格和命运的问题。在其畅销书《灵魂的密码》中，他提出，我们关于生命的使命是先天的，懂得命运的要求是我们人生的使命。他将自己的理论称作“橡果论”：就像橡树的命运已经包含在微小的橡果中一样，我们每个人的人生都由某一特定的像所形成。

众所周知，希尔曼很容易被问题激怒而变得喋喋不休，因此他并不喜欢接受采访。他告诉我，他对于记者和来访者有着深深的不信任感。“人们都有一种想谈论自己的病态欲望，”他说，“人们将其粉饰为‘分享’，但其实就是嚼别人的耳根子，还好我没有那种欲望。”

那么，希尔曼为什么愿意接受我的采访？“因为我是一个好人，”他说，并顽皮地露齿一笑。他补充道，想法就像小孩子，“你应该想方设法让你的孩子进入社会，保护他们并让他们自立。我认为仅仅把想法写出来并出版成书是不够的，作者出面介绍一下自己的信念，有时候还是很有必要的”。

斯科特·伦敦：为了改变心理学，你写书、作讲座，前后有 30 多年。突然之间，大众似乎一下子接受了你的想法：你的书上了畅销书排行榜，你上了电视谈话节目。你认为你的作品为什么能一下子走红？

詹姆斯·希尔曼：我认为在文化中存在一种范式转换。旧的心理学已经无法继续前进了，有太多的人已经被分析过既往生活史、童年时代、记忆以及他们的父母，他们认识到这种办法行不通，或者做得还不太够。

伦敦：你的理论在心理治疗界并未被广泛接受。

希尔曼：我并不想批评从事精神分析的人。精神分析流派的治疗专家需要面对资本主义带来的社会、政治以及经济上的大量可怕的失败，他们得抚平所有创伤和失意。他们虽然很真诚，工作也很努力，但却收获寥寥。而且，保健组织、制药公司以及保险公司还不遗余力地打压他们。所以，我完全不想攻击他们。我想要批判的是心理治疗的理论。就像你不能批评越南战争中被送到战场的战士一样，但是你可以批判战争后面的理论。参加了那场战争的人都没有什么错，是战争本身出了错。心理治疗也是这样，传统的心理治疗理论认为所有的心理问题都是主观的、来自心灵内部的，但这并不是造成问题的真正原因。心理问题来自于客观环境、都市空间、经济现状，还有种族歧视；心理问题来自于建筑物、教育体系、资本主义、广告营销——心理问题来自于心理治疗理论没有关注到的很多方面。可是心理治疗却把所有问题的出处都归结为人自身：你错误地成了你自身。我想要表达的是，如果一个孩子有了麻烦或气馁了，问题并不只是孩子自身形成的，这也同孩子生活其中的体系和社会有关系。

伦敦：在改变社会之前很难改变个人吧？

希尔曼：我并不这样认为，但是我也不认为在观念改变之前什么都不会改变。美国人通常相信是人本身出了问题，并像对待坏掉的汽车一样对待出问题的人。我们把一个可怜的孩子带到医生那里说，“这孩子有什么心理问题？治疗他的心理问题需要多少钱？我什么时候可以把他从医院接走？”除非我们获得了某些新的观点，除非我们看待问题的角度变化了，否则我们改变不了任何事情。我的目的是创立一种新的治疗观点，这种观点可以让我们对老问题产生新看法。

伦敦：你曾经说过你经常写出自己的“敌意、嫌恶和毁灭感”。

希尔曼：当代心理学对人性过分简化及无知的倾向，常常会激怒我。宇宙学尚在心理学之后，我们任何人存在或做任何事都是没有原因的。百亿年前大爆炸之后，生命出现了，在生命圈中又诞生了人类，如此而已。要是说到我，我就是一个偶然——一个结果，因此也是一个受害者。

伦敦：受害者？

希尔曼：嗯，如果我不仅仅是过去原因的一个结果，那就是过去原因的受害者。除此之外我没有别的更深层次的理由存在于此。或者，如果你从社会学的角度来看这个问题，我就是家庭抚育、阶级、种族、性别、社会偏见以及经济的一个结果，这样我就又成为一个受害者了。这就是结果。

伦敦：既然生命是一种偶然，那我们就可以将自己塑造成任何想要的样子，你觉得这个观点如何？

希尔曼：是的，这个社会确实很崇拜“自为的人”这种理念，否则我们早就继续罢工，抗议比尔·盖茨赚了那么多钱！我们很崇拜这个理念。我们

投票给洛特，因为认为他是一个伟大的、了不起的、诚实的男人。尽管他是我们这个社会中最有钱的资本家之一，我们还是会捐款给他的竞选团队。想想看，捐款给洛特！真是难以置信，不过那就是对个人主义的一种崇拜。

但是文化已经进入了我们的潜意识之中。我们关注自己在社会中的位置，关注竞争：我的孩子能得到的跟我一样多吗？我会获得属于自己的房子吗？我怎样才能买得起一辆新车？移民是否改变了我们白人的世界？所有这些焦虑和潜意识的想法都让我们怀疑，我们是否能够成为约翰·韦恩式的英雄。

伦敦：《灵魂的密码》这本书中，你提出了“橡果论”，请介绍一下。

希尔曼：好的。这与其说是一种理论，不如说是一个神话。柏拉图曾说过，每个人来到这个世界上都有其宿命，虽然他用的不是“宿命”这个词，而代之以“paradigma”，也就是范式。“橡果论”说的也是这个意思，即每个人的灵魂都有一个与生俱来的、独一无二的像。

卡巴拉教、摩门教、西非、印度教以及佛教中，都有类似的神话。佛教的表达方式不同，采用的是转世和因果报应的概念，但意思也是说每个人都有一个注定的命运。美洲印第安人的宿命观念还要来得更强烈一些。因此，世界上的各种文化几乎都对人类的命运有这样一个基本的理解，但只有美国的心理学没有这种观念。

伦敦：我们的文化一般把这种使命叫作“天职”（vocation）或“生涯”（career）。

希尔曼：是的，但是使命并不只是做事情的方式，更是存在（being）的方式。比如成为（being）一个朋友，歌德曾经说他的朋友埃克曼是为友谊而生的。亚里士多德将友谊视为伟大的美德之一，在他关于伦理学的著作中，有三四章都是论及友谊的。在过去，友谊是一桩大事。但是对现在的我们来说，就很难将友谊想象为一种使命，因为友谊并不是天职。

伦敦：这还让我想起了母性这个概念。在当今社会，我们仍然认为母亲是一种天职，而不仅仅是一个身份。

希尔曼：是的，仅仅拥有母亲的身份是不够的。一个家庭需要夫妻双方都工作，才能获得足够的收入支撑家庭开支，因此现如今母性也退化了。这并不仅仅是女权主义或其他因素的影响，更主要的是掠夺成性的资本主义残酷压榨的结果——这种来自于经济上的压力，使得母性再也不成其为一种天职。

伦敦：你的理论对于家长有什么启示？

希尔曼：我想我的观点应该可以让家长如释重负，并且更多地关注自己的孩子——这个降生到他们生活当中的小小陌生人。家长不应该说“这是我的孩子”。他们应该转而问这个问题：“恰好成为我的孩子的这个小生命到底是怎样的人？”这样，他们就会更加尊重这个小生命，并且会看到孩子的命运是如何显现的——比如抗拒去学校，或者某一年突然出现的病症，或者突然之间迷上了某种东西。或许在孩子身上发生了很重要的事情，但家长以前就是没有看到。

伦敦：病症一般是被当作弱点看待的。

希尔曼：对，所以当病症已经成为孩子最重要的一个组成部分时，医学会使用某种药物或精神治疗手段消除病症。在我的书中，有很多故事都与此有关。

伦敦：你提出“是我们选择了父母，而不是父母选择了我们”这样一个观点，遭到了怎样的反对？

希尔曼：嗯，这个观点激怒了很多讨厌自己父母的人，这些人的父母或者对他们很残忍，或者遗弃了他们，甚至虐待他们。但神奇的是，当你对这个观点稍作沉思，你就会在很大程度上从对父母的责备、怨恨和固着中解脱出来。

伦敦：我曾经跟一个朋友就你的书做了长时间的讨论，她是一个六岁孩子的母亲。虽然她比较认同你的观点，觉得自己的女儿拥有某种独特的潜能，或者说是“密码”，她也仍然怀疑这到底有什么实践意义。她担心的是，这

可能会让孩子承受太多本不应该承受的期望。

希尔曼：她是个聪明的妈妈。但是我认为对一个六岁的孩子来说，生活在没有期望的氛围里是最糟糕的。换句话说，这就像让孩子在真空中长大一样。家长说："你做什么都对，我相信你一定会成功的。"其实跟说"我对你没有任何期望"是一个意思，都是对孩子漠然视之的一种表现。

一个母亲应该对孩子的未来有所期待，这会让母亲对孩子更有兴趣。比如，要是家长希望有个长大能开飞机的孩子，就给孩子安排一系列的训练，这其实是满足了家长的梦想，并不是对孩子的未来有期待。无论孩子是想实现还是想猛烈地反抗这个期望，拥有它至少可以让孩子有方向感。

伦敦：让孩子通过测验确定自己的资质的做法怎么样？

希尔曼：一个人的资质倾向可以显示他的使命，但这并不是唯一的表征。愚笨或机能障碍可能比才能更可以显示一个人的使命，有的时候一个人的性格形成是非常缓慢的。

伦敦：要理解个体的使命，第一步应该做什么？

希尔曼：很重要的一点是要问你自己："我究竟在多大程度上有益于别人？人们想从我这里得到什么？"对于这两个问题的回答可以很好地揭示你存在的意义。

假设你小时候与同伴相处融洽，其他孩子都来抄你的作业。你算商店折扣比你父母都快。由于人们都因为这些事寻求你的帮助，于是你学习了会计学并最终成为美国税务局的一名税务审计员。多叫人尴尬的一个工作啊，对不对？你认为你本应写诗，或者从事航天科技研发之类的工作。但是接着，你意识到从事税收工作也可以是一种使命。当你审视税收原型的性质，你意识到在所有的文化中都有税收这个工作，远古埃及人最早的书写文字就是关于税收的。

所以，当你考虑到你所从事工作的原型、历史以及文化背景的时候，你就会获得这样一种感觉：你的工作不仅是一份工作，更是一种使命。

伦敦：传统的算命在你看来有价值吗？比如说有那种会看手相的聪明女子，还有那种村子里的老人能通过相面看到孩子的命运或前途，你觉得恢复这种传统有意义吗？

希尔曼：首先，我并不认为传统可以通过有意识的行为而得到复兴。其次，我认为算命至今仍活跃于地下。你经常可以听到有人谈论某位占星师或某位导师说了些什么，因此这是一个传播很广的亚文化现象。

我试图指出的是那种能够看到孩子命运的普通人所处的角色地位。为了看出孩子的命运，你必须对孩子有感情，而这几乎是跟性欲相关的。比如希腊裔美国导演伊利亚·卡赞曾经说过，他的女老师告诉他："那时你只有12岁，一天早上你站在我桌边，破窗而入的阳光邂逅了你的头发和脸庞，照亮了你脸上的表情。一个想法朝我扑来，你会前途无量……"无疑，这位女老师看到了卡赞的美。我想，这跟那种会看手相的聪明女人所做的事情是完全不同的。

伦敦：在《灵魂的密码》一书中，你讲了一个类似的故事，那是关于杜鲁门·卡波特的。

希尔曼：在卡波特的这个案例中，他的老师对他的疯狂幻想做出了回应。卡波特是一个难缠的男孩子，他闹起脾气来可以躺在地上打滚，他不想上学，还整天梳头发——几乎是个没有任何前途的孩子。而他的女老师用荒谬应对他的荒谬——她喜欢上了他。现在的老师根本不要想喜欢一个孩子，这种行为会被视为对孩子的操纵、性引诱或者恋童癖。

伦敦：或者特别优待。

希尔曼：是的。詹姆斯·鲍德温是另外一个例子。他当年就读于哈勒姆区一个只有50个学生的学校，学习条件极端恶劣，他的老师是一个来自中西部的白人女性，但他们之间仍然擦出了火花。

你看，我们并不需要到村子里找那些聪明的女人看手相。我们需要重新相信我们与孩子之间感情的密切关系，看到一个孩子的美，这种美让他脱颖

而出——这才应该是教育体系的运作方式。

伦敦：在写作《灵魂的密码》的过程中，哪一个历史人物最令你着迷？

希尔曼：我书中的所有人物及他们的故事都让我着迷。拿另外一位电影导演马丁·斯科塞斯来说，他小时候个子很矮，还有很严重的哮喘，因此不能上街与其他孩子一起玩耍，他能做的就是一边坐在窗口看着外面发生的事情一边画卡通画。我们可以说，早在九岁那年，他就开始画分镜头剧本了。

伦敦：你怎么看阿道夫·希特勒，他的原型是"坏种子"吗？他是命运走入岔路的案例，还是履行了一种扭曲的命运？

希尔曼：这是一个谜。为什么像希特勒那样的杀人犯会出现在这个世界上呢？我觉得没有任何单一理论可以解释这个现象。而且我认为不能因为你的父母对你不好，或者你的生活环境糟糕，就可以对他人施暴——比如查尔斯·曼森。杀人狂杰弗瑞·达默有一个很好的父亲，这位父亲甚至写了一本书，忏悔说是他自己导致了杰弗瑞走上了后来的不归路，他自言自己在年轻的时候曾经有过非常奇怪的梦想，而这些梦想与达默后来犯下的罪行极为相似。这位父亲承担了儿子的罪责，但他根本就不是一位坏父亲。当杰弗瑞四岁的时候，他们一起为万圣节雕刻南瓜。当父亲试图在南瓜上雕刻一张笑脸的时候，杰弗瑞大怒，他大喊大叫："我想要一张坏人的脸！"

所以，我认为是存在所谓的坏种子的，它会在某些人那里生根发芽。但是这个理论在应用上也有问题，我们可能会去寻找那些"麻烦制造者"并试图铲除他们。这是非常危险的，因为有的孩子就是常见的淘气鬼。不过你也可以看看英国的一个叫玛丽·贝尔的小孩，她十岁的时候就掐死了两个小男孩——一个三岁，一个四岁。是的，我们可以说她有一个"坏"妈妈，她在那样的环境里做那样的事是情有可原的。可是，如果你以为她妈妈要是早点接受治疗她就不会做这样的事，这就跟（心理学家爱丽丝·米勒是这样看的）假设阿道夫·希特勒的家庭境况如果不是那么糟他就不会变成杀人恶魔一样，这类想法都太天真了。

伦敦：你在书中说“任何一种文化的重大任务都是要确保与某种无形之物相联结”，这是什么意思？

希尔曼：如果不从宗教的立场而纯以心理学说明这个概念是很困难的。我并不是在谈论无形之物是什么人、他们住在什么地方或者他们想要什么。这个概念中没有什么神学成分。但只有无形之物这个概念才可以从人类中心的立场中解脱出来，与某种并非人类之物相联结。

伦敦：上帝？

希尔曼：差不多，但是并不需要那么高高在上。

伦敦：如何达致我们的使命？

希尔曼：我认为，第一步就是要意识到我们自身拥有使命。回顾过去的生活，我们会重新发现某些意外、好奇心、古怪的事、麻烦和疾病更多的意义，从而获得更多的启示。通过这种回顾，我们会产生一些疑问。当一些特别的小意外发生在你身上，你就可以想想在你的生命中是否有什么别的在起作用。我们并不需要什么手术时灵魂出窍的体验，也不需要某种不可思议的力量让你感觉到新阶段的到来。这就是一种敏感性，好比一个生活在部落文化中的个体，他会敏感地觉得世界上存在其他力量。这可以让我们过一种更加虔诚的生活。

伦敦：当你谈论这些术语的时候，心理学和神学之间的界限变得模糊了。心理学跟意志情感有关，而宗教与命运相关。你说的很难归类为心理学或神学，好像两者兼而有之。

希尔曼：你说对了。以前关于自由意识和宿命论的论争还是把问题简单化了。古希腊认为命运是“moira”，这个词的意思是“部分”，也就是说，命运只决定你生命的一部分，在命运之外还有别的，比如遗传、环境、经济等。我的这本书并没有做全面的论述，这是个体无法改变的，或可称之为宿命论。

伦敦：一个孩子在成长的过程中要是不知道自己的命运或说使命，这会

有什么危险？

希尔曼：我想我们整个文明都说明了这会有多危险。有的人内心跃跃欲试、怅然若失、烦闷无聊而且漂泊无定。为什么生产自助类产品的工业在美国如此兴盛？为什么这么多自我都需要帮助？因为他们已经被我们当下的心理学文化剥夺了什么，他们被剥夺了生活中还有别的什么的感觉，被剥夺了与生俱来的目标。

伦敦：永远不发现那个“别的什么”，拒不承认这种东西的存在，是否就会“浪费”你的生命呢？

希尔曼：无论是否意识到自己的使命，一个人都会倾向于实现它。你可能不会成为社会名流，你甚至可能会患病、离婚或遭遇其他不幸。但是，在你的性格中会有这样一条线索，决定你将如何渡过这些困厄。

伦敦：在我看来，疾病和婚变似乎比其他事情更能让人透彻地思考人生。

希尔曼：确实如此。我刚读过约翰·勒卡雷的故事，他是一个很了不起的间谍小说作家。他的童年非常悲惨，他妈妈在他很小的时候就抛弃了他，他的父亲是一个浪子，而且还酗酒，他被很多家庭收养过。在九岁那年，他认为自己会成为作家，但不幸的是他有阅读障碍。他的童年一团糟，阅读障碍还阻碍了他实现自己的梦想。但这种病也是勒卡雷使命的一部分，这种病迫使他更加努力。因此，任何一种病症都可以迫使某个人深入某个领域。

现如今有一些人身患重病，有可能是心理上的，也有可能是生理上的，他们因为得了病而开始研究这种病。他们深入地分析自己的问题，想知道得比他们的医生还要多。这种好奇心在以前并不常见，过去大家都更相信自己的医生，并且会求助专家。现在人们的观念改变了，会主动地思考，而这对于心理学集合体来说是一个重大的改变。

伦敦：你在书中说，当代心理学最乏味的事情，就是丧失了美感。

希尔曼：是的，心理学以前或许还有那么点美感，不过在心理学的经典著作中，美似乎从来也没有成为重要的课题。实际上，荣格觉得美学是一种发育不良的学问，其观点与其他德国学者的想法差不多，认为伦理学比美学更重要，并对此二者进行过充分的比较。弗洛伊德的写作或许涉及文学，但是他的精神分析理论肯定和美学敏感性无关。

伦敦：现在的心理治疗界也继承了这个传统吗？

希尔曼：是的。举例来说，在心理治疗界，艺术变成了“艺术治疗”。当病人听音乐的时候，这又变成了“音乐治疗”。当艺术通过这种方式用于“治疗”，就降格为二流角色了。

美是每个人都渴求、都需要的东西，每个人都想通过某种途径获得美——或欣赏自然，或欣赏男性 / 女性，或聆听音乐，或别的什么途径。灵魂渴望美，可心理学反倒似乎忘记了这一点。

伦敦：可是，心理学不是离艺术较远、离医学比较近吗？

希尔曼：唔，心理学的一个分支当然是帮人解除病痛的，其取向也自然是偏医学的。如果有人流血了，你帮他止血就行了。但是医疗诊治的另外一个方面是慢性症候，而我们的很多问题都是慢性的。生活也是慢性的，所以心理学自然就有其理性、医学的一面。

可是，当医学科学主义化了之后，当医学分解为分析、诊断、数据和治疗之后，当医学臣服于药理学和保健机构之后，我们就会将医学等同于标准诊疗程序之类的东西，医学也就失去了艺术性。现在的医生和心理治疗师其实都是在做生意——工业化的、公司化的生意。

伦敦：从某种程度上说，心理学为了获得科学界的尊重，在其发展过程中采用了自然科学的方法论——这是否是造成心理学当下现状的原因之一呢？

希尔曼：你说得太对了。但是现在大众对于科学的信任度正在下降——很多社会学家都表示这是正在发生的事实，人们也趋向于不太信任纯“科学”的心理学。大学中的心理学研究者尚未认识到这一点，他们还是对基因、计

算机模拟的思考模型之类的东西更感兴趣。但是，整体上来看，如今对于科学建构的不信任感是很强烈的。

伦敦：当人们反对科学化方法的时候，他们往往会走入另一个极端。我们常常会看到有一些新世纪（New age）的心理自助和个人成长疗法，其基础是非理性的信仰。

希尔曼：所谓新世纪的心理自助现象是相当多愁善感的，但也是很美国式的。在美国的历史上不乏到处传播福音的牧师、走街串巷的庸医以及各种通灵师，所以我觉得现在的一些非理性的治疗方法并不是什么新鲜玩意儿，而且所谓的新世纪也是一直存在的现象。

伦敦：在很多方面你都是新世纪现象的批判者。但是我注意到《灵魂的密码》的几个书评人将你归到了新世纪这个范畴当中，不知道你对此怎么看？

希尔曼：哦，那是因为书评人的工具是科学主义。对他们来说，我的书要么归入科学成果，要么就归入新世纪这锅粥里。在这样一个广告社会里，很难找到第三种观点。就拿新闻来说，所有的报道几乎都是一个人反驳另一个人："现在我们来听听反对方的意见。"你是看不到第三种观点的。

我的书就是第三种观点。是的，书里涉及遗传；是的，书里涉及染色体；是的，书里涉及生物学；是的，书里涉及环境、社会学、家庭教养、经济、阶级等。但书里还涉及了一些别的。所以如果你从科学的立场来看我的书，那你看到的就是"新世纪"；如果你从新世纪的立场来看我的书，那你就会发现书中的观点走得并不远——至少是理性的。

伦敦：我记得以前你曾经公开发表过一段讲话。当时人们问了你很多问题，想了解你对于灵魂的观点，当时你都有点生气了。

希尔曼：我在这些问题里面已经打滚35年了。在需要回答公众提问的场合我有时会有点失态，因为我会想："噢上帝，我不想再回顾这个问题了。""我不能用两个词回答那个问题，我不能。"无论我去哪里，人们都会说：

“我可以问你一个简短（quick）的问题吗？”总是“简短的问题”，但我的回答就长（slow）喽。（笑）

伦敦：你刚才提到过歌德。我记得歌德曾经说过，我们最大的幸福在于发挥我们注定要使用的才能。照这样来说，我们的文化难道不是很可悲吗，因为我们同自己的天赋才能相分离，同我们自己灵魂的密码相分离。

希尔曼：我认为我们在一定程度上确实是可悲的，因为我们只有一个神，那个神就是经济。经济就是个奴隶主，没有人可以不受约束，没有人有闲暇时间。整个文化都处于巨大的重压之下，处于忧虑与恐慌之中。我们很难从经济这个箱子里爬出来。这已经成为笼罩世界的大氛围了。

但是，我将幸福看作一种副产品，而非你直接追求的东西。我也不认为一个人能够追求幸福。我认为追求幸福这个表达是美国的开国元勋们所犯的少数几个错误之一。可能他们想用这个词表达的意思是在尘世间生活安康，而这同我们今天所理解的稍有不同。

伦敦：追求幸福是件艰难的事，这似乎是你不知不觉产生的想法。

希尔曼：古代日本有个疯和尚叫一休，他写过一首诗：

你做这个，你做那个
你说左，你说右
你下来，你上去
这个人说否，你说是
前前后后
你很幸福
你真的很幸福

他想要表达的是：停止无谓的言说，你在当下就很幸福。只要停下来哪怕一分钟，你就会发现活着真好。我想，就是“追求”把幸福给搞糟的。如果我们停止追求，会发现幸福就在那里。

（该文曾以“从小小橡果说起：激进的全新心理学”为题刊载于 1998 年 3 月份的《太阳杂志》。）

图书在版编目(CIP)数据

灵魂的密码 /(美)希尔曼著;朱松译. —北京:
商务印书馆,2015(2020.12 重印)
ISBN 978-7-100-10413-5

Ⅰ.①灵… Ⅱ.①希… ②朱… Ⅲ.①心理学
Ⅳ.①B84

中国版本图书馆 CIP 数据核字(2013)第 267784 号

灵魂的密码
〔美〕詹姆斯·希尔曼 著
朱松 译 杨曦 校

商 务 印 书 馆 出 版
(北京王府井大街 36 号 邮政编码 100710)
商 务 印 书 馆 发 行
北京艺辉伊航图文有限公司印刷
ISBN 978-7-100-10413-5

2015 年 1 月第 1 版 开本 710×1000 1/16
2020 年 12 月北京第 3 次印刷 印张 20½

定价:60.00 元